Natya

Coleção Estudos
Dirigida por J. Guinsburg (*in memoriam*)

Coordenação de texto Luiz Henrique Soares e Elen Durando
Preparação Marcio Honorio de Godoy
Revisão e índice Raquel F. Abranches
Capa Sergio Kon
Produção Ricardo W. Neves e Sergio Kon.

Almir Ribeiro

NATYA
TEATRO CLÁSSICO DA ÍNDIA

CIP-Brasil. Catalogação-na-Fonte
Sindicato Nacional dos Editores de Livros, RJ

R367n
    Ribeiro, Almir
    Natya : teatro clássico da Índia / Almir Ribeiro. - 1. ed. - São Paulo : Perspectiva, 2021.
    296 p. : il. ; 23 cm. (Estudos ; 377)

    Inclui bibliografia e índice
    ISBN 978-65-5505-086-8

    1. Teatro - Índia. 2. Artes cênicas. I. Título. II. Série.

21-74629
                            CDD: 792.0954
                            CDU: 792(540)

Meri Gleice Rodrigues de Souza - Bibliotecária - CRB-7/6439
23/11/2021   24/11/2021

1ª edição

Direitos reservados em língua portuguesa à
EDITORA PERSPECTIVA LTDA.

Rua Augusta, 2445, cj. 1.
01413 – 100 São Paulo SP Brasil
Tel.: (11) 3885-8388
www.editoraperspectiva.com.br

2021

Sumário

I. PRIMEIRO OLHAR

1. Sobre o Olhar: Apresentação 3
2. Bharata Natya 11
3. Mohiniyattam 41
4. Odissi 65
5. Kathakali 97

II. ETERNOS DIÁLOGOS COM A ÍNDIA ETERNA

1. Uma Introdução ao Teatro e ao Sagrado da Índia .. 155
2. Gordon Craig e Ananda Coomaraswamy:
   Nascentes do Diálogo Com a Índia 175
3. Outras Margens: Rustom Bharucha
   e Richard Schechner 205
4. Interculturalismo e Índia 215
5. Índia e "O Mahabharata" de Peter Brook 237
6. A Terceira Margem: Diálogos
   Com o Que É Outro 257

Referências 273
Créditos das Imagens 279
Índice de Nomes e Termos 281

Na Índia, atuação ou dança – a mesma palavra, natya, cobre as duas ideias – é, portanto, uma arte intencional. Nada é deixado ao acaso; o ator não mais está sujeito ao impulso do momento tanto no gesto quanto na palavra falada. Quando a cortina sobe, de fato, é tarde demais para iniciar a construção de uma nova obra de arte.

ANANDA COOMARASWAMY, *The Mirror of Gesture*, p. 3.

O rei dos deuses, Indra, recebeu a visita de seus iguais. Os deuses disseram a Indra: "Oh, grande Indra, os mortais das castas inferiores não conseguem compreender com clareza a profundidade da sabedoria sagrada dos livros sagrados e os textos religiosos tornaram-se um privilégio para poucos letrados no idioma sânscrito, o que é uma contradição demoníaca. Viemos até seus pés implorar que se estabeleça um modo de divulgar esse precioso conhecimento para que todos, independentemente de cultura ou casta, possam compreender, apreciar e utilizar." Indra respondeu: "Que assim seja feito." E chamou o sábio Bharata Muni e o incumbiu da tarefa. O sábio meditou longamente e criou uma forma de ensinamento dinâmica, graciosa, bela e harmoniosa para esclarecimento e elevação espiritual de todos. Sem exceção.

Baseado no texto inicial do *Natya Shastra*.

Parte I

PRIMEIRO OLHAR

1. Sobre o Olhar: Apresentação

Um espetáculo de kathakali pode durar uma noite inteira, entre performances e rituais propiciatórios. Apesar de sua exaustiva duração, sua execução é acompanhada pelo público com cumplicidade e reverência. Pode parecer contraditório que algumas pessoas adormeçam na plateia, enroscando-se pelo chão em mantas trazidas, a propósito, de casa. Mas o fato é que todos desejam estar perto do acontecimento do palco, como uma benção. A crença nas benesses emanadas do ritual se sobrepõe à polidez social do evento cultural. Não é exatamente um entretenimento, apesar de divertir. Não é um evento para eruditos, apesar de também poder ser. Não é tampouco um evento social, desses que se comparece para se fazer ver, embora também essa função esteja lá presente. Simultaneamente popular e erudito, um evento como esse, no coração do sul da Índia, mistura todos esses componentes, mas é principalmente um ponto agregador da comunidade e de perpetuação de suas tradições.

A presença, viva, do kathakali no século XXI possui o poder de nos permitir vislumbrar os motores mais ancestrais da arte teatral, com seus aspectos rituais e litúrgicos. Uma performance realizada como renovação do sentimento de comunhão entre os seres humanos de uma mesma comunidade, deles com a natureza que os cerca e consigo mesmos.

Há 34 anos me dedico ao estudo e à prática do kathakali. Tive também algumas experiências práticas com o Bharatanatyam. Meus estudos e meu fascínio me levaram a pesquisar todos os estilos de performance clássica da Índia. Entre 1989 e 1992, a princípio, me dediquei a longos períodos de treinamento físico árduo, de oito a dez horas, e a longos estudos teóricos, em Querala, sul da Índia.

Após todos esses anos de pesquisa, tantas idas e vindas entre Brasil e Índia, noto que me dispus muito pouco a dar aulas, oficinas, cursos sobre kathakali. Sempre busquei, em essência, descobrir o que nessas linguagens pode nos ajudar a pensar a dança e o teatro que fazemos aqui, em nosso país. E, por isso, sempre dei preferência a ministrar aulas sobre esse exercício de reflexão, teórico e prático, e não sobre a técnica em si.

Em meu trabalho artístico e pedagógico, construí um percurso particular a partir dessa experiência que se impregnou não apenas em minhas pesquisas, mas também em minha vida. Creio que as formas de teatro clássico da Índia oferecem uma oportunidade única para uma reflexão sobre as práticas, as técnicas e as estéticas pessoais do artista da cena e do teatro em geral.

No entanto, a aparência exótica pode nos colocar um desafio: o de buscar ou não reproduzi-la. Sociologicamente, qualquer manifestação cultural é resultado de uma circunstância histórico-social singular e, portanto, irrepetível. Por outro lado, as estruturas linguísticas e técnicas do teatro clássico da Índia são guardiãs de sabedorias universais e atemporais sobre as artes da cena. Reflexões sobre técnica, formação de atores/atrizes, aspectos psicofísicos da presença em cena, ética, dinâmicas da cena, visualidades e plasticidades, são exemplos de abordagens reflexivas que dialogam de forma direta com o teatro que se faz em qualquer tempo e lugar. Mas gostaria que pudessem, principalmente, nos ajudar aqui e agora.

Questões de Linguagem e Além

Ao descrever linguagens e artistas de tradições tão antigas e estranhas, esbarra-se em alguns problemas de linguagem. Uma das dificuldades é a utilização dos termos "atriz" ou "dançarina", uma vez que nenhum desses vocábulos satisfaz a definição da ação híbrida desses artistas. Quando falamos "dança indiana", isso não está tecnicamente preciso, uma vez que as duas linguagens nascem intrinsecamente mescladas. Onde se diz "dança" entendamos também teatro, e o contrário igualmente. O mesmo vale para a dicotomia atriz/dançarina.

Uma outra questão diz respeito ao gênero. Em três dos quatro estilos abordados aqui, a predominância é de artistas do sexo feminino. Por isso é muito comum se ler em muitos livros a palavra dançarina (no feminino) para descrever o/a artista, o que não é tecnicamente exato. O único dos estilos em que a tradição impunha a exclusividade de homens é o kathakali, e o motivo para isso veremos mais adiante.

A língua portuguesa, como sabemos, possui muitos cacoetes misóginos e até mesmo racistas. Ela indica, por exemplo, que as sentenças devem sempre "concordar" no gênero masculino. As alternativas contemporâneas "x" ou "@" não me parecem satisfatórias, e a opção de se escrever sempre "ator/atriz" a cada vez, me parece, por sua vez, desajeitada. Além de levantar a questão sobre qual dos dois deve vir primeiro, novamente o artista da linguagem da dança não é contemplado. Mesmo com a palavra *performer*, que poderia englobar as linguagens da dança e do teatro, também retornamos a obrigatoriedade do masculino: "o" performer. Enfim, é um problema à espera de uma solução definitiva. Entendo perfeitamente que essas armadilhas de linguagem escondem instrumentos de dominação poderosos que perpetuam opressões sociais trágicas. As soluções que decidi trazer a esse texto me pareceram as mais plausíveis, ainda que não sejam as ideais. Conto com a compreensão de você que me lê e ressalto que todas as vezes que encontrar a palavra atriz subentenda também ator, reciprocamente.

Quanto às terminologias: quando se fala sobre a Índia, é inevitável nos depararmos com uma quantidade de termos estranhos, quase todos em sânscrito, ou em algum dos 23 idiomas oficiais reconhecidos pelo governo da Índia. O texto buscou, com certo desassombro, reproduzir em português a maneira da pronúncia dessas palavras. Tal postura pareceu-me mais coerente do que reproduzir a tradução para a escrita inglesa, como comumente se faz.

A oportunidade para a publicação deste livro se apresentou durante um encontro com o professor Jacó Guinsburg, após meu retorno de uma das viagens à Índia. Contei a ele sobre as pesquisas e sobre minha visita de uma semana à Darpana Academy of Performing Arts, dirigida pela atriz Mallika Sarabhai, na cidade de Ahmedabad. Mallika se tornou mundialmente conhecida por seu trabalho com o diretor Peter Brook. Nessa estada de uma semana, tive o privilégio de me encontrar para um chá com Mrinalini Sarabhai, mãe de Mallika e célebre dançarina de Bharatanatyam e kathakali. Durante esse encontro, Mrinalini, com seus 96 anos, confessou se sentir triste naquele momento da vida, pois havia sido obrigada a parar de dançar por motivos de saúde. Quando pergunto desde quando ela não pode mais dançar, ela me responde que já faziam quase três anos! Mrinalini dançou até os 93 anos. Entusiasmado com essas histórias, Jacó me sugeriu, então, a escrita deste livro. Ao chegar em casa, e buscar na internet notícias recentes sobre Mrinalini, descobri que ela havia falecido alguns dias antes. Pude ver as fotos de Mallika dançando ao pé do corpo de sua mãe e, depois, acendendo a pira que consumiria seu corpo. Nas fotos, reconheci a sala onde estivera várias vezes conversando com Mallika e acompanhando o treinamento de seus estudantes. Mrinalini faleceu em 21 de janeiro de 2016, aos 97 anos de idade.

Este livro é dedicado à memória de Mrinalini Sarabhai, à sua filha Mallika, à memória e sensibilidade do professor Jacó Guinsburg, a Gita Guinsburg, e a meu filho Ravi, todos eles foram luzes que dançaram e interagiram dentro de mim, em acenos amorosos, durante toda a preparação deste trabalho. E mesmo depois.

■ ■

O pior que podemos fazer ao nos aproximarmos das formas teatrais do Oriente é guardar suas informações no arquivo das coisas exóticas e excêntricas do universo humano. Assim procedendo, nada mais fazemos que armazená-las na gaveta das "curiosidades" do mundo, catalogando-as como interessantes, mas que pouco têm a ver com a realidade imediata com a qual convivemos, com o teatro feito aqui, de fato, em meu país, no Ocidente. O kathakali, bem como todas as outras tradições clássicas da Índia, deveriam ser formalmente conceituados e respeitados como um aspecto de nosso teatro contemporâneo, neste início do século XXI. Primeiro por um motivo óbvio: sua realidade é mesmo essa, no sentido de que coexiste em termos temporais conosco. E, por outro, se considerarmos seu diálogo com a cena universal presente. Não me refiro aqui aos chamados "diálogos interculturais", dentro do universo teatral, mas sim ao fato de que, uma vez presentes, representam um aspecto vivo da cultura de muitos povos, de muitos indivíduos. Para muitos de nossos contemporâneos – que possuem celular e redes sociais –, o kathakali é uma forma artística que os representa de maneira importante. Isso significa que o kathakali – bem como todos os outros estilos – possui algo importante e singular a dizer para o ser humano contemporâneo.

O teatro clássico da Índia, de fato, representa um aspecto extremamente importante do teatro do século XXI. No entanto, o teatro (ou dança) da Índia não serve como modelo, padrão, receita; é muito difícil e arriscado copiá-lo ou adaptá-lo. Mas uma aproximação cuidadosa a essas tradições pode oferecer reflexões valiosas a qualquer ator ou amante das artes, de qualquer parte do globo. A sobrevivência dessas artes é um tesouro da humanidade. Inserido no século XXI, como está, o teatro clássico da Índia merece e necessita ser conhecido e compreendido como componente do que identificamos como teatro contemporâneo, em toda a complexidade de tal definição. E sua tradição ancestral, assim como tantas outras, dialoga com todas as diferentes cenas do mundo que, da mesma maneira, representam e simbolizam a cultura em que os indivíduos estão embebidos, com todas as suas belezas, perplexidades e esperanças.

NATYA

Está escrito que o sábio Bharata Muni criou um quinto *Veda* como uma forma cênica dramática em que o texto se conjugasse à ação e ao movimento. Sua função seria favorecer a apreciação universal dos quatro primeiros livros sagrados do hinduísmo, cujo estudo era reservado aos membros da alta casta dos brâmanes. Para orientar a execução adequada desse *Veda* "dinâmico", o sábio escreveu um compêndio, em forma de manual, com as definições exatas de sua técnica, suas estéticas, sua pedagogia e ética. Esse enorme esforço estruturante da linguagem da cena indiana é conhecido como *Tratado Sobre as Artes Dramáticas* ou *Natya Shastra*.

O que normalmente reconhecemos como "dança indiana" é, na verdade, também teatro. A palavra *natya* engloba essas duas ideias de maneira amalgamada e indissociável. Não se pode defini-la tampouco como o teatro-dança que conhecemos, pois a mescla dos elementos das duas linguagens se dá de maneira muito singular e simbiótica. Sempre que se mencionar aqui neste livro a palavra "teatro" ou "dança" da Índia, entenda-se *natya*. Nas formas clássicas de teatro da Índia, o ator é invariavelmente um dançarino. E vice-versa.

NATYA SHASTRA

Existem atualmente na Índia oito estilos clássicos de natya: bharata natya, kathakali, mohiniyattam, kuchipudi, kathak, odissi, sattriya e manipuri. Um estilo é considerado clássico apenas quando atende com rigor às especificações definidas pelo *Natya Shastra*. O *status* de ser reconhecido como um estilo clássico é verificado e outorgado principalmente por dois órgãos governamentais: o Ministério da Cultura e a Sangeet Natak Akademi (ou Academia Nacional Para Música, Dança e Drama), um instituto governamental com o objetivo de fomentar e preservar as artes performativas da Índia, no país e no exterior.

Escrito entre os séculos II a.C. e II d.C., o *Natya Shastra* é uma verdadeira enciclopédia teatral, e especifica todos os aspectos que envolvem uma representação dramática, desde as cores adequadas para a maquilagem, passando pela formação técnica dos atores, tipos de movimentos de cada parte do corpo, até a maneira correta de construção dos teatros, em suas exatas proporções. As indicações ditadas pelo *Natya Shastra* regulam ainda hoje, dois mil anos depois de ser escrito, a prática de todas as formas clássicas teatrais da Índia.

UMA ESCRITA VELADA

Muito da história dessas tradições não se encontra em livro algum. Assim como acontece com quase todas as artes do palco, a tradição mais essencial delas se inscreve nos corpos de seus artistas. E lá permanece até que se transfira para o corpo de um novo aprendiz. Após a aparição, no início do século xx, dos escritos de Ananda Coomaraswamy na Europa, revelando o universo cultural e artístico da Índia em um grau de detalhes inédito, a segunda metade do século proporcionou um aumento considerável de testemunhos fidedignos de teóricos sobre as tradições cênicas da Índia, tais como Mohan Khokar, Enakshi Bhavnani, S. Guhan, Bharatha Iyer, Avinash Pandeya, Gopal Venu, Kapila Vatsyayan, Sunil Kothari e outros. Também é possível perceber, na mesma época, o aparecimento de performers que decidiram compartilhar sua experiência com a arte à qual se dedicaram. Como exemplos desse fenômeno, poderíamos citar as publicações de Mrinalini Sarabhai, Leela Samson, Uma Rama Rao, Kumkum Mohanty, Bharati Shivaji, Lakshmi Viswanathan e outros.

O final do século xx assistiu ao surgimento de uma terceira categoria de relatos sobre essas tradições, que é aquela de estudiosos que decidiram ir até as regiões em que são praticadas essas tradições, permanecendo ali durante um longo período de tempo e experienciando-as *in loco*, embebidas em suas circunstâncias culturais singulares. Tais pesquisadores permitiram-se acompanhar as tradições de seu interesse durante longos períodos nos locais em que se desenvolvem, para que o tempo mostre seu cotidiano, suas interfaces e sutilezas. Dessa forma, a partir dessa experiência profunda, eles se esforçam para compartilhar seu olhar sobre tais tradições. A mais conhecida dessas pesquisas talvez seja a empreendida por Eugenio Barba em 1963, quando, aconselhado por Jerzy Grotowski, esteve por quinze dias observando e fazendo anotações sobre o treinamento dos atores do kathakali na Índia.

É importante levar em consideração os pesquisadores ocidentais – e, modestamente, ouso me colocar nesse grupo – que decidiram dedicar uma porção bastante considerável de suas próprias vidas com a intenção de produzir esse olhar reflexivo, bastante singular. Entre eles temos nomes como Philip Zarrilli, Ileana Citaristi, Milena Salvini e outros. Esse olhar mostrou-se único, pois configura não apenas um olhar "estrangeiro", analítico e científico, mas um olhar analítico "de dentro", habitante da estrutura que engendrou a tradição. De minha parte, simultaneamente ao treinamento intensivo, pude testemunhar, ao longo dos anos, a vida cotidiana nesses locais de maneira muito próxima, extremamente íntima. Testemunhei nascimentos dentro de famílias com as quais convivia, casamentos, mortes e funerais. Tudo se encaixa no enorme mosaico de qualquer tradição cultural; nada que não possa ser lido em um livro, mas que quando se está ali, ao lado da fogueira que arde com o corpo da pessoa que você conheceu, ganha uma dimensão muito profunda.

O livro *Kathakali: Uma Introdução ao Teatro e ao Sagrado da Índia*, escrito por mim em 1999, é uma das primeiras publicações brasileiras dedicadas a descrever e analisar detidamente as características da linguagem do Kathakali, suas raízes históricas e suas circunstâncias sociais. São raros no mundo os artistas pesquisadores que decidiram se dedicar ao estudo desse complexo universo cultural e linguístico. Sobretudo em seus aspectos práticos, já que o treinamento físico é normalmente longo e árduo. Não é algo que se possa aprender e levar uma "coreografia" ao público em um mês, mesmo estando na Índia exclusivamente para isso. Poucos conseguem ir além de uma rápida visita, com o aprendizado de alguns passos, comumente simultâneo a aulas de alguns outros estilos, o que será suficiente para que seja possível oferecer algumas oficinas ao se retornar ao país de origem. O resultado é a constatação da raridade de estudiosos que foquem especificamente no kathakali.

Aqui fizemos um recorte no qual contemplamos apenas quatro estilos clássicos: *bharata natya* (do estado de Tamil Nadu), *kathakali e mohiniyattam* (do estado de Querala), e *odissi* (do estado de Odisha). A escolha se deu pelo motivo simples do grau maior de envolvimento pessoal deste autor com tais estilos, ao longo de seus estudos sobre esse universo cultural e artístico nos últimos trinta anos.

O mundo da dança indiana, com as complexas estruturações de sua linguagem, é um oceano, e não pretendemos esgotar esse tema. Na verdade, poucas pessoas no planeta, inclusive na Índia, seriam capazes de fazê-lo. Estudar e analisar apenas um dos estilos do teatro clássico da Índia já seria um trabalho para uma vida. Este livro busca fazer um breve apanhado das principais noções e princípios que regem essa milenar tradição indiana.

2. Bharata Natya

> *Um recital de bharata natya leva o dançarino e o público a um reino de profundo misticismo, quando o devoto decide procurar a verdade mais elevada que se encontra no movimento, na dinâmica, na dança.*
> MRINALINI SARABHAI, *The Sacred Dance of India*, p. 11.

A LENDA DE URVASHI

Há muito tempo, em um passado quando apenas a mitologia guardava a verdade final das coisas, havia no céu dançarinas que se dedicavam exclusivamente a deleitar os deuses com sua arte. Urvashi, a mais celebrada entre todas as dançarinas celestes, foi convidada pelo rei dos deuses, Indra, para se apresentar diante dele e de sua corte. Urvashi extasiava a todos com sua graça e beleza, mas seus olhos encontraram os de Jayanta, o filho de Indra. Os dois jovens se apaixonaram imediatamente e Urvashi, involuntariamente, deteve seus passos por alguns segundos. O sábio Agatsya, que se encontrava totalmente enlevado pela dança, ao ver que Urvashi se distraiu e interrompeu – por um segundo – sua performance, amaldiçoou os dois enamorados dizendo que eles nunca mais se veriam novamente. Urvashi, daquele momento em diante, deveria reencarnar para sempre como uma dançarina, e Jayanta, como uma árvore, nas florestas das montanhas. Os dois se jogaram diante dele e imploraram por perdão. O sábio se compadeceu, mas não podia retirar sua palavra. Criou, então, um subterfúgio: eles se reencontrariam todas as vezes que Urvashi subisse ao palco para dançar.

Essa lenda é relatada em um dos livros mais tradicionais do idioma tâmil, o *Silappatikaram*, cuja redação é datada entre os séculos I a.C. e V d.C. Na tradição do bharata natya, a primeira vez que uma aluna sobe ao palco é uma ocasião solene cercada de cerimônias e rituais. É a primeira vez, por exemplo, que ela terá atados a seus pés os guizos que acompanharão seus ritmos ao dançar. Nessa data ela deve oferecer, como reverência, um presente ao guru. E é nessa ocasião que ela recebe seu primeiro bastão, que é o instrumento usado pelos mestres para ditar o ritmo das aulas. Como se acredita que todas as dançarinas na Terra sejam reencarnações da bela Urvashi, durante a estreia da nova dançarina se completa a promessa do sábio Agatsya. Urvashi se reencontra com seu amado Jayanta, presente no bastão que ela recebe e que a acompanhará para sempre nas aulas que ministrará, perpetuando assim não apenas a tradição do bharata natya, mas também o amor de Urvashi e Jayanta.

CHIDAMBARAM

Achei que seria mais apropriado iniciar os comentários sobre o bharata natya (ou bharatanatyam) com uma história mitológica. Na Índia, a mitologia continua sendo um repositório importante de saberes e valores, de éticas e estéticas. Como todas as danças clássicas da Índia, o bharata natya possui um vínculo estreito com a religião e a mitologia hindu. E sua história não pode ser contada sem se mencionar o espaço dos templos como grandes ambientes dedicados ao refinamento de sua linguagem e técnica: locais de disciplina e devoção, simultaneamente.

A arte da dança é considerada uma forma superlativa de agradecimento e louvor, e sempre fez parte de quase todos os rituais na cultura indiana. Por isso, os templos sempre foram seu palco mais importante. A maior parte do desenvolvimento dessa arte também se fez nesse ambiente. Os templos não são locais de visitação esporádica, mas, ao contrário, são, na maioria das vezes, locais de convivência comunal e fazem parte do cotidiano da grande maioria da população, que, normalmente, o frequenta diariamente. O templo hindu é um importante espaço social onde ocorrem importantes celebrações sociais e familiares.

O mais importante templo para o bharata natya está localizado na cidade de Chidambaram, lugar mítico onde o deus Shiva teria dado movimento a todo o Cosmo a partir de sua dança. O templo de Chidambaram dista poucos quilômetros de Chennai (antiga Madras), capital de Tamil Nadu e quarto maior grande centro urbano do país. O exterior do templo é decorado com 108 estátuas, representando "posturas" de dança (conhecidas como karanas) que formam a base da técnica da estética cênica do bharata natya. A cidade de Chidambaram é considerada o berço do bharata natya, que ali se desenvolveu a partir das atividades de suas devadasis, as dançarinas sacerdotisas agregadas aos templos, cuja única ocupação era deleitar e apaziguar os deuses com suas danças e seus cantos.

NATYA DE BHARATA

A performance do bharata natya, como em todas as danças clássicas indianas, exibe essa bela mescla de elementos de dança e teatro, o que nos impede até mesmo de conseguir identificar onde termina um e inicia o outro. Tradicionalmente, o bharata natya é uma dança solo, mas, na atualidade, grupos de bharata natya são comuns. Além disso, as experimentações cênicas com outros estilos clássicos e com a dança contemporânea ocidental não são raras.

Uma performance de bharata natya dura entre duas e três horas e se compõe de várias peças numa sequência padronizada, em que se intercalam danças puras e dramáticas. Em seus momentos de dança pura, o bharata natya exibe um estilo extremamente dinâmico, de movimentação ágil e precisão geométrica, em que os membros riscam o espaço ao redor do corpo como vetores cuidadosamente determinados. Como em quase todas as outras formas clássicas de dança da Índia, a intérprete assume o papel de narrador e pode, dentro da narrativa, assumir uma personagem da história. Ela pode se deslocar livremente de uma personagem a outra e voltar, ainda, para o seu papel original de narrador. A plateia acompanha e distingue a trajetória das diversas personagens pelos códigos cênicos (gestuais ou corporais) que a atriz alterna durante a sua performance.

A habilidade técnica e de precisão deve ser conjugada à sensibilidade emotiva do performer: "A dançarina é treinada para cultivar a habilidade de expressar emoções interiores de forma subjetiva e visível." A performance do bharata natya se mostra uma experiência comovente exatamente por essa sensível e delicada combinação de elementos técnicos e subjetivos.

As histórias são também cantadas pelo cantor da orquestra, que acompanha a performance. A língua utilizada nos poemas que compõem sua dramaturgia é o idioma oficial de Tamil Nadu, o telugu, mas também é empregado o sânscrito e, por vezes, o idioma do estado vizinho de Andhra Pradesh, kannada, onde o bharata natya é igualmente popular.

O PAÍS DOS TÂMILES

O tâmil é um dos idiomas nacionais da Índia e a língua predominante no estado de Tamil Nadu, onde nasceu o bharata natya. Filho dileto dessa cultura, o bharata natya é a mais conhecida de todas as danças clássicas indianas. O nome definitivo da dança apareceu somente após a independência do país em 1947, e a versão mais popular sobre o significado do nome bharata natya aponta uma relação com o nome tradicional do país: Bharat. Apesar de ter suas raízes em Tamil Nadu, o bharata natya é parte muito íntima das culturas de outros dois estados, Andhra Pradesh e Karnataka, com os quais faz fronteira ao norte e noroeste.

O estado de Tamil Nadu (País Tamil), no sudeste indiano, ostenta em seu nome a lembrança de seu passado glorioso como território autônomo do povo tâmil. Nesse país dos tâmiles, uma cultura exuberante vicejou sob o auspício dos imperadores das dinastias Pallava (séculos VI a IX) e Chola (séculos X a XIV). Com florestas, desertos, altas montanhas e longos litorais, o Tamil Nadu parece querer refletir em sua geografia diversa, em sua miríade de deuses patronos, em seus templos caleidoscópicos e em suas singulares formas de culto, uma intuição estética e filosófica da qualidade múltipla de todas as coisas.

HINDUÍSMO

Para alguns autores, a palavra religião não se adéqua ao hinduísmo, pois este abrange uma quantidade grande e diversa demais de preceitos sobre os mais variados temas e aspectos da vida e da conduta cotidiana. O hinduísmo se aproximaria mais a uma ética, a uma conduta: "O hinduísmo, a rigor, não é uma religião, mas um feixe de 'religiões aparentadas'." Essa reunião de práticas religiosas somente é identificada como una quando vista sob a óptica de seu fundamento comum estabelecido nos livros chamados *Vedas*. Os *Vedas* são formados por quatro livros cuja datação mais recente supõe que sua escrita pode ter sido iniciada antes do século XX a.C.: "Uma verdadeira miríade de práticas religiosas identificadas como hinduísmo possui, no entanto, como eixo comum, um tripé filosófico nos conceitos de dharma, karma e reencarnação. E como objetivo último a libertação (moksha) do ciclo doloroso de encarnações e a (re)união final com o Todo." Alguns eixos filosóficos e uma fonte mitológica e arquetípica comum embebem essas práticas, independentemente da parte da Índia em que se esteja. Mas a forma final e objetiva do hinduísmo pode diferir radicalmente de um lugar para outro, mesmo entre vilarejos muito próximos.

DEVADASIS

Desde o século III a.C. se relata a existência, na área do atual estado de Tamil Nadu, de artistas nômades que erravam em busca de patronato. Na performance desses artistas errantes, a dança recebia um lugar de destaque. E já naquele tempo, as danças feitas por mulheres eram mais apreciadas e valorizadas que as realizadas por homens. No livro *Tolkappiyam* (século III a.C.), escrito em tâmil, encontram-se descrições de festivais promovidos por reis, em que trupes de artistas se apresentavam para agradar o povo. As estrelas eram as dançarinas que, além de encantar pelos dotes físicos e graciosidade, também cantavam e tocavam instrumentos musicais com grande habilidade.

Não se sabe exatamente como e quando começou a prática de se manter meninas vivendo nos templos para a execução de rituais, mas as origens desse costume parecem remontar à época áurea do shivaísmo como religião, nos séculos V e VI a.C.

O *Brahma Jala Sutta*, um tratado budista do século VI a.C., afirma que o Buda teria reprovado a obtenção de respostas oraculares por intermédio de meninas de templos, como sendo uma "arte vulgar". Kantilya, autor do *Artha Shastra*, um tratado sobre a vida cotidiana e os negócios, escrito já no século III d.C., faz referências às devadasis e a seus treinamentos de dança. Mas Vatsyayana, o autor do *Kama Sutra*, livro sobre o amor escrito por volta do século V d.C., estranhamente nunca mencionou as devadasis.

Vários séculos mais tarde, essa tradição de dançarinas foi buscar abrigo nos templos hindus, onde estreitou seus laços com os rituais devotivos, criando a tradição das devadasis, dançarinas reclusas ao templo exclusivamente dedicadas às cerimônias e oferendas sob forma de danças: "Os deuses ficam mais agradecidos do que nunca ao serem reverenciados com incensos e flores, ao mesmo tempo que se deliciam com danças e dramas." Dentro desse sistema das devadasis, as tradições cênicas se desenvolveram enormemente e refinaram seus códigos cênicos e técnicas, ao longo de muitos séculos. Com a dominação britânica na Índia e a discriminação da atividade das devadasis – associada à prostituição –, essa tradição foi buscar abrigo e patrocínio com os ricos e nobres, e quase desapareceu. Após a independência, refloresceu com a criação de escolas nacionais espalhadas por todo país.

Louvadas por sua graça e erudição, as devadasis passaram a ser cortejadas por grandes soberanos. Marajás hindus e sultões muçulmanos em toda a Índia acabaram se tornando grandes patronos das artes. O dasiyattam perdeu muito de seu prestígio quando deixou os templos para aceitar o abrigo e o patrocínio generoso da aristocracia. Quando sobreveio o fim do patrocínio da nobreza, as dançarinas se viram desamparadas e passaram a depender de sua arte para garantir sua sobrevivência. O objetivo da representação mudou radicalmente e as dançarinas passaram a explorar abertamente e de forma vulgar as formas graciosas e os movimentos sedutores da dança. Muitos patronos ricos, nobres e senhores de terras tomaram dançarinas como esposas ou as mantiveram como concubinas. Não raro, os reis e sacerdotes de grandes templos disputavam acirradamente a posse de uma devadasi. Como consequência, a reputação da função das devadasis foi sofrendo, ao longo do tempo, uma paulatina degradação. As devadasis, dançarinas interlocutoras dos deuses, foram, pouco a pouco, sendo confundidas com prostitutas. A moralidade vitoriana, uma das facetas do domínio inglês na Índia, terminou por empurrar as devadasis remanescentes para a marginalização social e para as periferias das grandes cidades.

NATTUVANARS

A dança das devadasis ficou conhecida como dasiyattam e tinha como grandes protetores e mentores os denominados, em Tamil Nadu, nattuvanars, uma classe de estudiosos da dança que eram também agregados aos templos com a finalidade de cuidar do rigoroso treinamento das novas gerações de devadasis. Na primeira metade do século XIX, apesar da dominação britânica, um peculiar movimento cultural e religioso teve impulso na cidade de Thanjavur. Tal movimento tinha, como centro dessa efervescência, o templo dedicado a Shiva. Ali, o dasiyattam de Tamil Nadu foi preservado e recebeu grande parte de sua estruturação estilística. Dentre esses mestres, destacou-se um grupo de quatro irmãos – Vadilevu, Shivanandam, Chinnayya e Puniah – que, em um esforço intenso, definiu as principais molduras técnicas e estilísticas que estabelecem o bharata natya até hoje. Os irmãos passaram para a história como o Quarteto de Thanjavur. O margam do bharata natya, ou seja, a sequência de peças que compõem um espetáculo, foi definido pelos quatro, que tiveram a intuição de reunir os aspectos musicais e interpretativos dentro de uma única estrutura do bharata natya. Introduziram, por exemplo, a possibilidade da utilização do violino na orquestra e fizeram da música do bharata natya um importante componente na composição das "emotividades" criadas pelas peças apresentadas pelo performer. Por outro lado, criaram a necessidade de que o performer tivesse um treinamento não apenas físico, técnico e expressivo, mas também musical.

O estado de Karnataka, a noroeste do Tamil Nadu, também abrigou uma tradição de devadasis. O templo da cidade histórica de Belur possui em seu centro uma espécie de palco circular de dez centímetros de altura e quatro metros de diâmetro, aproximadamente. Naquele local, eram feitas danças devocionais por dançarinas agregadas ao templo. Um pequeno muro contornava o palco, elevando o solo há mais ou menos um metro de altura e deixando apenas uma estreita passagem na direção de um pequeno aposento, protegido por uma porta diminuta, onde ficava a imagem de Devi, a divindade do templo. Ali era a frente do palco, a boca de cena. Mas onde ficava a plateia? A plateia devia se aboletar sobre essa elevação, há um metro do chão! O que se apresentava naquele local era dirigido aos deuses e adequado à presença apenas ocasional de espectadores. Um misto de palco e altar. As dançarinas do templo dançavam exatamente como se realizassem um culto, uma missa.

DASIYATTAM

O radical "dasi" em devadasi significa a esposa de Deva, de Deus. E é usado também para definir sua dança, dasiyattam, que é, portanto, a dança das esposas de deus. O radical "attam" expressa o movimento de ir e vir diante de deus utilizado na dança das dasis diante da imagem do deus, e esclarece sua aparição no termo "mohiniyattam". Ao longo de muitos séculos, a função das devadasis era de mediar o encontro entre os homens e deus. Essa mediação era concretizada, por vezes, com encontros íntimos onde o sentido devocional se sobrepunha a qualquer sentido afetivo ou erótico mundano. Segundo o relato de Francis Buchanan, médico escocês que viveu na Índia e percorreu Querala no início do século XIX, citado por Shivaji, as devadasis de Querala somente poderiam se encontrar com pessoas da casta sacerdotal dos brâmanes ou de outras castas mais altas, e gozavam de alta reputação social.

Devadasis eram comumente associadas a boa sorte, e por isso eram convidadas a todos os eventos sociais importantes. Alguns grandes marajás costumavam perfilá-las à porta de seus palácios. A superstição de Querala afirmava ser um ótimo presságio se, ao sair para uma viagem ou iniciar um negócio, o olhar pousasse sobre uma devadasi. Quando um rei precisava deixar seu palácio por algum motivo importante, devadasis eram levadas à porta do palácio para que o rei tivesse uma visão auspiciosa no momento em que partia, para que angariasse as benesses dos deuses para sua jornada e seus negócios. Elas protegiam de maus-olhados tanto os ídolos dos templos quanto os seres humanos e, por isso, eram convidadas especiais de cerimônias oficiais, casamentos e festas sociais. Era bastante cultivado o hábito de se fazer acompanhar de alguma devadasi ao caminhar pelas ruas.

No final do século XIX, sob o fogo acirrado dos ingleses e dos missionários cristãos na Índia, quase nada restava da tradição das devadasis, e o que subsistia era execrado socialmente. A tradição entrou em decadência definitiva no período de dominação inglesa, por agredir a moral dos invasores. M.L. Varadpande escreve que, nessa época, "o sistema de devadasis se degenerou rapidamente e toda sorte de imoralidades tomou conta dele. Muito pouca coisa restou entre uma prostituta comum e as jovens do templo". A degradação do sistema de devadasis era total e as "servas de deus" passaram a viver nas sombras, proscritas do convívio social regular. Existem muitos registros de violências públicas, apedrejamentos e assassinatos de devadasis em decorrência da enorme discriminação imputada à sua atividade.

A evolução da arte cênica das devadasis nas diferentes partes da Índia levou a desdobramentos diversos. Em algumas culturas, o sistema de devadasis simplesmente desapareceu. Em outras, se transformou, desenvolvendo uma rígida técnica de dança e assumindo formas clássicas, se separando definitivamente das antigas e corroídas práticas do sistema de devadasis. Em outras regiões ainda, as devadasis desapareceram e parecia haverem levado consigo sua arte, mas tempos depois a tradição de sua dança foi resgatada. Pesquisadores e dançarinos reestruturaram sua forma e, devido à longa tradição passada e a uma profunda estruturação posterior, foi alçada à categoria clássica.

DEVADASIS: MARGINALIZAÇÃO E DISCRIMINAÇÃO

A tradição das devadasis foi finalmente banida pelas leis britânicas e as dasis assumiram o nome de Saraswat, e passaram a aceitar se esposarem como as outras mulheres, a fim de buscar escapar da discriminação imposta pelas novas leis. Ainda naquela época, "cortesãs (e prostitutas) eram as únicas mulheres que tinham permissão para aprender a ler, cantar ou dançar. Se uma mulher de respeito aprendesse a ler, ela deveria se envergonhar disso. Curiosamente, cortesãs e dançarinas continuavam a ser associadas à obtenção de boa sorte".

Nas primeiras décadas do século xx, com o acirramento da luta contra a dominação britânica, os antigos valores da cultura indiana foram sendo finalmente resgatados e revalorizados. As artes cênicas ganharam novo e definitivo impulso em quase todas as partes do país. Após a independência, a arte clássica cênica indiana ganhou um status definitivo dentro do país e foram fundadas várias instituições direcionadas ao ensino e à perpetuação da tradição. Apesar de uma grande campanha com a finalidade de extinguir a tradição das danças femininas templárias que "maculavam" a imagem cultural da Índia, havia, porém, quem enxergasse a possibilidade de que a dança deveria ser resguardada, embora exigissem a eliminação dos costumes "degradados" que "poluíam" a tradição.

Apesar de os ingleses terem proibido a prática de se doar meninas aos templos desde 1934, somente em 1947 a então jovem Índia independente, com apenas alguns meses de idade, baniu legalmente, em definitivo, a atividade das devadasis. A lei de 26 de novembro foi chamada de *Devadasi Act*. Ainda assim, esse costume pode ser encontrado ainda hoje em alguns pouquíssimos e recônditos vilarejos, na maioria das vezes associado à prática de prostituição, e não retrata mais a tradição cultural pujante das devadasis históricas. Atualmente se configura mais como um triste problema social a ser acolhido e equacionado com o devido respeito.

RUKMINI DEVI

Nas primeiras décadas do século xx, para salvar a dança em vias de extinção, ela se fez secular. A partir daí, o papel de Rukmini Devi foi central. Buscando resgatar a dança devi, empreendeu um grande esforço para classicizar a dança, retirando sua conotação estritamente devocional e a levando ao contexto da tradição cultural e artística da Índia. Em 1930, Devi criou a Kalakshetra International Arts Center, uma instituição governamental para o ensino das artes dramáticas e, mais importante, estabeleceu um sistema pedagógico e sedimentou definitivamente sua estrutura técnica e estilística. Rukmini, após visitar vários templos do sul da Índia e estudar suas esculturas, desenhou também as joias e o figurino que mais tarde se tornariam o padrão para a dança. A aparição da Kalakshetra inaugurou um período de intenso e contínuo desenvolvimento e popularização do bharata natya. A longa campanha para a independência da Índia, e sua realização final em 1947, inspirou um grande e renovado interesse entre os indianos pela história cultural de seu país.

Sendo atualmente o mais importante centro de aprendizado do bharata natya, a Kalakshetra reúne alguns dos melhores intérpretes dessa arte. Além disso, muitos dos mais famosos artistas contemporâneos, como Leela Samson, Yasmini Krishnamurti, Mrinalini Sarabhai entre outros, também abriram suas próprias escolas, propagando o estilo e disseminando sua prática por todo o país. Existem dezenas de escolas voltadas ao ensino de bharata natya espalhadas em toda a Índia, além de vários outros países.

KALAKSHETRA

Na Kalakshetra, as amplas salas de aula têm suas paredes de bambu cobertas com folhas de coqueiro. O ambiente é arejado e infestado pela luz do sol, que se atreve entre as frestas da parede duvidosa. A recitação melodiosa dos ritmos determina as batidas dos pés, os giros e os gestos das alunas que se deslocam pelo espaço, cortando os feixes de luz com seus sáris coloridos e suas longas tranças negras que lhes descem ondulando pelas costas. As turmas são mistas. O bharata natya sempre foi executado tanto por homens quanto por mulheres. Parecendo almejar uma reunião de corpo e mente, os aprendizes são submetidos longamente ao estudo de intrincadas sequências, de extrema rapidez e complexidade, antes de começar a aprender uma dança, propriamente dita.

Na atualidade, todas as escolas de dança seguem padrões de ensino universais e o velho sistema de gurus deu lugar, com algumas raras exceções, à pedagogia moderna. Punições físicas não são mais tão comuns e o tempo de aprendizagem foi padronizado. No modelo tradicional, sob o sistema guru-shyshia parampára, o aprendizado era conduzido sob normas rígidas e disciplina severa. Na Kalakshetra, o curso profissionalizante de bharata natya dura quatro anos, e as meninas são incentivadas a começar o mais cedo possível. Por ser uma escola governamental, o acesso à Kalakshetra é garantido por lei a pessoas de qualquer classe social, sexo e religião. Apesar da elitização e da crescente procura da dança como hobby, a Kalakshetra busca manter a tradição do bharata natya e seu ensino condizentes com o espírito original instaurado por Rukmini Devi, que sonhava formar uma nova geração de artistas que perpetuasse a técnica clássica, combinando devoção e arte.

ETAPAS OBSCURAS E LEGÍTIMAS DE UM CAMINHO

Richard Schechner, em seu *Between Theatre and Athropology*, analisando a evolução do bharata natya, identifica três etapas: a da dança das devadasis (que ele denomina de *Sadir Nac*); uma segunda etapa onde predomina a degradação das formas originais da dança e ocorre uma marginalização social imposta pelas elites e pelos dominadores britânicos; e uma terceira, de reconstrução, liderada por Rukmini Devi, que restaura a grandeza na antiga tradição da dança tâmil.

A avaliação de Schechner, além de não ser acurada, é arrogante. Ao associar a marginalização social sofrida pela dança com uma degeneração na tradição da dança em si, ele comete vários equívocos graves: o primeiro é o de descartar qualquer possibilidade de causalidade entre as etapas, como se uma das etapas pudesse ter sido absoluta e completamente estéril. O segundo erro é basear essa constatação em uma imputação moral. Tal apreciação é semelhante à antiga avaliação recebida pelos teatros de revista no Brasil que diz que eles não tiveram nenhum valor na história do teatro uma vez que eram realizados por pessoas de "baixa reputação", "putas" e "vagabundos", e, portanto, se deveria passar ao largo dessa "mancha" no estudo da história teatral brasileira – erro felizmente já (praticamente) contornado.

Outro erro é o de aplicar juízos de valor sobre momentos culturais cronologicamente distintos. Ainda mais em não se tratando de sua própria cultura. Não por acaso, a visão de interculturalismo de Schechner sempre foi criticada. O valor negativo na etapa da tradição em que foi marginalizada pela moral britânica, e onde se identifica o aparecimento de certos traços ditos "vulgares", quem o imputa é o autor, Schechner, corroborando lamentavelmente com a discriminação dos britânicos da época.

Não se pode avaliar se uma etapa no desenvolvimento de uma tradição foi ou não positiva, independentemente de suas consequências ou características, uma vez que ela é parte inegável da dinâmica transformativa da tradição. Schechner avalia que esse estágio "degenerado", imediatamente anterior à recuperação feita por Rukmini Devi, não se relaciona com a tradição original do bharata natya. Ele defende ainda que o resgate de Devi lança um vetor de relação com a antiga tradição das devadasis – a original e "pura" – e que rompe com o período "obscuro" da dança em Tamil Nadu. O autor afirma também que "todos acreditavam que a antiga dança tivesse levado ao bharata natya, quando, na verdade, foi o bharata natya que levou à dança antiga". Essa afirmação desqualifica o período em que a dança foi marginalizada como etapa *legítima* do percurso estruturante da tradição. Isso me parece um erro grosseiro, ainda que durante esse período os artistas tenham realmente lançado mão de desvios da tradição original devocional e utilizado expedientes supostamente vulgares e apelativos – seja lá o que isso signifique de fato. Tal trajeto de tradições pode ser encontrado em toda a história do teatro, inclusive no europeu, onde temos momentos em que obscenidades faziam parte intrínseca da linguagem cênica e a prostituição tinha alguma proximidade nos arredores do palco.

PROFISSÃO DE FÉ

Acredito que devamos, sim, considerar como parte integrante e honrosa todas as etapas – e os artistas que constituíram essa etapa – que levaram à formalização do que conhecemos hoje como bharata natya, mesmo as mais vulgares. Também creio ser necessário celebrarmos com honra e orgulho os artistas, de todas as partes do mundo, tidos como "vagabundos" e "prostitutas". Aqueles vilipendiados, desonrados, torturados e assassinados, nós os celebramos como nobre parte integrante dessa linhagem artística atualmente repleta em demasia de acadêmicos e de celebridades, de gente desfilando títulos, arrogância e vaidade, de gente buscando fama e grana. Acolhemos também todos esses enganos, com a compaixão que os séculos de cicatrizes nas costas deveriam ter nos ensinado. Abraçamos a todos, devadasis, atrizes e atores de teatro de revista, com os quais percorremos um único caminho, apaixonado, ainda que um pouco tolo. Fazemos parte de uma única família, que existe e resiste há quase três mil anos, sem esperanças de glória nos céus nem conforto na terra. Tomamos afetuosamente em nossos braços todos os discriminados, com o amor de quem possui a terrível fé no "agora" glorioso, na efemeridade que, ao final, nos irmanará com todos os outros seres vivos e não vivos sobre esse imenso palco. Se é verdade que o ator é o único ser humano que sabe que irá morrer, nenhuma etapa pode ser jamais perdida, porque todas as etapas no teatro são feitas, afinal, parafraseando Shakespeare, da mesma matéria de que são feitos os sonhos: elas são feitas de "agora".

SOBRE AQUELE QUE SABE QUE IRÁ MORRER

Retomo o fio da meada. O bharata natya acompanha a tradição de vários outros estilos clássicos da Índia e seus atores não interpretam personagens. Eles se apresentam, a princípio, como performers, e como tal podem dançar ou dizer alguma oração, sem que estejam ainda interpretando alguma personagem. Ao desenvolverem o drama, se deslocam para cada uma das personagens da trama. Por meio de signos estritamente visuais – podendo ser a apresentação de um mudra, ou a demonstração de uma karana, ou mesmo uma mudança em seu posicionamento espacial ou apenas na direção de seu olhar –, o ator informa que assumirá outra personagem ou retornará ao papel de narrador. Por exemplo, a personagem-narrador relata o eixo da história e, ao apresentar um mudra, ela passa a ser o deus Shiva e age como ele. Mais tarde, apresenta um novo código gestual e ela agora é Arjuna, o herói do Mahabharata, e assim sucessivamente.

Esse artifício épico reafirma a grande teatralidade da linguagem clássica da Índia não só por basear sua escrita cênica apenas sobre códigos estabelecidos *durante* e *por meio* da performance, mas por fazer conjugar vários aspectos da cena teatral: a plasticidade visual do ator; sua interação com a música, com o tempo (ritmo) e com o espaço cênico; e a consciência autoral do performer (como um Estranhamento brechtiano) da articulação intencional dos vários elementos técnicos na composição de uma escrita expressiva, dramática e performativa, que compõem, em última instância, a dramaturgia cênica do bharata natya.

A maquilagem do bharata natya realça os traços do rosto e acentua o contorno dos olhos. As palmas das mãos e as plantas dos pés também recebem uma maquilagem de cor vermelha. O figurino se constitui de uma composição especial do sári, a vestimenta tradicional indiana. Para os homens, é feita uma combinação que lhe cobre da cintura para baixo, deixando o torso desnudo. Tradicionalmente, as roupas indianas não são costuradas, o sári é uma peça de tecido de cinco metros e meio que é presa ao corpo por dobras e sobreposições. Mas no caso das danças clássicas, atualmente as dobras cada vez mais elaboradas requerem uma costura especializada. Essa composição é puramente estética e não compõe nenhum signo dentro da performance que será executada. A decisão sobre cores e temas dos desenhos é pessoal e estética, ao gosto do performer. Sua escolha não implicará em nenhum código visual cênico, seja de tempo, personagem, local ou ambiente. Essa característica termina também por sublinhar a importância da simbologia criada pelo intérprete durante a sua atuação. Todos os signos devem ser demonstrados de maneira clara pelo próprio performer em seu desempenho no palco. As mudanças de personagens devem ser "informadas" por códigos. Assim, os espectadores acompanham e podem avaliar a interpretação do performer e sua técnica em se deslocar de narrador para as diferentes personagens.

Os movimentos básicos da dança são organizados em uma série progressiva de sequências, *adavus*, para facilitar a sua prática. Cada *adavu*, como unidade básica de movimentos, é ensinada em uma ordem sistemática, e então posteriormente combinada com outras para produzir as sequências coreográficas baseadas sempre dentro da moldura rítmica da música.

MÚSICA

Um ditado tâmil diz que o bharata natya é poesia em movimento. A música, a poesia e o movimento se articulam, de fato, em harmonia no bharata natya. Segundo a tradição, as dançarinas devem ser iniciadas também na arte da música, o que é fundamental para a execução perfeita das complexas variações entre ritmo e movimento que, por vezes, parecem se contrapor. Em cena, a dançarina deve, de fato, pensar também como instrumentista, uma vez que seus passos devem não somente acompanhar o ritmo da música, mas, ainda, se conjugar a ele. Em suas remotas origens, as músicas do bharata natya eram cantadas pela dançarina. Isso implicaria, além de um conhecimento profundo dos diferentes tempos rítmicos, uma grande habilidade em canto e controle respiratório, uma vez que o ator deveria ser obrigado a cantar e dançar ao mesmo tempo. Num processo comum a todas as danças clássicas que passaram por esse desenvolvimento, a abolição da função de cantar as peças resultou em desenvolvimento da expressividade facial dos atores e no aumento da importância dessa expressividade dentro da linguagem cênica da arte.

A música de acompanhamento da performance do bharata natya é um exemplo pujante do estilo musical do sul da Índia conhecido como carnatic. A orquestra do bharata natya é composta basicamente por um vocalista acompanhado por um mridangam (tambor horizontal), um címbalo (geralmente tocado pelo guru do intérprete em cena) e um violino. A orquestra do bharata natya pode ainda incorporar, ocasionalmente, a flauta, a cítara ou a vina.

DAMARU

Conta a lenda hindu da criação do mundo que Shiva criou o universo com uma violenta batida em seu tambor, chamado damaru, que possui a forma de uma ampulheta. O som do damaru atemorizou os deuses e Shiva decidiu quebrar seu instrumento ao meio, e uni-lo ao contrário. Teria nascido assim, segundo essa conhecida lenda, o mais importante instrumento musical do bharata natya, o mridangam. Tocado em ambas as extremidades, ele se apoia horizontalmente no chão e possui um som suave e delicado, bem mais apropriado ao lirismo do bharata natya que o poderoso damaru de Shiva.

Nas partes de dança pura – onde não existem textos a serem recitados pelo intérprete e ele apenas dança –, o guru recita em voz alta as sílabas que compõem a contagem para a coreografia. Essa contagem é composta por fonemas que podem, justapostos, formar longas frases a serem memorizadas. Esse sistema de contagem, que abole os números e adota sons vocais rítmicos, é denominado tala. Harmonizando movimentos abstratos e graciosos, uma recitação melodiosa do tala e um acompanhamento musical que alterna distintos padrões rítmicos, a dança pura do bharata natya resulta em um momento de puro enlevo estético.

TALA

A tradição cênica clássica da Índia não utiliza, como dissemos, números para a contagem de suas dinâmicas e gestos, mas fonemas. Esses fonemas se encadeiam em frases que o performer deve memorizar, pois sobre ela se apoiará o ritmo de sua performance em cena. A recitação dessa contagem é feita de uma maneira melodiosa e poderia ser tomada, por alguém pouco familiarizado com essa prática, como uma canção. O sistema de tala não prioriza nenhum "tempo" forte. Os acentos para as movimentações podem mudar de lugar inclusive de uma repetição para outra. O que por um lado cria uma rica possibilidade, por outro torna tal sistema uma dificuldade a mais na já complexa estrutura técnica do teatro clássico da Índia.

Além disso, nem sempre a primeira sílaba do tala corresponderá ao início do movimento. Muitas vezes, o início do movimento muda de lugar dentro do tala de uma repetição para a outra. Deve-se manter em mente que o tala não corresponde diretamente ao ritmo da música ou a seu andamento. O andamento é definido pelo címbalo, normalmente tocado ou pelo guru do performer ou por algum mestre experiente. A partir desse andamento, o performer deve fazer combinar o tala, tendo claro que, por vezes, o ritmo da música poderá ser contraditório. Essas fricções entre os elementos cênicos fazem parte da estruturação cênica dos estilos clássicos da Índia. Por exemplo, a contagem feita pelo performer em sua mente pode ser acelerada enquanto o ritmo da música pode ser lânguido.

MUDRA I

Os mudras são os códigos gestuais que o teatro clássico indiano utiliza como idioma. A combinação deles em ambas as mãos permite a comunicação de toda e qualquer palavra existente, seja no idioma tâmil (para o bharata natya), em malayalam (para o mohiniyattam e kathakali) ou em oria (para a odissi). Eles podem surgir isolados ou combinados com algum outro mudra na outra mão. Porém necessitam da correta combinação com os movimentos de tronco e rosto. Poderíamos dizer que os 24 mudras que uma única mão pode executar funcionam como "letras" que, conjugadas, compõem o idioma dos mudras. A palavra "mudra", portanto, pode se referir igualmente à letra, à palavra ou ao idioma. Abaixo veremos a imagem de cada uma das vinte e quatro letras e seu nome correspondente.

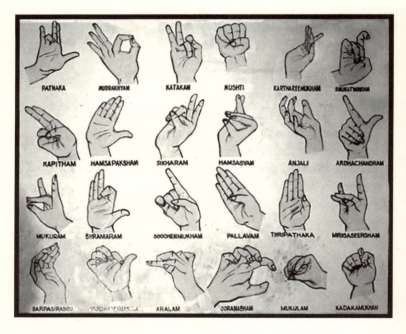

Existem algumas variações sutis entre os estilos no que se refere ao nome. Por vezes, algum estilo incorpora um mudra a mais, porém, *grosso modo*, há 24 deles. A imagem dessas 24 posições de mãos pode ser vista em uma bela obra de arte no aeroporto de Nova Deli, onde, em um de seus saguões, parecem emergir de dentro da parede 24 mãos gigantes, cada uma delas apresentando os mudras clássicos.

A PERFORMANCE

Uma performance de bharata natya se divide, de modo geral, em sete etapas. O percurso dessas etapas relacionadas abaixo é conhecido como margam:

1. *Alarippu*: a palavra em si explicita a função da primeira parte. Ela significa "invocação". A dançarina saúda deus, seu guru e a plateia. Trata-se de dança pura feita sob o som do mridangam e dos címbalos. As únicas palavras ouvidas são as do tala ditado pelo guru. A complexidade dos passos é crescente, e serve como um aquecimento para as próximas horas de performance.

2. *Jatiswaran*: outra dança pura com música instrumental em que a dançarina tem espaço para demonstrar sua habilidade em harmonizar diferentes ritmos com agilidade e graça. Ainda que não exista uma canção, a música, em vez de acompanhar o ritmo, agora se desenvolve em torno de um tema melódico (raga). A voz pode estar presente, mas não em palavras.

3. *Shabdam*: peça com uma música cantando as glórias de deus, normalmente descrevendo um acontecimento da vida de Krishna. Parte do espetáculo com forte sentido devocional e lírico.

4. *Varnam*: palavra sânscrita que significa "cor". Varnam é a cor do bharata natya, onde sua beleza fulgura. Aqui a combinação

de técnica e expressividade atinge seu apogeu. Agilidade, graça e inspiração devem se combinar com ritmos complexos. É um momento crucial para a avaliação do intérprete. As peças geralmente obedecem ao esquema "herói/heroína", com a heroína, por exemplo, relatando a uma amiga seu amor pelo herói e como sofre por ele, para mais tarde se reencontrar com seu amado.

5. *Padam*: o ritmo diminui e temos uma história mitológica, frequentemente um drama amoroso retirado dos relatos mitológicos. O aspecto teatral é enfatizado e a coreografia em si se torna mais simples enquanto é acentuada a expressividade do intérprete na atuação das personagens envolvidas na história a ser contada. Outra face de seu treinamento técnico pode ser observada com mais sutilezas: a precisão e a adequação dos mudras, das expressões faciais, da expressividade de sua presença. Como em alguns momentos o complexo código dos mudras aproxima a forma do gesto de seu significado ou do potencial evocativo que possui aquela palavra, algumas vezes sua performance se aproxima da mímica. Os mudras são o centro da atenção, pois são a recitação do texto em si; logo, devem ser feitos com muita técnica, pois serão também avaliados e apreciados com grande apuro pela plateia.

6. *Tillana*: dança pura (nritta) na qual a atriz tem a chance de demonstrar, por meio de seus movimentos, a alegria por receber as bênçãos dos deuses. Nessa dança, são utilizadas, com frequência, várias das posturas corporais conhecidas como karanas, oriundas da estatuária tradicional do estado de Tamil Nadu e, em particular, do templo de Chidambaram. Elas serviram de base para a construção de boa parte da estrutura técnica e coreográfica do bharata natya.

7. *Sloka*: dança pura acompanhada de um canto final feito pelo cantor(a), em forma de oração, de reverência e agradecimento a deus.

BALA

Balasaraswati, uma importante intérprete e personagem histórica do bharata natya, não gostava de escrever ou falar sobre bharata natya. Ela afirmava que a dança era para ser dançada e não descrita. Dada sua importância histórica, que rivaliza com nomes como Rukmini Devi ou Mrinalini Sarabhai, há poucos registros de sua experiência como dançarina. Em uma rara ocasião, Bala aceitou discursar em uma associação cultural em Chennai, no ano de 1975. Nesse discurso, Balasaraswati fez uma analogia que se tornaria célebre: Bala afirmou que uma performance de bharata natya era como entrar em um templo. O pátio externo do templo corresponde a Alarippu. Entrando, deve-se cruzar o pátio interno, que corresponde ao Jatiswaran, e atingir a grande sala, Shabdam. Então penetrar no Varnam, a casa do deus, onde a dançarina revela todos os aspectos de sua arte, gestada ao longo de todo o tempo de árduo treinamento físico. A atmosfera silenciosa, fria e sombria do "Santo dos santos", o santuário máximo, onde a imagem do deus repousa, corresponde ao Padam. Toda a vivacidade desaparece e dá lugar a intensa e sensível expressividade. É o momento mais íntimo do devoto, quando se aproxima e reverencia deus. Depois a contenção dá lugar a um último movimento, o tillana, que é como o acender da lâmpada e a saudação final ao deus. Com o Slokam, o devoto deixa o templo e saúda feliz a presença de deus em seu coração.

A DANÇA DA ÍNDIA

Atualmente, o bharata natya não é considerado simplesmente um estilo de dança, mas também um sistema, uma linguagem técnica que, além de servir de fonte para outras danças, como o mohiniyattam e o kuchipudi, se tornou um campo bastante fértil para pesquisas cênicas contemporâneas. Originariamente dança-solo, várias experiências têm sido feitas com coreografias em grupo. Os temas das peças também variaram e surgem constantemente novas dramaturgias retiradas de vários universos, utilizando até mesmo histórias cristãs. Um exemplo célebre dessa incursão do bharata natya em temas sociais foi a coreografia composta por Mrinalini Sarabhai sobre o problema do dote matrimonial na Índia. Mas, de um modo geral, os textos dramáticos utilizados no bharata natya ainda se servem primordialmente de fontes mitológicas tradicionais: os épicos hindus e as lendas de seu panteão de deuses e heróis, sem disfarçar seu gosto pelas tramas amorosas.

A cultura do Tamil Nadu permaneceu quase totalmente incólume às influências externas trazidas pelas repetidas invasões ao subcontinente indiano e que moldaram a cultura das regiões mais ao norte do país. Durante séculos, o Tamil Nadu conseguiu manter suas raízes de civilização dravídica, autóctone e primeva, o que perpetuou muitas das características essenciais na elaboração do bharata natya, como o culto primordial ao deus Shiva, por exemplo. Atualmente a arte dos tâmiles está exposta às grandes e inevitáveis transformações que ocorrem não só nas artes e não só na Índia, mas em todos os setores do mundo contemporâneo. O bharata natya sofre mutações e é questionado sobre sua elitização, comercialização e progressiva laicização. Mas mesmo o pior artista não consegue ficar impassível diante da majestosa tradição mística que persiste no bharata natya, escondida e eternizada em seus belos detalhes, exatamente como nas imponentes karanas nas pedras do templo sagrado de Chidambaram. Com sua enorme popularidade, dentro e fora do país, o bharata natya é a dança da Índia e o portão de entrada para as artes cênicas indianas e, mais particularmente, para toda a cultura do Tamil Nadu. Com o excelente nível técnico das dançarinas profissionais espalhadas pelo mundo inteiro, inclusive no Brasil, o bharata natya vislumbra um enorme potencial de evolução e disseminação nas próximas décadas. O bharata natya desenvolveu, ao longo das últimas décadas, um viés para retratar, em suas coreografias, a realidade e os problemas sociais da Índia.

FUTURO E PASSADO

Simultâneo a esse viés crítico, o bharata natya é também criticado por dar preferência aos temas do amor, demonstrando certa alienação aos problemas que o rodeiam. Alguns críticos apontam que sua linguagem se tornou obsoleta, demasiadamente obsoleta para refletir sobre a contemporaneidade. Pattabhi Raman, em um artigo na revista *Sruti* (2001), afirma que existem atualmente quatro tipos de praticantes de bharata natya: aqueles que se satisfazem em repetir o que aprenderam de seus gurus; aqueles que conseguem emprestar um novo frescor à estrutura tradicional da linguagem por meio de sua inspiração; aqueles que decidem investigar novas possibilidades para a dança dentro da moldura técnica e estilística da arte; e, por último, aqueles que decidem mesclar elementos do bharata natya com outras linguagens ou outros elementos culturais.

Estes últimos são definidos por Raman como "desorientados que brincam com a arte chegando ao ponto de degradá-la".

O bharata natya algumas vezes é questionado por estar muito atrelado ao passado e outras, demasiadamente ao futuro. A atriz Mallika Sarabhai me diz que sempre foi muito criticada por fazer experiências mesclando bharata natya a outras linguagens:

Eu não acho que seja um problema de maneira alguma. Veja só, sempre houve o temor na Índia de que algum aspecto cultural estivesse assumindo o controle. Mas se você olha para a história da Índia, sempre houve diferenças, e, ao mesmo tempo, sempre houve afinidades, alguns traços que nos mantêm reunidos. Mas penso que essas raízes são tão profundas que, se pensarmos nos últimos 1500 anos de tantos conquistadores e invasores na Índia, você verá que nós tomamos deles e eles também tomaram de nós. E o que temos agora é uma pizza gigante. Sem tomate, cebola, queijo, mas uma pizza! Eu acho que se ficarmos apenas falando sobre isso, é muito problemático. Quantas camadas precisam ser retiradas para se descobrir o que é realmente puro? Quando um muçulmano afirma hoje que irá assassinar todos que não sejam muçulmanos, existe uma grande chance de que seus avós tenham sido tâmiles, que tenham tomado a decisão, ou sido obrigados a tomar a decisão – o que era mais comum – de mudar. E talvez sete gerações atrás eles fossem todos animistas.

O mundo parece se encaminhar para uma insegurança tamanha, o mundo inteiro, não apenas a Índia, que parece que desejamos pessoas com uma identidade única. E ninguém tem uma identidade única. Eu sou mãe. Eu sou filha. Eu sou dançarina. Eu sou vegetariana. Eu gosto de cães. Eu gosto de livros. Eu gosto de usar verde. Eu tenho pelo menos cem identidades. De certa maneira, a identidade se ajusta a um sistema de grupos diferentes, mas por que vamos encolhendo, encolhendo, encolhendo até só restar que eu sou só uma mulher e, portanto, passível de ser estuprada, ou então que eu seja hindu e, portanto, odeie muçulmanos. É aí então que o tema do "Outro" aparece. Se você não pensa nesses termos, então ninguém é o "outro" para você. Ou então todo mundo é o "outro", incluindo você mesmo. Carregamos demasiados esquemas dentro de nós. Precisamos revê-los todo o tempo.

Afirmando que a mescla sempre será positiva, Mallika aponta que talvez a busca por algo de original e essencial na arte esteja exatamente no diálogo com aquilo que lhe possa ser – ou pareça ser – oposto.

No entanto, o viés crítico e de engajamento cada vez mais explícito a temas sociais, ambientais e políticos aponta um rico manancial ainda a ser explorado e traduzido até mesmo em outras culturas ao redor do mundo. A princípio, nada impede que se componha uma peça de bharata natya retratando, por exemplo, a violência contra as mulheres no Brasil.

MRINALINI SARABHAI

O expoente primordial dessa tendência foi Mrinalini Sarabhai, que pude encontrar para uma rápida entrevista em sua casa, em Ahmedabad. Em julho de 2015, eu havia ido à Índia, uma vez mais, para o congresso do IFTR (International Federation of Theatre Research), em Hyderabad. Após o evento, fui a Ahmedabad, na capital do estado de Gujarat, encontrar-me com Mallika Sarabhai, diretora da Darpana. Mallika Sarabhai é uma renomada atriz, ativista social e uma das mulheres mais influentes da Índia. Ela ganhou notoriedade mundial ao representar a personagem Draupadi, na montagem teatral e no filme, dirigidos por Peter Brook, *The Mahabharata*. Estive durante uma semana em visita à Darpana, observando seus diversos grupos de estudantes e em entrevistas com Mallika. Em um desses dias, Mallika me perguntou se eu teria interesse em visitar sua mãe, Mrinalini. Era uma oportunidade inesperada, um presente.

Eu havia conhecido Mrinalini há 25 anos por meio de uma foto em um dos primeiros livros sobre o teatro da Índia que tive em mãos, apontando-a como uma das principais dançarinas de bharata natya. Durante muitos anos, o bharata natya teve o rosto de Mrinalini em meu imaginário. Ela é conhecida como a primeira mulher a dançar kathakali (um estilo tradicionalmente masculino) na Índia, recebendo um prêmio em 1969 por sua contribuição ao desenvolvimento da arte kathakali. Mrinalini continua sendo até hoje a única mulher a ter recebido essa honraria. Mesmo tendo nascido em Querala, berço do kathakali, uma mulher naqueles tempos infiltrar-se em um meio tão masculino foi uma ousadia inusitada.

Em 1963, Mrinalini leu em um jornal sobre algumas jovens mulheres recém-casadas que se suicidavam ao se jogarem em um poço. O poço artesiano é um elemento essencial na vida doméstica de um país onde a água encanada ainda é um artigo raro, principalmente na zona rural. Mrinalini descobriu que essas mulheres avaliavam que a melhor opção era a morte quando tinham que enfrentar o fato de que a família de seus maridos não havia ficado satisfeita com o dote pago durante as tratativas para o seu casamento e pediam a ela que lhes trouxesse mais dinheiro (ou bens, ou joias etc.). Com medo de contar à própria família, e se sentindo como pivô de uma desgraça em potencial para sua família, elas preferiam se suicidar. E o local escolhido para isso era, comumente, o poço. A partir dessas notícias, Mrinalini decidiu compor *Memory is a Ragged Fragment of Eternity* (A Memória É um Fragmento "Bruto" da Eternidade), uma peça que tratava exclusivamente do tema.

Jawarhalal Nehru, então primeiro-ministro da Índia, e um dos pais da independência do país, compareceu a uma das apresentações da peça. Após a apresentação, ele ficou muito sensibilizado com a maneira com que o tema foi abordado. Consta que, após o evento, decidiu convocar, pela primeira vez, uma comissão para estudar o assunto, quando então se assumiu oficialmente o termo "morte por dote" (*dowry deaths*) e a existência desse trágico problema. Os desdobramentos dessa primeira iniciativa de Nehru, estimulado por Mrinalini, levaram à criação da lei que pune tal crime.

AMOR E POLÍTICA

Mallika me conta que, antes disso, o bharata natya era uma dança que falava apenas de coisas espirituais e de amor. "Foi a primeira vez que o bharata natya foi usado para falar de um problema social: sobre a violência contra as mulheres", relata Mallika durante uma de nossas entrevistas. Até então esse era um assunto cercado de tabus e de um declarado corporativismo masculino, que fazia com que essas mortes, em sequência, com o mesmo padrão, sob as mesmas circunstâncias, fossem todas consideradas "acidentais" pelas autoridades. Pode-se imaginar o impacto dessa realização de Mrinalini, no ano de 1963: uma mulher se insurgir contra o dote matrimonial – uma instituição social arraigada há séculos em seu país.

Mrinalini abdicou de uma carreira sólida como dançarina para imbuir sua arte de causas sociais e políticas. Esse viés faz parte, de certa forma, do DNA da família. Seu pai era advogado renomado e sua mãe, importante ativista social que chegou a ocupar uma cadeira no parlamento indiano. Mrinalini se casou com um renomado médico e poderia viver e gozar de sua tranquilidade financeira. Mas após a peça sobre o dote, se seguiram outras muitas sobre questões sociais e políticas, o que angariou para si e sua família alguns inimigos poderosos. Em 2012, o cineasta Yadavan Chandran dirigiu, com Mallika, um filme acerca dela: *Mrinalini Sarabhai: The Artist and Her Art* (Mrinalini Sarabhai: A Artista e Sua Arte).

UMA FERIDA UNIVERSAL

Assim como outros países do mundo, a Índia enfrenta muitos problemas sociais. Obviamente, as razões para esses problemas são inúmeras e específicas de cada região: aspectos culturais, políticos, econômicos e até religiosos se misturam em uma combinação extremamente complexa e muitas vezes explosiva. O Brasil é um bom exemplo dessa mescla venenosa de circunstâncias adversas, quase todas criadas e mantidas conscientemente por agentes políticos e econômicos, em sua maioria brancos, homens e ricos.

A Índia se assemelha ao Brasil em muitos aspectos, principalmente na diversidade de seus meios e de suas circunstâncias (sociais, políticas, culturais etc.). Mas existem, obviamente, particularidades. Dentre os problemas sociais que convulsionam a Índia, um dos mais espinhosos é o do dote matrimonial. O problema do dote é simbólico do grande panorama de opressão feminina dentro da realidade da Índia, que leva à incidência alarmante de violências domésticas, estupros e discriminação.

O casamento arranjado é um costume do país e está acima de divisões religiosas. O dote é apenas um dos aspectos desse processo. Na combinação do dote, a família da noiva deve doar uma quantidade de dinheiro ou bens à família do marido para viabilizar o casamento. Apesar de ser proibido por lei desde 1961 e, desde então, pedir ou aceitar o dote ser considerado um crime, essa forma de arranjo matrimonial ainda é muito comum e suas consequências, muitas vezes, funestas. A família da moça nem sempre consegue cumprir com todos os crescentes e infindáveis pedidos do noivo e de sua família, mesmo após o casamento. Nesses casos, não é impossível que a família da noiva venha a receber a notícia de que sua filha sofreu "um acidente doméstico" na cozinha, e queimou até a morte. Ou que a mulher seja submetida a uma pressão tão intensa que decida que só lhe resta o suicídio. Os casos são numerosíssimos. Denúncias e julgamento contra esses maridos ainda são a exceção. O dote é uma tradição cultural da Índia, mas também atinge outros países como o Paquistão, Bangladesh e Irã, por exemplo. A instituição do dote ultrapassa as separações sociais, sejam elas definidas por casta, poder aquisitivo ou nível educacional. Apesar dos esforços do governo da Índia, as estatísticas da violência e do problema do dote continuam a crescer.

O casamento arranjado associado à tradição do dote é um tema muito delicado. Por mesclar tradições profundamente enraizadas aos novos e crescentes valores capitalistas, o "negócio" do dote encontra combustível para subsistir e prosperar. O tema é extremamente sensível e já me foi dito que um estrangeiro não tem subsídios para avaliar a abrangência, a densidade e a profundidade desse tipo de tradição.

Um desdobramento esperado desse problema é o infanticídio feminino. Ao saberem, após o parto, que se trata de um bebê de sexo feminino, alguns pais preferem matar a criança a ter que arcar com o "peso" de sustentar uma boca a mais durante toda a vida e, mais tarde, ainda ter que arcar com o dote para conseguir um marido. Outra face desse problema é a frequência com que casais ricos viajam ao exterior para fazer testes para definição de sexo do bebê e, dependendo do resultado, o aborto.

Dois de meus professores de Kathakali na Índia tiveram, coincidentemente, duas filhas. Ambos relataram a mesma situação: tiveram que ter equilíbrio para aceitar a primeira filha. E, depois, decidiram ter um segundo filho, na esperança de "equilibrar a situação". Com a chegada da segunda filha, decidiram cancelar definitivamente qualquer outra tentativa. Uma terceira filha, para eles, seria um "problema insuperável". E, resignados, aceitaram o "fardo" de arcar com as duas "despesas" inevitáveis em suas vidas. Como é costume, ambos decidiram, desde o nascimento das filhas, iniciar uma poupança no banco com o único propósito de pagar o dote de seus maridos.

Alguns insistem que o problema das mortes por dotes na Índia "está melhorando". Independentemente do que significa a frase nesse contexto, as estatísticas não confirmam o fato. O jornal on-line indiano *She The People*, dedicado à temática feminina, afirma que "o National Crime Bureau da Índia registrou, em 2017, aproximadamente sete mil mortes relacionadas ao problema do dote. Mortes por dote cresceram de 19 por dia em 2001 para 21 em 2016. E estamos falando apenas de mortes reportadas. Existem muitas que ficam sem registro". Esses dados apontam para uma realidade na qual aproximadamente uma mulher é morta a cada hora, apenas por problemas com dote. Acho que isso serve para dar uma dimensão do tamanho do problema com o qual Mrinalini estava lidando (e ainda em 1963!), e na dimensão de sua coragem, mas também de sua consciência artística.

Já que estou apontando dados, seria bom registrar alguns números do Brasil: segundo o site G1, em seu "Monitor da Violência", em 2019 foram registrados 3.739 homicídios dolosos de mulheres, sendo 1.314 feminicídios, ou seja, motivados pelo motivo de serem mulheres. O *Atlas da Violência*, com dados do Ministério da Saúde, aponta uma média de treze assassinatos por dia, sendo que 40% ocorreram dentro de casa e 66% dessas vítimas são mulheres negras. Segundo o *Mapa da Violência de Gênero*, em 2017, "o Sinan (Sistema de Informação de Agravos de Notificação) recebeu 26.835 registros de estupros em todo o país, o que equivale a 73 estupros registrados a cada dia daquele ano". A análise adequada desses números não é nosso objetivo e não cabe aqui. Mas são números assustadores que servem de alerta para olharmos para essas realidades culturais, e para todas as alteridades da vida, como uma reflexão sobre nossa própria condição. Portanto, não devemos – e nem podemos – colocar casos de mortes de mulheres por dotes na Índia no arquivo das coisas "exóticas" do mundo, nem tampouco afastá-los do contexto da produção cultural contemporânea. Mrinalini dançou sua percepção da realidade que a cercava, sua sensibilidade e compaixão para com as mazelas do ser humano, com o intuito singelo e poderoso de transformar essa realidade.

Talvez fosse oportuno recordar a frase de Jawaharlal Nehru durante a Quarta Conferência sobre Mulheres em Beijing, em 1995: "Você pode conhecer a realidade de uma nação observando a condição de suas mulheres".

O FATOR SARABHAI

Mrinalini que, ainda muito jovem, após uma apresentação sua de bharata natya, havia posado sentada aos pés de Rabindranath Tagore, circulou entre personagens e eventos históricos da formação da jovem Índia. Sempre no bojo de uma intensa atividade de afirmação e divulgação das artes cênicas clássicas como patrimônio cultural da Índia, Mrinalini manteve seu propósito de engajamento dessa arte nas reflexões sociais do país que surgia independente em 1947. Fruto dessa obstinação, a sua escola de dança surge como referência de excelência para o treinamento do bharata natya, fora de Tamil Nadu, mas também como centro de ativismo político, cuja tradição Mallika ainda hoje mantém. O intrínseco engajamento do nome Darpana e de Mrinalini e Mallika Sarabhai com movimentos sociais e na oposição a governos e poderosos já colocou a própria segurança da família Sarabhai em risco algumas vezes.

Em seu livro, Mrinalini Sarabhai conta que "ao longo dos anos as pessoas sempre me perguntam: 'O que é a dança para você?' Minha resposta é sempre a mesma: É minha respiração, minha paixão e meu Eu". E depois, ao final de sua autobiografia: "Como posso explicar a eles que eu sou Eu apenas quando danço? Eu só sou aquele EU SOU quando danço. Eu só sou a Eternidade quando eu danço. Meu silêncio é minha resposta, e eu danço."

NOMES DO BHARATA NATYA

Além de Rukmini Devi, Bala Sarswati e Mrinalini Sarabhai, deve-se registrar alguns nomes importantes do bharata natya dentro e fora da Índia, do presente, do passado e para o futuro: Leela Samson, Mallika Sarabhai, Alarmel Valli, Yasmini Krishnamurti e outros.

Existem escolas para a técnica do bharata natya em muitos países, principalmente na Europa e nos Estados Unidos. No Brasil, muitos artistas se dedicaram ao estudo e à pesquisa do bharata natya, entre eles: Ivaldo Bertazzo, Patricia Romano, Silvana Duarte, Sonia Galvão e outros.

3. Mohiniyattam

> Quanto mais simples aparenta, na verdade, mais difícil
> é para o artista demonstrá-lo. O mohiniyattam possui
> sua precisão na sua aparente falta de precisão.
>
> BHARATI SHIVAJI, *The Art of Mohiniyattam*, p. 62.

MOHAN

Um antigo mito indiano diz que o encanto exercido por uma mulher sobre um homem é chamado "mohan". Aquela que possui "mohan" e o utiliza com habilidade é chamada "mohini", "a que desperta o desejo" ou "a que rouba o coração de quem a vê". A dança encantatória dessa mohini é conhecida como mohiniyattam. A mohini não se satisfaz com a beleza. Ela almeja a graça. A beleza é uma qualidade mais simples e banal que a graça. A beleza é aparente e óbvia, enquanto a graça é indefinível, oculta e misteriosa.

O mohiniyattam, a dança do encantamento, é uma dança solo exclusivamente feminina que, em cena, faz jus a seu nome. Não é possível definir o mohiniyattam sem mencionar a graciosidade de sua movimentação, marcada por suaves ondulações do tronco. A suavidade da movimentação de troncos e membros no mohiniyattam acentua a expressividade do rosto, olhos e gestos. Os movimentos são belos e lânguidos e parecem interligados em uma cadeia contínua, fazendo com que um movimento pareça fluir naturalmente do movimento que o antecedeu.

Relativamente recente, com seus quase dois séculos de idade, o mohiniyattam está apenas engatinhando quando comparado ao milenar kutiyattam. Dança clássica exclusivamente feminina, sua popularidade é devida em parte à sua graça, delicadeza e feminilidade, mas também à sua simplicidade. Evitando sequências complexas e privilegiando a suavidade e beleza, é uma dança bastante acessível, apesar de considerada clássica em grau de elaboração.

O FEMININO E O TEATRO

Como todas as danças femininas clássicas da Índia, o mohiniyattam possui raízes na tradição artística e ritualística das devadasis, e carrega marcas indeléveis dessa influência. Inscrições e esculturas em templos confirmam a existência de devadasis desde o século XI na região de Querala. Nos primórdios da tradição das devadasis nessa região, as danças eram confinadas nos templos e as dançarinas em uma vida estritamente religiosa. Acredita-se que a maioria das devadasis de Querala pertencia a um tipo peculiar de subcasta, próxima à casta kshatriya (dos guerreiros e dos reis), denominada Nair. Ainda hoje nomes importantes da vida artística da Índia ostentam em seu sobrenome a marca desse importante segmento social para a história de Querala, como a diretora de cinema Mira Nair ou o célebre ator de kathakali já citado aqui, Ramakutty Nair.

As mulheres Nair foram obrigadas, por força das circunstâncias, a cuidar não apenas da casa e das famílias, mas também a criar os parâmetros e códigos reguladores sociais para uma comunidade na qual os homens estavam constantemente ausentes, envolvidos em guerras, comércio, ou ambos simultaneamente. Um sistema nitidamente matriarcal se estabeleceu em Querala a partir do século XVIII, e ainda hoje pode ser observado. Existe um singular grau de autonomia e autoridade da mulher nessa sociedade. As Nair de Querala estabeleceram seu direito a receberem educação e de poderem decidir o modelo e a especialização de seus estudos. Ao se casarem, possuíam o direito de rejeitar o noivo a qualquer momento, sem prejuízo algum para sua reputação. A prática da poliandria era também aceitável. De fato, relatos antropológicos afirmam que na sociedade Nair a mulher que possuía vários amantes aumentava seu status social e sua honra. Nas casas reais de Travancore e Cochin, a tradição fazia com que a sucessão ao trono real se desse pelo filho da irmã mais velha do rei (rajá). Esse status especial da mulher de Querala foi um fator importante – e singular – para a criação e o desenvolvimento da dança clássica feminina na região.

É curioso que, apesar de sua mitologia – que poderia ser qualificada de cunho machista ("a grande qualidade da mulher é seduzir os homens?") –, o mohiniyattam cresce em uma das sociedades da Índia onde o poder das mulheres dentro da família e das comunidades é mais acentuado.

MOHINI

A mitologia sobre o surgimento da Mohini relata que os deuses enrolaram uma enorme serpente em torno de uma montanha, no centro de todos os mares. Fazendo-a deslizar ao redor da montanha de um lado para outro, os deuses agitaram os oceanos e extraíram o amrita, o néctar da imortalidade. Para evitar que os demônios se apoderassem do néctar, Vishnu tomou a forma irresistível de Mohini, para distraí-los com sua beleza. Mohini emergiu do oceano dançando e, encantando-os com sua dança, partiu com o amrita para o reino dos deuses, evitando assim que os demônios se tornassem também imortais. Como consequência auspiciosa, temos que devido à intervenção da Mohini podemos, assim, ter certeza de que os demônios que habitam o mundo, por mais terríveis que possam parecer, sempre poderão ser derrotados.

Querala convive diariamente com seus deuses, com suas imagens, com os relatos de seus feitos e de suas ações sobre os homens e sobre o mundo. Por causa dos deuses e em homenagem a eles, as principais manifestações performáticas da Índia foram criadas. O mito da Mohini, a mulher de encantamento irresistível, faz parte desse repertório mitológico tão caracteristicamente indiano, mas particularmente próximo ao povo e à cultura de Querala.

NANGYARS

A primeira referência literária ao mohiniyattam, segundo G. Venu, é encontrada no livro *Vyavaharamala*, escrito por M. Narayanan Nambutiri, em 1709. O mohiniyattam é o resultado da confluência de duas tradições: a das devadasis de Querala e suas danças de adoração nos templos e a do ritual dramático do nangyar kuttu, realizado pelas mulheres da família Nambiar. Kunjan Nambiar, um dos maiores poetas de língua malayalam que viveu no século XVIII, descreve em sua poesia o mohiniyattam florescente de sua época, comprovando a datação histórica de seu apogeu: "A maior qualidade da poesia de Nambiar foi a de, ao descrever as lendas purânicas tradicionais, ser capaz de oferecer, por meio delas, um retrato nítido da cultura e da sociedade de Querala da época, seus costumes, suas crenças e seus eventos."[1]

As mulheres da família Nambiar carregam o sobrenome Nangyar e são, até hoje, as guardiãs do ritual dramático que leva seu nome: o nangyar kuttu. Esse tipo de ritual dramático surge como uma contraposição à arte masculina do chakkiar kuttu, cujo aparecimento remonta ao século X d.C. e inaugura uma tradição de estilos de artes cênicas de Querala reservadas exclusivamente aos homens. Seu nome também remete à família que possui o privilégio de conservar essa tradição, os Chakkiar. Essa contraposição é, por si só, um eloquente indicativo da independência e do peculiar ativismo das mulheres de Querala.

A tradição do nangyar kuttu pede que sua realização seja feita sempre na parte interna dos templos. Como no estado de Querala a entrada de estrangeiros e de não hindus é expressamente vetada no interior dos templos, o kuttu era quase uma arte secreta. A única oportunidade em que o nangyar kuttu podia ser apresentado fora dos muros dos templos era quando o brâmane cuidador dos rituais morria. Nessas oportunidades, um palco era preparado junto à pira crematória e realizava-se o kuttu para garantir a purificação da alma do morto bem como do local de sua cremação. Encontrado ainda em alguns templos como um ritual, o nangyar kuttu está em risco de extinção.

---

1 G. Venu, *Mohiniyattam*, p. 38.

AS FAMÍLIAS DAS DANÇAS DE QUERALA

As danças de Querala historicamente poderiam ser divididas em três grupos: do primeiro grupo fazem parte as formas marcadamente rituais, como o teyyam e o mudiyettu, nos quais o ator é divinizado e atua "possuído" pelo espírito do deus. Os figurinos, a maquilagem e os adereços assumem uma importância predominante nesses eventos, e os performers se vestem e se maquilam para assumir uma aparência feérica, com uma miríade de ornamentos exuberantes e multicoloridos, e enormes adereços sobre a cabeça.

Em um segundo grupo, o performer "representa" a divindade e oferece a si mesmo, por intermédio de sua atuação, a deus. Nessa categoria, a narrativa e a gesticulação são o mais importante. Aqui se encaixam o kathakali, o kutiyattam, o krishnattam e o ottamthullal. Poderíamos citar, ainda nesse grupo, o tradicional teatro de sombras de Querala, denominado pavakuttu, que tem um histórico ainda mais antigo que o das formas cênicas. Alguns autores acreditam que as formas cênicas são, de fato, um desdobramento dele, e não o contrário.

No terceiro grupo, a melodia da música e a dança predominam, e um único figurino padrão é utilizado. O intérprete não possui papel fixo, mas atua como narrador, deslocando-se de uma personagem a outra à medida que a história evolui. O mohiniyattam faz parte desse grupo, cujas formas são, nesse sentido, aparentadas a outros estilos clássicos da Índia, como o bharata natya, o kuchipudi, o odissi e o kathak, para citar alguns exemplos. O nangyar kuttu (feminino) e o chakkyar kuttu (masculino) também se encaixam nesse grupo, mas a ênfase reside no aspecto dramático e não nos movimentos. Não há espaço para passos elaborados, e os movimentos são mínimos. Todos os elementos da dança se conjugam para que a interpretação do performer seja ressaltada ao máximo.

TEVADICHIS

As devadasis em Querala eram chamadas tevadichis, e estão documentadas em muitos livros e em inscrições templárias. O mais antigo registro sobre o sistema de treinamento dessas tevadichis aparece em uma inscrição no templo de Chokkur, ao norte de Kozhikode, e data do ano de 932 a.c. Apesar de alguns autores respeitáveis, como Mohan Khokar, afirmarem que a origem do mohiniyattam não possui nenhuma relação direta com a tradição das devadasis, e que suas origens são estritamente sociais, tendo sido criado como diversão para os nobres de Querala, há indicações de que, nessa região, existiu uma tradição de dança feminina de mulheres agregadas aos templos, nos mesmos moldes do sistema de devadasis encontrado em todo o país, e que essa dança serviu, se não como base, seguramente como inspiração para o desenvolvimento do mohiniyattam nas cortes da nobreza de Querala.

Assim, o mohiniyattam teria encontrado seu desenvolvimento final nas cortes da nobreza, tendo sido estruturado sob os auspícios dos grandes reis, os maharajas. No entanto, conviveu muito proximamente com o fenômeno cultural denominado devadasis.

A que ponto as danças templárias das devadasis emprestaram aspectos formais ao mohiniyattam é difícil de dizer. Porém é possível identificar, por um lado, sua extrema familiaridade com a grande tradição de danças femininas de Querala, em suas formas e movimentos sinuosos e circulares, e, por outro lado, sua formalização aparentemente "estrangeira" às artes teatrais de Querala no que diz respeito à sua exuberante caracterização. Portanto, segundo essa última percepção, somos levados a identificar elementos nitidamente importados de outras tradições, como o bharata natya, de Tamil Nadu. Isso confirmaria o relato da linha histórica do maharaja e do encontro entre as nangyars de Querala com as dançarinas de bharata natya trazidas por Validevu, um dos irmãos de Thanjavur. O período de declínio do prestígio do mohiniyattam também coincide com o processo de marginalização das devadasis em Querala.

RAÍZES PROFUNDAS

Pode parecer estranho que costumes proibidos por leis continuem a ser praticados mesmo após quase cinquenta anos. Bem, se somos todos seres humanos, sabemos como pode ser difícil reverter processos culturais instaurados e enraizados em nossos corpos e espíritos. Além disso, estamos falando de processos culturais de quase um milênio de idade. Portanto, a lei das devadasis é apenas uma "criança" de setenta anos. E, além disso, lembremos que a discriminação por castas na Índia bem como a prática da intocabilidade foram declaradas ilegais pela constituição no nascimento da nova república da Índia. Mas nem por isso essa prática desapareceu. Não é nosso objetivo analisar tal tema, no entanto é importante observar que práticas culturais, como por exemplo a das castas, ainda hoje são respeitadas até mesmo por hindus que tiveram toda a sua educação na Europa. Levando isso em consideração, talvez possamos avaliar minimamente por que a prática da dança por mulheres na Índia ainda seja um tema a ser debatido.

As últimas devadasis foram desaparecendo em uma sombra de vergonha e desonra social, e essa condição só foi se modificando quando sua tradição foi resgatada pela revalorização da cultura nacional indiana durante o processo de independência do país. Mas as cicatrizes até hoje estão presentes e parecem ser profundas. Alguns descendentes de devadasis escondiam seus retratos de parentes e relutavam em admitir a existência do que julgavam ser uma triste mancha em suas famílias.

Dessa forma, as devadasis se reúnem à universal "casta" de artistas que em todo mundo vicejou às margens do sistema oficial. Ainda que desfrutando de suas artes, as classes estabelecidas sempre enxergavam a atividade profissional dos artistas como ofícios menores, periféricos, quando não marginais ou até demoníacos. Os artistas, levando adiante sua nobre tradição de proscritos, se colocavam politicamente, estabelecendo-se como inimigos naturais de todos os sistemas, criando uma convivência sempre ambígua de adoração e repulsa. Eles se tornam, na verdade, por mais simples que pareça sua função, em detratores naturais das injustiças sociais. Por detrás desse destino quase heroico, quase patético, irmanam-se artistas de todas as culturas.

A ARTE DO MAHARAJA

A Índia foi composta, ao longo de milênios, por vários reinos. Mesmo durante a dominação inglesa, diversos reinos foram mantidos relativamente autônomos, e seus soberanos gozavam de certa independência, que era geralmente barganhada a ouro com os dominadores ingleses. Ao concretizar-se a independência da Índia, surge o estado de Querala, formado pela reunião principalmente de três importantes regiões autônomas: Malabar (a maior delas), Cochin e Travancore. O desenvolvimento cultural dessas regiões sempre foi dependente do grau de interesse particular de cada soberano sobre o assunto. Os reis de Cochin eram sabidamente amantes das letras. Em Travancore, a família real dedicou seu patrocínio principalmente às artes cênicas. Sob seu mecenato, mohiniyattam, ottamthullal (estilo semiclássico criado por Kunjan Nambiar), kathakali e outros conheceram grande evolução e popularidade.

Contudo, foi na região de Malabar, sob a regência do maharaja Swati Tirunal (1813-1846), que o mohiniyattam adquiriu sua forma atual e definitiva. O maharaja era um apaixonado pela música, além de compositor, mas também um aficionado pela dança. Dedicado a estruturar a dança feminina em seu estado, mandou trazer para seu reino o grupo de quatro importantes irmãos dançarinos, o Quarteto de Thanjavur, citado no capítulo sobre o bharata natya, para ajudar no refinamento da nova arte. Os irmãos haviam determinado uma grande formalização técnica e estética no bharata natya e o maharaja intuiu que esse diálogo poderia fazer evoluir a nova arte da dança que se desenvolvia na região. Existem dúvidas sobre o número de irmãos que estiveram realmente em Querala. É documentada a presença do irmão chamado Vadilevu, cuja habilidade ao violino teria influenciado na presença desse instrumento na orquestra do mohiniyattam, assim como já o tinha feito no bharata natya. Também é incerto o tempo que o grupo vindo de Tamil Nadu permaneceu lá. O que é certo é que foram trazidas exímias dançarinas treinadas nas novas técnicas do bharata natya. A influência da formalização dos irmãos de Thanjavur na estruturação do mohiniyattam é indiscutível. As dançarinas vindas do Tamil Nadu puderam assistir às performances das mulheres do nangyar kuttu que, por sua vez, observaram atentamente a performance das dançarinas tâmiles. Estas últimas usavam muitos giros e amplos movimentos de braços, além de passos incisivos. A performance das nangyars, ao contrário, utilizava poucos e suaves movimentos, e apoiava sua atuação na expressividade de seu rosto e olhos. Moviam-se pouco e lentamente. Dessa interação entre a formalização do bharata natya, a tradição das nangyars, a herança das danças femininas circulares de Querala e, possivelmente, a dança das devadasis nasceu o que se conhece hoje como mohiniyattam.

ABHINAYA

Uma determinação importante feita pelo *Natya Shastra* é que os elementos cênicos em ação sobre o palco sejam abordados e entendidos de maneira conjunta. O eixo central desse conjunto encontra-se na figura e atuação do ator. A maneira com que o ator articula todos os elementos que ele deve necessariamente utilizar para compor a cena recebe o nome de abhinaya. Abhinaya é a maneira como o ator fala, como ele se move e como ele se expressa corporalmente. Mas também é a maneira como ele se relaciona com seu figurino, com a iluminação e com as peças do cenário. Abhinaya é, portanto, a expressividade do ator elevada ao seu extremo, a cada mínima porção da complexa combinação de elementos que comporá a obra cênica como um todo. "Muito mais importante que a história são os meios técnicos ou abhinaya. É a qualidade de abhinaya e a qualidade do espectador que completa o drama e cria o rasa [sabor]."[2] Um dos primeiros estudiosos do kathakali, Bharatha Iyer, define abhinaya como "um termo abrangente, que cobre todos os aspectos da técnica dramática: atuação, gestos, música e ator, sua maquilagem e a expressão de estados psíquicos. Em um sentido muito mais estreito, no qual é comumente utilizado, denota o atuar/dançar ou a mímica"[3]. Coomaraswamy, portanto, compreendia muito bem a necessidade de um ator absoluto em cena. Um ator detentor da mestria de seus meios expressivos.

Ainda que possa ter paralelo com várias outras tradições teatrais ao redor do mundo, somente na Índia esse aspecto é analisado e teorizado com tal refinamento. Abhinaya é a capacidade do ator em potencializar todos os seus meios técnicos para elaborar uma expressividade em que todos os aspectos cênicos – sua movimentação, sua dinâmica sobre o palco, seus gestos e voz, sua interação

---

2 A. Coomaraswamy, *The Mirror of Gesture*, p. 17.
3 K.B. Iyer, *Kathakali*, p. 35.

com os elementos cênicos e musicais – sejam acionados com harmonia em prol de uma atuação cênica que se entende como a própria escrita da linguagem em si. Esse conceito tão abrangente é subdividido em quatro aspectos principais, que atuam simultaneamente.

O primeiro é denominado ânguika e é relativo à movimentação corporal, seja com mudras, posturas corporais ou dinâmicas cênicas. Mas também caracteriza o processo de domínio dos meios técnicos por meio de severos treinamentos. No *Natya Shastra*, cada movimento de cada parte do corpo é definido com detalhes e recebe denominações específicas: há os movimentos das mãos e suas combinações, os movimentos de cabeça e pescoço, os movimentos dos olhos, os movimentos do rosto, os movimentos do tronco e das pernas e as possibilidades de deslocamento sobre o palco, com as devidas posições dos pés.

O segundo aspecto é o denominado vátchika. Relaciona-se à utilização da voz e da fala. Atualmente, na quase totalidade das formas clássicas essa perspectiva está reservada aos membros da orquestra. Ainda que outrora fosse comum performers cantarem enquanto atuavam, o desenvolvimento de todos os estilos levou à mesma conclusão: ao se desobrigar de cantar ou falar, o ator pode potencializar ao máximo a possibilidade expressiva facial. O tradicional tratado *Abhinaya Darpana* (ou, aproximadamente, Espelho da Gestualidade)[4] determina que o intérprete deveria cantar em cena, mas a tradição fez cair em desuso essa convenção. Em outras formas teatrais de Querala, como o kuttiyattam, o kuttu, e o ottamthullal, os atores ainda utilizam a voz para dizer o texto. Nenhum desses estilos, no entanto, é considerado clássico.

O terceiro aspecto é ahárya e está associado aos elementos da cena com os quais o ator deve interagir: figurinos, objetos, ornamentos, maquilagem, penteados, panorama visual do palco etc. Parte da premissa que o ator tem consciência que a conjugação de todos esses elementos faz parte intrínseca de sua performance.

O quarto e último aspecto é sátvika e pode ser definido como um aspecto emotivo ou de criação de estados de ânimo, no sentido que não indica diretamente nenhum tipo de sentimento ou de emoção por parte do ator, mas sim sua habilidade em criar esses estados – ou "emoções" – naquele que o assiste. A existência

---

[4] Ver infra, p. 183.

dessa separação tão ancestral na arte teatral indiana entre o trabalho psicofísico do ator, a construção consciente de um resultado exterior e de sua efetividade é uma qualidade fundamental para o entendimento da arte cênica clássica da Índia e está intimamente relacionada ao que se conhece como rasa, ou "sabor" da representação. Sobre os rasas falaremos mais adiante.

CONDUZIR A HISTÓRIA

Leela Samson, em *Rhythm in Joy, Classical Indian Dance Traditions* (Ritmo em Alegria, Tradições das Danças Clássicas Indianas), opõe nritta a abhinaya, uma vez que em abhinaya se encontra a expressividade do intérprete, o que não ocorre em nritta. Ela define ainda natya como uma espécie de dança dramática, com vários atores e, principalmente, personagens. Nesse modelo, apenas o kathakali poderia se encaixar na definição de natya. No kathakali, os atores representam sempre uma única personagem. Samson relembra que os gotipuas de Odisha atuavam em grupos e cantavam e recitavam seus textos, apresentando um exemplo de natya, ao contrário da tradição da maharis e da odissi atual, em que as atrizes apenas dançam, deixando o canto dos textos dramáticos para os cantores presentes junto à orquestra de músicos.

Samson contrapõe, portanto, natya às danças solo, predominantes em quase todos os estilos da Índia. Como exemplo do elemento natya nesses estilos predominantemente solos, Samson cita as criações coreográficas de grupos de vários atores contracenando sobre a cena. Exemplos disso são as coreografias de Kelucharan Mohapatra com a odissi, e da Darpana de Mrinalini e Mallika Sarabhai, com o bharata natya. Mas Samson afirma que desde a última metade do século XX, o que se viu foi uma crescente preferência pela apresentação solo que, em seu ponto de vista, não carrega o componente natya em sua elaboração.

A palavra abhinaya significa "conduzir a peça". Na prática, ela se refere ao trabalho expressivo do ator, o qual se baseia em sua sensibilidade pessoal para conjugar artisticamente sua técnica, de caráter impessoal, à sua expressividade, subjetiva e única[5].

5   Ver supra, p. 63-65. {Atualizar depois de diagramado}

VALLATHOL

Vallathol Narayana Menon era o grande poeta de Querala na época da cruzada de Gandhi pela independência da Índia. Imbuído do espírito nacionalista que dominava o país durante o longo processo de libertação e ansioso pelo resgate e reafirmação da identidade cultural indiana, Vallathol fundou a Kerala Kalamandalam, uma academia de artes com o intuito de resgatar, preservar e desenvolver as artes de Querala. Vallathol acompanhava uma onda de resgate dos valores culturais da Índia iniciada por Rabindranath Tagore. Durante a luta pela independência, Tagore, poeta e dramaturgo bengali, agraciado com o prêmio Nobel de 1917, desencadeou uma grande campanha pela revalorização da cultura indiana tão menosprezada durante a longa dominação britânica do país. Inspirado por seu colega bengali, Vallathol fundou, em 1930, a Kerala Kalamandalam, que ainda hoje é a principal escola para o aprendizado das formas clássicas de teatro de Querala e um grande centro de preservação e divulgação da arte regional.

Aulas de mohiniyattam foram introduzidas na escola apenas em 1932. A princípio, Vallathol teve grande dificuldade de encontrar professoras para lecionar. Ainda suscetíveis aos resquícios da discriminação, apenas cinco alunas se dispuseram a lecionar regularmente. Em 1935, quando Rabindranath Tagore viajou por toda Índia observando os diferentes estilos clássicos de dança do país, ficou impressionado com o mohiniyattam e decidiu implementá-lo em sua escola em Kolkata (antiga Calcutá), levando consigo as professoras da Kalamandalam. A bela iniciativa de Tagore terminou por debilitar os primeiros esforços de resgate e fomento do mohiniyattam na Kalamandalam. Mas o projeto de Vallathol e de sua escola estava já solidamente estabelecido, e, por fim, logrou conquistar respeitabilidade nacional e fazer crescer e estabelecer o mohiniyattam como uma das danças tradicionais do país, recebendo o reconhecimento de arte clássica a partir de 1950. De certa maneira, concluía-se assim o projeto iniciado pelo dedicado maharaja Swati Tirunal no século XVII.

BHASMASURA

O tempo mitológico, sendo primordialmente uma experiência vivida, não reconhece o absolutismo de nossas horas, podendo um ano se passar em um dia, e um século em apenas uma hora. Conta a mitologia que os primórdios dos tempos – que, nesse caso, pode querer se referir tanto ao início do universo quanto ao dia que está por começar – se caracteriza pela convivência entre deuses e demônios, como iguais. O demônio Bhasmasura, no entanto, desejou derrotar todos os seus inimigos, deuses e demônios, sem, no entanto, ter que passar pelo inconveniente da guerra. Mergulhando totalmente sua mente na imagem do deus Shiva, Bhasmasura permaneceu imóvel durante dez anos de sua vida. Sem mover um único músculo sequer, ele meditou profundamente, elevando todo o seu pensamento a Shiva. Ao final desse tempo, Shiva ficou muito impressionado e satisfeito com a devoção de Bhasmasura e lhe concedeu um pedido, um desejo qualquer. Bhasmasura desejou o poder de transformar imediatamente uma pessoa em cinzas apenas com um simples toque da ponta de seu dedo na testa dela. Shiva ficou surpreso com tão terrível desejo e relutou em realizá-lo, mas havia lhe dado sua palavra. Recomendou ao demônio todo o cuidado e sabedoria ao usar aquele poder. Bhasmasura ficou desconfiado que talvez Shiva o estivesse enganando: "Para que eu aprenda a usá-lo, permita-me, Senhor Shiva, testar em você o poder dessa tua bênção." Shiva correu de volta para seu refúgio nos Himalaias antes de ser alcançado por Bhasmasura e ali se recolheu, perturbado por suas últimas ações. Shiva resolveu chamar o deus Vishnu e lhe confidenciou o ocorrido. Vishnu apanhou o problema nas mãos e, assumindo a forma de uma mulher incrivelmente bela, Mohini, desceu à Terra. Mohini atraiu Bhasmasura com sua beleza e sensualidade. O demônio, completamente enfeitiçado por Mohini, lhe propôs se casar com ele. Mohini relutou: "Como posso acreditar em você? A palavra de um homem é como a sombra: fugidia e enganosa. Quando eles conseguem o que desejam, se esquecem do que devem." Bhasmasura prometeu dedicar cada um de seus pensamentos a ela. Mohini disse que os juramentos eternos somente recebem a bênção dos deuses quando tocamos a própria fronte. Bhasmasura não pensou. Tocou sua testa e no mesmo instante se tornou cinza.

Uma performance de mohiniyattam se inicia com uma dança denominada cholkettu, em que a dançarina, antes de começar, assume uma pose em que aponta com uma das mãos para a frente de sua cabeça. Ela recorda Bhasmasura e alerta para que não se subestime o poder maravilhoso e implacável de que o encantamento pode dispor.

TANDAVA E LASYA

Existem dois conceitos, definidos pelo *Natya Shastra*, aparentemente antagônicos, que comumente se alternam para criar a dinâmica do teatro da Índia: tandava e lasya. A dinâmica inerente entre os dois está exemplificada na formalização do mohiniyattam. A dança vigorosa e viril de Shiva é o símbolo da qualidade tandava. E a dança suave de Párvati, sua consorte, traduz o conceito de lasya. O mohiniyattam possui uma marcante qualidade lasya de movimentação, mas a contribuição tandava do Quarteto de Thanjavur foi fundamental na construção de sua linguagem cênica.

O maharaja Swati Tirunal, patrono do mohiniyattam, era favorável ao predomínio do aspecto lasya. Ele escreveu cerca de cinquenta padams (poemas dramáticos) específicos para o mohiniyattam em que as várias possibilidades da qualidade lasya pudessem ser exploradas. Apesar de sua morte prematura aos 34 anos, Swati Tirunal é considerado quase como o fundador do mohiniyattam tal o alcance de sua contribuição. Após sua morte, seu sucessor, Uttiram Tirunal, subiu ao trono. Ao contrário de Swati, Uttiram era um ardoroso apreciador do estilo kathakali, que passou a receber todo o apoio e incentivo real e emergiu como arte predominante, posição de prestígio que manteve até o início do século xx. O mohiniyattam, mais sutil e delicado, amargou um longo ostracismo e decadência a partir de então, à sombra da visualidade exuberante do kathakali. Apesar de todos os reveses, o mohiniyattam conseguiu uma frágil sobrevivência ao longo de décadas, até ser definitivamente resgatado pelo poeta Vallathol Narayana Menon em 1930.

"Quando Shiva e Párvati, envolvidos em tandava e lasya, respectivamente, percebem o olhar um do outro, então todo o Universo é criado. Quando tandava e lasya cessam, o mundo também cessa de existir."⁶ Na dança clássica indiana, tandava se refere a uma qualidade física de movimentação caracteristicamente masculina. Movimentos viris e poderosos, que se relacionam ao deus Shiva e sua dança cósmica, são denominados tandava. Lasya representa o feminino, em movimento gracioso e suave, como a dança de Párvati, consorte de Shiva. E é justamente a interação amorosa entre Shiva (tandava) e Párvati (lasya) que traz vida ao Universo.

Tandava e lasya, assim como animus e anima, ying e yang, descrevem duas qualidades distintas que se conjugam interagindo entre si, mas mantendo suas características intrínsecas. Ambos, tandava e lasya, aparecem em todas as danças clássicas da Índia, alternando preponderâncias, um sobre o outro, dependendo do estilo. No mohiniyattam, por exemplo, o princípio lasya é nitidamente preponderante sobre o tandava, ocorrendo o contrário com danças como o yakshagana ou kathakali.

Tandava e lasya fazem parte de um sem-número de classificações dadas ao redor do mundo para a polarização inerente à vida: dia e noite, positivo e negativo, homem e mulher. A ciência de que é a interação desses contrários que faz surgir toda a diversidade é universal e gerou uma extensa mitologia sobre o assunto.

A PERFORMANCE DA GRAÇA

A presença da lâmpada a óleo, nilavilakku, acesa ao centro do palco, é uma constante nas artes cênicas de Querala. Herança de um passado anterior à eletricidade, em que a luz de lâmpadas ardentes iluminava o interior dos templos e das casas. A luz da chama possui um valor simbólico de dissipador das trevas da ignorância e, resistindo à popularização da luz elétrica, permanece nos palcos de Querala, simbolizando sabedoria e serenidade. A grande lamparina a óleo é acesa de forma cerimonial antes do cholkettu, o primeiro dos números que compõem um programa de mohiniyattam.

A linguagem cênica do mohiniyattam poderia remeter a uma contação de histórias dinâmica e ritualizada, com componentes espetaculares (figurinos, maquilagem, cantos etc.), mas sem definição de personagens em cena e com sua performance aberta ao

---

[6] B. Shivaji, *The Art of Mohiniyattam*, p. 68.

improviso do performer, que pode se remeter às circunstâncias do local, do público ou do evento em curso. Uma performance de mohiniyattam se assemelha em suas etapas a de bharata natya, e possui, em geral, sete etapas:

1. *Cholkettu*: dança abstrata introdutória e, como todas as danças introdutórias, possui o sentido auspicioso de angariar as bênçãos divinas. Chollu significa "sílaba" e Kettu, "amarrar". No cholkettu, as sílabas que contam o ritmo se "amarram" umas às outras formando belas frases rítmicas que se harmonizam com a movimentação da dançarina. Ao mesmo tempo, ajudam a dançarina a manter claro para si o ritmo a ser utilizado com suas nuances. Cada sequência silábica inclui em seu início e em seu final uma curta oração (sloka). Como dança introdutória, o cholkettu possui importância como uma oferenda inicial aos deuses, e se inicia com orações à deusa-mãe, finalizando com um sloka em reverência ao deus Shiva.

2. *Jatiswaran*: aqui a reunião entre as sílabas e a música é mais completa e temos um raga definido com acompanhamento vocal. A harmonia dos elementos do mohiniyattam surge por completo. Essa é uma peça abstrata, e é elaborada de modo a possibilitar justapor a complexidade da estrutura da linguagem e as habilidades técnicas e graciosas da atriz.

3. *Varnam*: o elemento interpretativo surge pela primeira vez e busca demonstrar a conjugação harmônica atingida pela dança com os movimentos abstratos. Geralmente, descreve a angústia da heroína separada de seu amado. A atriz pode utilizar pela primeira vez abhinaya ainda mesclada com passos de dança abstrata ao final de cada parágrafo ou estrofe.

4. *Padam*: no padam, o uso de abhinaya pela atriz é o ponto central. A ação interpretativa e expressiva recebe todos os espaços e toda a atenção daquela que atua. A sutileza expressiva ganha toda proeminência. As peças dramáticas, em geral, contam histórias de amor e são, geralmente, retiradas do *Gita Govinda* de Jayadeva. Esse grande poema, escrito provavelmente no século XII, descreve a relação de amor entre Krishna e as gopis, jovens que cuidavam do gado, em especial uma delas de nome Radha. A capacidade de criar as mais diversas nuances para essa trama simples tem sido uma das grandes evoluções do mohiniyattam. Por isso, dependendo da capacidade da atriz, pode-se incluir mais

de um padam na sequência da performance. Essa ênfase no desenvolvimento expressivo do mohiniyattam se deve primeiramente às suas raízes na tradição do nangyar kuttu e, principalmente, a uma íntima convivência com o kathakali e a tradição teatral de Querala, em que a expressividade gestual e facial dos atores recebe enorme destaque. Mas também não deixa de apontar sua afinidade com as danças femininas templárias por seu tom explicitamente devocional.

5. *Tillana*: contrapondo-se ao padam, o tillana recupera a dança abstrata em complexas sequências de passos e movimentos de tronco e mãos. Aqui voltam a sobressair o movimento abstrato e a riqueza rítmica, criando com a etapa anterior, mais suave, um contraste bastante característico da dramaturgia cênica do mohiniyattam. Ao final, mesclam-se alguns mudras, criando uma mostra de toda a riqueza da linguagem do mohiniyattam.

6. *Sloka*: o espetáculo se aproxima de seu término e uma oração, sloka, é realizada como agradecimento aos deuses. O clima é de devoção, o ritmo se altera novamente e o momento serve como reverência final ao deus patrono do evento ou do templo onde ocorre a performance. É um momento emotivo e carregado de religiosidade.

7. *Shaptam*: última dança misturando breves linhas de mudras com movimentos abstratos. Shaptam significa literalmente "sétimo", uma vez que é a sétima etapa do recital do mohiniyattam. Foi introduzida no repertório pela célebre dançarina Kalamandalam Kalyannakutty Amma, uma das primeiras a completar o recém-inaugurado curso de mohiniyattam na escola Kalamandalam. O intuito de Amma era trazer para o mohiniyattam o formato de um antigo ritual em homenagem ao deus Rama, cujo procedimento possuía sete etapas ritualísticas.

O LIVRO DA TRADIÇÃO

Cada estilo de dança da Índia tem um livro básico, uma espécie de manual específico, onde são traçadas as bases técnicas para a performance específica daquela arte. O *Balarama Bharatam* é o livro que define o mohiniyattam enquanto linguagem e técnica. Escrito pelo maharaja Kartika Tirunal Rama Varna, o livro especifica o uso de mudras, passos, expressões faciais e movimentos da cabeça, braços e pernas. Na verdade, trata-se de uma reelaboração de alguns capítulos do *Natya Shastra*. Além dele, é importante citar o *Hastalakshanadipika*, livro onde todos os estilos de teatro clássico de Querala se basearam para formar seu dialeto de mudras.

Apesar de os mudras se assemelharem bastante aos usados pelo kathakali, a estrutura coreográfica do mohiniyattam encontra maior afinidade com outras danças solo femininas, como o bharata natya e o kuchipudi, em que se utiliza também o sistema de *adavus*, as partículas rítmicas que se combinam para formar as estruturas coreográficas da dança. Esse ponto será aprofundado no capítulo sobre o estilo odissi.

MUDRA II

O *Natya Shastra* define um elenco de 24 "letras" no idioma de mudras utilizados tanto no mohiniyattam quanto no kathakali. O nome dos mudras foi aproximado ao nosso idioma – para adequar a pronúncia correta –, respeitando a forma de escrita usada na Índia e evitando os anglicismos desnecessários. Deve-se manter atenção ao fato de que a vogal "a" no final das palavras assume, em malayalam, o som "am". Por isso, por exemplo, a pronúncia de Querala se torna "Queralam". Outra particularidade é a presença do "h", quando então se deve assumir o som aspirado para a consoante precedente. O nome dos mudras são, assim: 1. patháka, 2. mudrákia, 3. kátakha, 4. mushti, 5. kartarimukha, 6. shukatundha, 7. kápitakha, 8. hâmsapaksha, 9. shíkara, 10. hamsásia, 11. ândjali, 12. ardhachandra, 13. múkura, 14. bhrâmara, 15. sudjiámukha, 16. pállava, 17. tripatáka, 18. mrgashírsha, 19. sárpashiras, 20. várdhamanaka, 21. arala, 22. urnanábha, 23. múkula, 24. kattakámukha.

Ainda que o *Hastalakshanadipika* seja a base comum no que concerne ao idioma de mudras tanto para mohiniyattam quanto para kathakali, tanto um quanto outro fazem pequenas modificações nas formas de cada mudra não apenas para adequar o padrão técnico e estilístico, mas também para sublinhar a preponderância temática em cada universo dramatúrgico. Além de suavizar as angulações nos mudras usados no kathakali, o mohiniyattam criou algumas derivações dos mudras existentes e incorporou alguns deles citados no *Natya Shastra* que não aparecem no *Hastalakshanadipika*. Uma das justificativas mais objetivas em relação a isso é que a predileção pelo estilo lasya, mais delicado e suave, requereria novas nuances, novos significantes, para os motes que se repetiam, em camadas, desdobrando-se sobre um mesmo eixo temático.

FIGURINOS E ADEREÇOS

O figurino padrão é o sári branco tradicional de Querala. A ele se acrescenta o vistoso brinco de forma circular, elemento que caracteristicamente adornava as mulheres malayalis de outrora e que hoje faz parte do figurino do mohiniyattam. A maquilagem busca realçar principalmente os olhos, fonte importante da expressividade. O cabelo é arranjado no estilo mais tradicional das mulheres de Querala, com um coque ao lado da cabeça decorado com flores ao seu redor. As palmas das mãos e as plantas dos pés são pintadas de vermelho.

MÚSICA

O principal instrumento musical durante a performance no mohiniyattam é o edakka, um pequeno tambor de aproximadamente sessenta centímetros, em forma de ampulheta. Como pode alterar o seu som enquanto é tocado, mediante a pressão efetuada pelo instrumentista sobre as cordas que prendem seu couro, o edakka é tido como o único tambor da Índia que pode produzir melodia e ritmo simultaneamente. Os outros instrumentos que compõem a orquestra de mohiniyattam são: mridangam (tambor horizontal de duas faces), vina, flauta e címbalos. A orquestra atual é o resultado dos esforços de Vallathol para que a música utilizada pelo mohiniyattam se adequasse aos moldes clássicos da música carnatic, característica do sul da Índia, aproximando-a da música do bharata natya, o que também remete aos resultados da visita do(s) mestre(s) de Thanjavur a Querala.

AS LINHAS DA MOHINI

Isadora Duncan, a célebre dançarina estadunidense e praticamente fundadora da dança moderna, julgava que os movimentos naturais deveriam surgir na dança sob a forma de "uma continuidade ou fluidez que a dançarina precisa respeitar em sua arte"[7]. Os movimentos do corpo da dançarina deveriam ser organicamente encadeados um ao outro, um movimento nascendo de forma natural a partir do movimento que o precedeu, gerando uma onda fluida que percorre cada gesto, cada passo até sua dinâmica final. Essa ondulação resultante da sequência fluida e organicamente encadeada de movimentos suaves do mohiniyattam exemplifica de maneira eloquente a visão de Duncan sobre a natureza da verdadeira dança. No mohiniyattam, um movimento parece fluir com uma naturalidade irresistível do movimento que o antecedeu. Além disso, sua suavidade acentua sua expressividade, pois ressalta os movimentos dos olhos, rosto e mãos. A sensualidade de suas formas representa ao mesmo tempo uma herança de seu passado quando a devoção a deus assumia abertamente seu aspecto erótico. Seus movimentos de mãos e olhos são nitidamente sensuais, representando o anseio humano de união com o divino. Essa sensualização de suas formas foi um propulsor de sua popularização, mas também de sua discriminação, pois se, por um lado, acentuava um potencial lírico, também dava margem a abordagens mais, digamos, vulgares. O mohiniyattam, apostando no caráter íntimo e subjetivo da atuação de seu performer, foi na contramão da tendência teatral de Querala, de estéticas mais espetaculares e extravagantes. Tecnicamente, o mohiniyattam representou uma rebelião contra as disciplinas austeras e militares que embasavam as formas teatrais de Querala. Sua aparição e sobrevivência é um testemunho da ascendência feminina em Querala.

Embora não aparente, a dançarina de mohiniyattam despende uma quantidade enorme de esforço físico. O importante para ela é que essa força necessária para a manutenção da forma da dança se transforme em uma energia ao mesmo tempo suave e poderosa. Exatamente como o encanto de Mohini sobre Bhasmasura.

---

[7] A. Ribeiro, *Depois de Isadora Duncan Nunca Houve Tanto Mar*, p. 97.

Para obtenção desse controle, é necessário grande disciplina, um árduo treinamento e uma intensa dedicação.

AS MANDALAS DO MOHINIYATTAM

Na posição básica do mohiniyattam, a atriz flexiona as pernas para formar uma base de sustentação que distribui seu peso equitativamente sobre os dois pés plantados diagonalmente no chão em um ângulo de 90º entre eles. Enquanto no bharata natya a movimentação dos membros é ríspida, angular e geométrica, com passos ágeis e fortes, o mohiniyattam é caracterizado pelo movimento gracioso e marcado pelas suaves ondulações do torso que se desloca circularmente tendo a base da coluna como eixo principal.

Esse mesmo movimento circular do tronco é encontrado em outras formas de teatro de Querala como o kathakali, o krishnattam e o kuttiyattam. Bharati Shivaji (1986), conhecida artista de mohiniyattam, relaciona esse tipo de movimento à singular forma circular dos templos hindus de Querala. É curioso observar que, de fato, esses templos comumente se expandem no sentido horizontal, enquanto os templos hindus, em quase toda a Índia, erguem-se na vertical. Mesmo no estado vizinho, Tamil Nadu, os imponentes templos em Madurai, Thanjavur, Mammalapuram ou Chidambaram exibem sua imponência vertical, em estilo piramidal.

Os peculiares movimentos circulares no mohiniyattam parecem também remeter às danças folclóricas circulares executadas pelas mulheres de Querala. Além disso, apontam para uma provável antiga herança budista de mandalas, absorvidas também por cultos tântricos que floresceram na região no final do século XIX. Tipos de mandalas também podem ser identificados nas decorações dos pavimentos de entrada das casas durante festividades religiosas em Querala.

TEMPLOS DO MOHINIYATTAM

Templos importantes de Querala, como os da cidade de Suchindram (distrito da cidade de Kanyakumari, extremo sul de Querala) e Tiruvikramangalam (perto de Thiruvananthapuram, antiga

Trivandrum, a capital do estado), possuem, em sua estatuária, dançarinas em poses fixas e dinâmicas em que o movimento circular é claramente evidenciado. Essa documentação nas pedras dos templos serviu ao longo dos tempos como matriz técnica e formal básica e inconteste para o mohiniyattam, e ainda hoje pode ser encontrada em suas coreografias. Esses templos, além de centros históricos de treinamento e desenvolvimento, são também núcleos de preservação do patrimônio cultural da Índia.

A partir da década de 1990, as cidades da Índia foram paulatinamente retomando seus antigos nomes, anteriores à dominação britânica. Os nomes mais conhecidos, mas que significavam apenas uma anglicização dos nomes tradicionais buscando "facilitar" a pronúncia para os britânicos, foram abandonados. Assim, surgiram (ou ressurgiram) nomes como Mumbai (antiga Bombaim), Chennai (antiga Madras), Kolkata (antiga Calcutá), Bengaluru (antiga Bangalore), Mysuru (antiga Mysore), Ahmedabad (antiga Karnavati) e até outras que testemunhavam dominações como Parangipetta (antiga Porto Novo). Em Querala, Trivandrum se tornou Thiruvananthapuram, Cochim se tornou Kochi, Kozhikode se tornou Calicute e Trichur, a cidade que serve como referência geográfica para a localização da escola Kalamandalam, se tornou Thrissur.

AMRITA

Ainda hoje é comum que as famílias de Querala levem suas filhas pequenas para algumas aulas de mohiniyattam. Nessas oportunidades, elas praticam o bastante para ganhar suavidade e graça nos movimentos, mas não o suficiente para serem classificadas como dançarinas profissionais. Esse "excessivo" contato com estranhos, decorrente de frequentes performances e possíveis viagens para apresentações, soma-se à sombra discriminatória que ainda persiste, mesmo que de forma velada. Receber aulas de mohiniyattam durante algum tempo pode ser muito bem visto socialmente, porém, quando a mulher decide dedicar-se profissionalmente à dança, a chance de ser alvo de preconceitos ainda existe.

Fruto de confluências de correntes diversas e marcado por um passado de glória, mas também de dura adversidade, o mohiniyattam surge com nova força para o novo século, com menos restrições e discriminações. Sua própria existência, assim, remete ao mito sobre o qual repousa o espírito do mohiniyattam, quando Vishnu, sob a forma de Mohini, emergiu do oceano dançando com o néctar da imortalidade em suas mãos.

Independentemente do estilo ou da região do país, na tradição original, aquela que dança considera a si mesma esposa do Espírito Único Universal e divino. Por vezes ela canta e louva as glórias do deus, outras, descreve as amarguras e frustrações de sua relação com Ele e reclama de suas pequenas indelicadezas. Sua dança é uma prece de amor e por amor. Ele é seu amado e ela, sua mulher eterna. Nesse universo, existe apenas um único masculino, o Homem Divino, o Homem celestial. Todos os outros seres são femininos. A relação entre o homem e Deus é, em essência, comparável àquela entre a amante e seu amado, em que a alma humana é o anseio feminino de união com o Espírito Universal masculino. Esse amor divino e humano é o espírito da dança indiana, e encontra no mohiniyattam sua mais graciosa representação.

NOMES DO MOHINIYATTAM

Além de Kalyannakutty Amma, Chinnammu Amma Krishna Panicker, Madhavi Amma, precursoras da escola Kalamandalam de Querala, são memoráveis alguns nomes importantes do mohiniyattam dentro e fora da Índia, do presente, do passado e para o futuro: Kanak Rele, Bharati Shivaji, Sunanda Nair e outros. Kalamandalam Satyabhama foi a primeira mulher a assumir o cargo de diretora e posteriormente de reitora da escola. Foi casada com o grande ator e estudioso da linguagem do kathakali, Kalamandalam Padmanabhan Nair, que polarizava com Ramakutty Nair a proeminência do universo do kathakali. No Brasil, alguns profissionais se dedicaram ao estudo e à pesquisa do mohiniyattam, entre eles se destaca a atriz Aglaia Azevedo.

4. Odissi

> Não podemos separar religião e filosofia porque, na Índia, religião e filosofia não são apenas conceitos intelectuais ou um conjunto de regras e princípios. Religião, filosofia e arte pertencem todos a um mesmo espírito, indivisível e igualmente acessível tanto à grande maioria dos homens quanto aos sábios e santos.
> SANJUKTA PANIGRAHI, La Danse Odissi, Theatres d'Orient: Le Kathakali, L'Odissi, Buffoneries, n. 9, p. 83.

UMA ESCULTURA MUSCULAR

O principal motivo da inclusão do estilo odissi, do leste, numa obra que escolheu enfatizar as artes cênicas do sul da Índia, é a particular composição corporal da figura de seu intérprete. A posição básica da odissi e a dinâmica física decorrente dela possuem aspectos muito particulares e podem oferecer um interessante contraste com as outras danças majoritariamente femininas estudadas aqui: bharata natya e mohiniyattam. A própria escrita cênica da odissi decorre dessa sua estruturação corporal; ela possibilita paralelos com outras linguagens cênicas do sul e talvez revele alguns procedimentos da singular estruturação técnica e estética das danças clássicas da Índia.

Durante muito tempo, entendi que os nomes odissi e orissi conviviam nos textos e relatos dos artistas desse estilo. Ainda que artistas como Sanjukta Panigrahi utilizassem o termo odissi, pessoalmente me parecia que orissi era o termo mais adequado, uma vez que o estado de onde o estilo provinha se chamava Orissa. A dificuldade se dava por uma clara semelhança na dicção das duas palavras. Com a mudança do nome do estado para

Odisha a partir de 2011, e com o aval de Sanjukta, devo admitir que atualmente mudei minha opinião.

Nessas breves considerações sobre a linguagem da odissi, coloquei em paralelo também algumas reflexões sobre o movimento do corpo em cena elaboradas por Isadora Duncan, em seu livro *A Arte da Dança*. Penso que a referência servirá muito bem nesse ponto do diálogo entre tradições de movimento criadas a partir de tão acuradas observações e refinamento.

TRIBANGHI

A complexidade da composição corporal do intérprete de odissi implica em uma recomposição não apenas na forma de seus apoios sobre o solo, mas também na distribuição desigual do peso do corpo entre esses dois apoios e de um inusitado equilíbrio. O primeiro contato com a odissi impacta imediatamente pela articulação física extremamente sinuosa do ator, que se inicia em sua cabeça e pode serpentear ao longo de seu corpo até a ponta de seus pés. Essa postura sinuosa, muito característica do estilo odissi, recebe o nome de tribanghi. O termo tribanghi significa literalmente "três arcos" ou "três curvaturas", e se refere à sinuosidade encontrada na postura básica da odissi. Apesar de ser definida costumeiramente como uma sequência de três "curvas", creio poder identificar e melhor descrever a sinuosa postura da odissi como uma sequência ainda mais complexa de articulações e flexões. Mas mesmo entre os autores indianos a descrição das três curvas não é unívoca. Por exemplo, Sunil Kothari define tribanghi como oposição entre cabeça, tronco e quadril; Leela Samson prefere definir como sendo flexões nos joelhos, tronco e pescoço. Os autores se dividem sobre a localização dos três arcos. Independentemente do número de arcos, penso que podemos identificar uma combinação bela e singular de flexões que termina por definir imageticamente o estilo odissi. A posição tribanghi é encontrada em muitos exemplos da estatuária e da pintura indianas. É bastante comum, por exemplo, encontrarmos a imagem do deus Krishna pictoricamente representado em posição tribanghi e com sua flauta. A flexibilidade da atriz ao criar essas curvaturas cada vez mais acentuadas é uma habilidade sempre elogiável na odissi.

Apesar de a palavra tribanghi significar literalmente "três arcos", podemos ver que muitas partes trabalham em conjunto para proporcionar essa sinuosidade única de suas formas. Tal sinuosidade, além do componente estético, também possui uma consequência óbvia, que é a de funcionar como um amortecedor, aliviando o impacto da dança sobre as articulações do corpo. O tribanghi não é um privilégio da odissi nem sequer da Índia. Encontramos elementos dessa combinação em várias outras partes do mundo: seja nas formas clássicas da Índia ou do Japão, China etc. Mas todas elas combinadas simultaneamente encontraram uma singular harmonia no estilo odissi.

RENZO VESCOVI

Quando Renzo Vescovi, então diretor do Teatro Tascabile di Bergamo (TTB), na Itália, ouviu falar pela primeira vez sobre o estilo de dança clássico odissi, quis saber do que se tratava. Ferdinando Taviani, amigo e pesquisador teatral, respondeu-lhe "com um suspiro que era a beleza em estado puro"[1]. Algum tempo mais tarde, conheceu aquela que seria a mentora da implantação dessa técnica no grupo que ele dirigia: Aloka Panikar. Ao vê-la dançar, Renzo definiu para si que seu intento seria simplesmente "possuir aquela beleza"[2].

A descoberta das formas clássicas de teatro da Índia transformou a vida de Renzo e fundamentou todo seu trabalho à frente do TTB. Após inúmeras viagens à Índia e intercâmbios com muitíssimos mestres indianos convidados a Bergamo, o TTB e Renzo possuíam uma familiaridade com esse universo muito pouco comum.

Renzo afirmava que gostava de usar uma citação de Arnold Haskell, um estudioso de dança ocidental, que teria definido a dança indiana como o "mais completo e mais expressivo entre todos os sistemas de dança"[3]. Renzo escreveu que talvez a Índia significasse para eles, do TTB, "a casa onde nascemos, na qual não

---

1 Apud M. Schino (org.), *Renzo Vescovi: Scritti dal Teatro Tascabile*, p. 85.
2 Ibidem, p. 86.
3 Ibidem, p. 92.

se vive, mas para onde se pode sempre retornar"[4]. E eu compartilho de sua opinião.

Renzo faleceu no dia 3 de abril de 2005. Ainda tenho o mapa da Índia que ele me deu dias antes de minha primeira viagem à Índia. Apesar dos poucos encontros e algumas refeições juntos, ele teve o papel de me apresentar o universo do teatro clássico da Índia e à beleza dessa arte. Renzo apontou no mapa a estação de Palghat, de onde sairia o trem para Cheruthuruthy, meu destino final. Tão importante como chegar certo é partir certo.

ODRA-MAGADHA

Vários estilos de dança da Índia disputam o título de mais antiga tradição cênica. Evidências arqueológicas indicam que danças rituais são executadas desde o século II a.C. na região do estado de Orissa. Ananda Coomaraswamy, o célebre historiador de arte indiana, citado por Sunil Kothari, identificou uma escultura encontrada em uma das famosas cavernas da região de Udaygiri, perto de Bhubaneshwar, como sendo a representação de uma cena de dança. Nessa escultura, na caverna de Ranigumpha, pode-se ver "os primeiros exemplos de teatro com uma orquestra completa, dançarinos e atores"[5]. Esse fato define, em tese, a dança do estado de Odisha como a mais antiga da Índia. Mais antiga até mesmo que o próprio *Natya Shastra*: "De fato, quando estudamos as assombrosas evidências esculturais sobre a dança nos templos de Odisha, não há dúvida de que o escultor certamente conhecia bem a arte da dança e sua codificação exatamente como encontrada nos textos do *Natya Shastra*."[6] Bharata, o autor mitológico do *Natya Shastra*, menciona danças preexistentes a ele e cita as regiões onde eram encontradas: Avanti, Dakshinatya, Panchali e Odra-Magadha. Não é possível indicar a localização exata de tais regiões mitológicas, com exceção da região denominada Odra-Magadha, reconhecida atualmente como correspondente ao atual estado de Odisha.

---

4   Ibidem, p. 89.
5   S. Kothari; A. Pasricha, *Odissi, Indian Classical Dance Art*, p. 13.
6   Ibidem.

Até o século XII, o estado de Odisha era dividido e governado por diferentes clãs de soberanos. Quando o rei Chadagangadeva (1078-1197) assumiu o poder, ele unificou a região. Grande patrono das artes, Chadagangadeva construiu o templo de Puri, que se tornou o grande centro social e religioso de toda a região, amalgamando diferentes cultos provenientes de várias regiões da Índia e dando origem ao culto a Jagannath. Do século II a.C. ao IX d.C., budismo, jainismo e tantrismo disputaram com o hinduísmo a primazia religiosa na região. Mantendo-se afastado das influências cristãs e muçulmanas, o culto a Jagannath surge como símbolo da rica síntese cultural e religiosa existente em Orissa.

Após o século XII, a dinastia Ganga assume o poder e seu primeiro governante manda construir, na cidade de Konarak, o imponente templo ao deus-sol, cujo formato representa a enorme carruagem do deus solar. Os Gangas governaram a região de Orissa até 1508, quando muçulmanos mogóis invadiram e dominaram o subcontinente indiano. O reinado mogol se estendeu até 1751, quando a dinastia hindu Maratha assumiu o controle da área. Os ingleses foram os próximos a tomar o poder, em 1803. O governo dos ingleses se diferenciou de todos os dominadores anteriores por não interferir nas atividades dos templos de Orissa, uma vez que o interesse inglês no país passava longe de ser religioso, e evitar conflitos sociais era de grande importância política.

PÉS

Os pés são um bom ponto de partida. Se notarmos as posições básicas de todos os estilos cênicos neste livro, apenas o kathakali inverte a tendência de contato total dos pés com o chão e faz com que os pés agarrem o solo, apoiando-os sobre sua borda externa. No estilo odissi, o metatarso do pé, e sua articulação com as falanges dos dedos, possui grande importância. É interessante que se note que não se trata da ponta extrema dos pés, onde as bailarinas clássicas ocidentais buscam aquele difícil equilíbrio, que mais se assemelha a uma aversão ao contato com o solo e a um desejo inconfessável de alçar voo. O metatarso é a parte mediana do pé, entre os dedos e o tarso, esse último aquele conjunto de ossos que compõe a parte superior do pé, incluindo o calcâneo.

Os pés, de fato, possuem um papel fundamental em todos os estilos de dança da Índia. Algumas particularidades comuns são marcantes: 1. eles estabelecem o tipo de composição física utilizada pelo ator; 2. constituem uma importante válvula de escape para a energia acumulada durante a performance; 3. definem a qualidade do equilíbrio e de sua dinâmica; 4. e também participam na composição sonora da música que acompanha a atuação em cena.

Os pés, portanto, assumem uma função, ainda que pouco perceptível, bastante primordial. E a consciência de seu correto posicionamento e dos ajustes necessários durante sua dinâmica pode levar à obtenção da energia esperada pelo ator em cena. Os pés também são autorreguladores por um motivo simples: eles doem. Assim também ocorre com os joelhos. No kathakali, por exemplo, quando os pés doem, algo na estruturação física não está correto. O leigo olhará de fora e, vendo as potentes batidas dos pés dos atores no kathakali, dirá que é mais que esperado que os pés doam, pois parecem expostos a um impacto desumano. Mas na realidade não é isso o que acontece. Toda a estruturação física do kathakali é composta para dissipar essa energia por todo o corpo, revitalizando assim o desgaste físico do ator.

A anatomia de nosso corpo é estruturada de tal forma que mesmo um único movimento de uma única parte do corpo provoca uma espécie de eco muscular em todas as outras partes. Consequentemente, as regras que governam os pés, tanto na dança clássica como em outras formas de teatro codificado, só podem ser consideradas em relação ao resto do corpo.[7]

Os pés na odissi possuem cinco formas principais de apoio sobre o chão: 1. o pé toca a planta inteira no chão, podendo

---

[7] E. Barba; N. Savarese (orgs.), *A Arte Secreta do Ator*, p. 217.

golpeá-lo para criar o som dos guizos que traz atado em seus tornozelos ou tocar o chão de maneira muito suave; 2. o pé pode tocar levemente o chão com a ponta do dedo maior, enquanto o outro se apoia por inteiro no chão; 3. a ponta do pé pode se apoiar levemente na perna oposta na altura dos guizos, criando um equilíbrio instável sobre um único pé; 4. o pé pode apoiar o metatarso inteiro no chão, podendo também golpeá-lo para sonorizar o passo, tanto adiante do outro pé quanto atrás, quando o pé está prestes a sair do chão para o próximo passo, criando uma ação inesperada; 5. os pés podem se apoiar apenas nos calcanhares, em movimentos rápidos.

ENERGIAS DO SOLO

Certa vez, os atores de uma trupe de kathakali residente em Querala, em excursão pela Holanda, deram-se conta de que o palco onde deveriam atuar era de madeira – como é comum aos palcos ocidentais – e o som das batidas vigorosas do kathakali interferiria na acústica do teatro. A única alternativa era que os atores atuassem não permitindo que seus pés golpeassem com muita força o solo. Ao final da performance (de apenas duas horas) os atores se declararam completamente exauridos fisicamente. Isso pelo simples fato de não poderem bater seus pés durante a atuação.

Na odissi, também os pés "avisam" quando algo na articulação física do ator não está bem. E contam, nessa autorregulação, com o auxílio dos joelhos. Quando o ator erra na técnica, os pés – e/ou os joelhos – informam. Por isso se pode dizer que existe uma sabedoria dos pés. Eles participam ativamente na composição do tribanghi. São a última (ou a primeira) sinuosidade que se pode observar ao se deparar frontalmente com a figura da dançarina de odissi. Funcionam como válvula de escape, pois ao golpear a terra com os pés todos os atores relatam que sentem liberar uma energia que os renova em cena. Como fica claro, esse contato com o chão, no fundo, define um fator essencial de reenergização durante a performance.

O contato com o chão apenas com o metatarso do pé, seja na posição básica, seja durante os momentos de caminhada, cria a possibilidade de golpear o chão apenas com essa parte do pé, emprestando uma dinâmica inesperada ao movimento. Mas ele também pode se dobrar para o alto quando o pé sai do chão para dar o passo. Ambos são movimentos bastante característicos da técnica da odissi. Está claro que a odissi busca criar como "norma" uma forma de equilíbrio incomum. Com isso, além de construir uma figura que possui uma dinâmica própria mesmo quando estática, ele requer da dançarina um grande esforço mesmo quando aparentemente em repouso, e trabalha diretamente na construção da presença energética da intérprete em cena. Sua imobilidade, portanto, remete à imagem do Shiva Nataraja, com sua imobilidade impregnada de uma potente dinâmica. Como todos os estilos cênicos clássicos da Índia, os performers levam guizos atados às pernas. Na odissi eles são colocados na região dos tornozelos. E é nítido que a atriz regula a intensidade da batida de seus pés para com isso também compor a música que a está acompanhando. Pode-se dizer que os performers são também músicos em sua atuação.

A SABEDORIA DOS PÉS

Em seu artigo "A Dança do Futuro", Isadora Duncan fala sobre a função primordial dos pés. Não apenas por basear toda a composição física do intérprete e, consequentemente, sua técnica, mas também por ser o canal comunicante entre a energia do corpo e a Terra.

Uma vez uma mulher me perguntou por que eu danço com os pés descalços e eu lhe respondi: "Madame, eu creio na religião da beleza do pé humano." A senhora respondeu: "Mas eu não." Eu lhe disse: "Pois deveria, madame, pois a expressão e a inteligência do pé humano são um dos maiores triunfos da evolução do homem."[8]

Tadashi Suzuki, encenador japonês, afirma que "os pés são a última parte do corpo humano que se manteve, literalmente, em contato com a terra, a verdadeira base para todas as atividades humanas"[9]. Nosso corpo, como um todo, se ressente, por vezes, da falta de contato direto dos pés com a terra. Similar a um componente elétrico,

---

[8] Apud A. Ribeiro, op. cit., p. 97.
[9] Apud P. Zarrilli, *Acting (Re)Considered*, p. 167.

os pés, ligados à terra, funcionam como canais de dispersão de energia e também trabalham na recuperação dessa mesma energia. Quando Duncan decidiu retirar as tradicionais sapatilhas e dançar com seus pés em contato direto com o piso, a compreensão foi de que estaria se mostrando em cena parcialmente "nua", gerando assim grande escândalo ao que parecia constituir uma afronta à moral da época, pois se revestia de um potencial de sensualidade inusitado em uma apresentação artística de dança. Ela sempre atribuía uma importância sensorial ao contato dos pés diretamente com a superfície do palco, e seus escritos embasam essa opção artística. Contudo, retirando a intermediação das sapatilhas, ela apelava não ao sensual, mas ao fator sensorial, em um elogio à materialidade do corpo humano (ao contrário da apologia à supremacia do espírito, muito em voga na época) e suas capacidades expressivas e, principalmente, cognitivas.

JOELHOS

Os joelhos são um ponto-chave para toda a construção da posição básica, assim como para a dinâmica da intérprete em cena. Os joelhos devem estar sempre flexionados, assim como em todas as outras danças da Índia, e, como de resto, em todas as formas de teatro e dança do que chamamos Oriente. Nô, kabuki e os teatros chinês e balinês, por exemplo, preveem o posicionamento dos joelhos semiflexionados. Os joelhos nessa posição predispõem o corpo ao movimento. Além disso, demanda uma quantidade de esforço acima do normal, o que implica uma "carga" prévia, definindo a qualidade energética do movimento logo em sua "raiz". Na construção do que se define como posição básica, os joelhos devem estar colocados com extrema precisão. E isso requer um longo treinamento, em qualquer linguagem cênica do mundo, inclusive no balé clássico ocidental.

 Certa vez, na Índia, visitando uma renomada academia de dança clássica, onde a técnica clássica majoritariamente utilizada era o bharata natya, pude notar que todos os dançarinos e professores tinham dores em seus joelhos. Após observar por tantos anos essa técnica, não pude deixar de constatar que a linha imaginária que define a posição exata dos joelhos não era a habitual.

Poderia indicar, possivelmente, uma sedimentação inadequada da técnica. A postura parecia correta, mas as dores indicavam algo errado. O joelho é um ponto do corpo muito sensível, pois apesar de ser uma articulação forte, serve como bode expiatório para vários tipos de "inadequações" posturais. Em uma ocasião, sempre com muito sutileza – continuo sendo um "estrangeiro" dentro desse universo –, tive a chance de ajustar com a mão a posição dos joelhos de uma das alunas; ela relatou-me uma mudança grande de tensões em seu corpo (coxas, lombar) e um certo alívio nos joelhos. Fico com a intuição de que o problema estava nesse alinhamento correto dos joelhos que, uma vez recolocado, permite o encaixe de todo o resto. Observado isso, constata-se que a tradição da posição é inteligente e sábia. Toda a posição básica do bharata natya, assim como de todas as outras danças clássicas, foi lentamente composta ao longo de muitos séculos, de maneira orgânica e natural. No entanto, uma tradição com um passado tão longo, de tão meticulosa construção empírica, não permitiria um equívoco assim se perpetuar.

SABEDORIAS EMPÍRICAS

Durante a minha primeira estadia na Índia (1989-1990), foi publicado nos jornais de Querala que alguns pesquisadores estadunidenses haviam analisado a mecânica do movimento dos atores do kathakali. Para isso, utilizaram inovadores programas de computação e inúmeros gráficos e estatísticas biofísicas para determinar com exatidão o grau de esforço, impacto e possível prejuízo aos músculos, ossos e articulações dos atores, resultantes de uma posição corporal tão esdrúxula como a do kathakali. Ao fim, chegaram à conclusão óbvia de que o kathakali não causava nenhum dano à saúde física de seus atores, apesar de sua excentricidade. Isso foi matéria de um jornal da época. Havia, me recordo, certa ironia nesse anúncio na Índia, pois parece óbvio que uma arte com tão longa tradição não pode acarretar uma disfunção. Se esse fosse o caso, a técnica já teria sido alterada.

O kathakali, assim como todas as outras técnicas, consegue encontrar uma organicidade absolutamente redimensionada em um "lugar" muito distante do cotidiano corporal humano. Certa vez, ao perguntar a razão dessa posição intrigante para o kathakali, meu professor me respondeu com surpresa: "Mas é a posição normal do ser humano!" Diante de meu olhar perplexo, ele completou: "É um ser humano normal, mas elevado a 'n.'" Creio ser um pouco similar ao caso da aprovação pela medicina ocidental, somente em meados do século xx, da prática da acupuntura. Um acupunturista japonês poderia perguntar: "Você acha que se não funcionasse estaríamos fazendo isso há três mil anos?"

Uma outra propriedade dos joelhos é que estando flexionados, durante o deslocamento do intérprete, proporcionam essa poética sensação de que eles "deslizam" pelo palco. E esse "deslizar" é uma das particularidades da odissi. Mesmo quando pretendem demonstrar o corpo ereto, os joelhos estão sempre flexionados, o que não acontece, por exemplo, no bharata natya ou no mohiniyattam. Dessa maneira, as mudanças de direção nos deslocamentos sobre o palco da intérprete de odissi possuem uma escrita muito particular. Como consequência dessas características, no estilo odissi, a dinâmica do performer sobre a cena possui a particularidade de poder desenhar trajetórias curvas no palco, além daquelas retilíneas mais habituais na tradição, por exemplo, do kathakali. Na odissi, o performer desenha, com sua dinâmica cênica, trajetórias retilíneas, mas principalmente curvas. Deslocar-se em curvas sobre o palco é muito raro, seja no kathakali, bharata natya ou mohiniyattam.

QUADRIL

A posição do quadril é definida pelo encaixe tanto da articulação coxofemoral quanto do posicionamento da coluna. O quadril é o centro de equilíbrio do corpo e resguarda um importante centro energético localizado na região da pélvis, normalmente lembrado como o local do segundo chakra. O deslocamento do quadril para um lado ou para outro na figura estática proporciona uma inevitável sensação de movimento. Inúmeros exemplos de estátuas, inclusive religiosas, utilizam esse recurso com a intenção de insuflar-lhe mais dinâmica e, portanto, mais "vida". Uma interessante maneira de ver esse ponto é que mesmo entendendo que o movimento seria sinônimo de "vida", se falamos de escultura estaremos falando sempre de algo imóvel. Portanto, uma pergunta interessante para se fazer seria: Como se insufla de movimento algo que está imóvel? O que preenche de movimento a figura imóvel do Shiva Nataraja?

O quadril constitui a terceira sinuosidade possível na posição tribanghi, que pode se acentuar no corpo feminino por suas próprias proporções fisiológicas, como se atesta, por exemplo, nas figuras modelares universais da *Vênus de Milo* ou nas três graças de *A Primavera*, de Botticelli, mas também em toda a estatuária das danças femininas na Índia, em particular as dos templos de Odisha. Por outro lado, a flexão do joelho também faz aproximar a pélvis do solo, o que de certa forma remete a fontes ritualísticas. Devemos lembrar que a posição tradicional de se sentar dos indianos é no chão, sem a utilização de cadeiras, com as pernas cruzadas, uma forma corporal muito divulgada no mundo pelas práticas de meditação. A busca de aproximar essa região à terra é apontada sempre como uma relação energética. Indicaria assim uma dimensão de imanência, telúrica, que se justapõe e se soma ao seu viés, digamos, espiritual. De outra forma, o pé do balé clássico, por exemplo, não evita o solo, ao contrário, o busca sofregamente: golpeando-o e excitando suas energias.

As personagens e tramas são divinas, mas frequentam a Terra. Suas ações divinas se dão no plano terreno. E por isso conhecem e habitam todas as paixões e os sofrimentos. Não há nessa construção a ilusão de idealizar a figura em cena, de elevá-la para um plano etéreo, mas de energizá-la fortemente, na poeira do chão, no plano terrenal da paixão vivida por todos os seres sobre a Terra.

TORSO

O grande jogo do tronco e dos ombros na construção do tribanghi é a possibilidade de se oporem à posição do quadril. Isso se dá não apenas enquanto sinuosidade bidimensional, mas também ao contorcer-se e, em se opondo ao quadril, encontrar uma nova vetorização para o plexo solar. Ainda que possamos falar de um movimento de tronco, a técnica da odissi criou uma subdivisão ainda mais refinada que pode separar o movimento da parte inferior do tronco de sua parte superior. Portanto, a parte inferior do tronco pode se associar ao quadril e se opor à parte superior e aos ombros. Essa complexa elaboração técnica da odissi exacerba outra qualidade de sua linguagem, que é a tridimensionalidade de sua figura básica. Tridimensionalidade criada a partir dessa intensa e contraditória vetorização das partes do corpo. Quando se observa a figura estática da intérprete em cena, constata-se a dialética quase fricativa que suas vetorizações propõem sobre o corpo da performer. O resultado é a criação de uma figura cênica com uma dinâmica e uma presença energética exponenciais, mesmo quando pausada. Quando pensamos na tribanghi simplesmente, veremos que o tronco poderia ser considerado como uma quarta sinuosidade. Mas não apenas isso, pois o ombro também pode, de forma independente, buscar uma outra sinuosidade ou, usando o movimento helicoidal, um vetor autônomo.

O MOVIMENTO ESTÁTICO

Isadora Duncan definia a escultura como a arte mais próxima à dança. De fato, a escultura consegue capturar a ciência do movimento, da dinâmica, e com isso emprestar a seus produtos uma vida que por vezes o próprio corpo humano falha em conseguir. Os egípcios construíam esculturas de seus faraós em pedras gigantescas, em pé, segurando nas mãos pequenos bastões. Essas imagens se tornaram colossos da representação e da glória de seus imperadores. Mas no momento em que seus escultores descobriram que poderiam colocar um dos pés da figura levemente mais adiante que o outro, a gigantesca figura ganhou vida, e o faraó parecia, a partir de então, emergir de dentro da pedra bruta.

Como conseguir que o movimento esteja implícito na pausa intrigou muitos bailarinos ocidentais. Isadora Duncan foi a primeira bailarina a escrever sobre o movimento e suas fontes no próprio corpo. Ela relata que durante suas pesquisas costumava se deixar imóvel no centro de seu estúdio, observando o surgimento do que seria o impulso primordial de onde todos os outros movimentos se derivariam. Duncan buscava sentir o movimento surgir organicamente, estando ainda estática.

Quando vemos um corredor olímpico preparado para uma corrida rápida, como a de cem ou duzentos metros rasos, podemos ver em seus músculos, em sua respiração, em seu olhar, que a corrida já está acontecendo. E, no entanto, o atleta ainda está ali, imóvel! Podemos observar claramente em seu corpo a corrida que está prestes a explodir nele. Esse potencial cinético, essa dinâmica intensa na imobilidade é premissa fundamental para a qualidade e a intensidade do movimento que está por vir. Trata-se de uma inércia grávida de todos os movimentos.

A odissi descobriu em sua elaboração como, ao vetorizar de maneira múltipla o corpo de seu intérprete, conseguir impregnar de movimento sua figura estática. O tribanghi é o nome desse artifício. Se traçássemos setas que saíssem da figura de seu ator em cena, veríamos uma enorme quantidade de vetores criando uma inesperada e potente qualidade cinética. Ela cria em seu corpo uma sinuosidade bastante radical e, simultaneamente, um movimento helicoidal, emitindo vetorizações para todas as direções do espaço. Portanto, ainda que em forma de um "S" ou vários "esses", esses "esses" podem ser torcidos ao redor de seu próprio eixo. Tal jogo de possibilidades – que inclui também, obviamente, o alinhamento de quadril, tronco e ombros – criou essa singular construção corporal (e imagética), retratada de forma didática na estatuária de Odisha e que praticamente fundamenta a técnica da odissi. Retornamos, assim, ao exemplo clássico da estátua de Afrodite, a *Vênus de Milo*, onde se vê essa sinuosidade se compor com um movimento helicoidal do tronco, ombros e cabeça.

CABEÇA E OLHOS

Ao se adicionar os movimentos da cabeça e dos olhos, a complexidade da composição corporal se multiplica. Ao mesmo tempo, intensificam-se a qualidade cinética e o potencial expressivo do corpo em cena. Ao criar vetores que litigam sobre seu próprio corpo, o ator cria sobre si um território de conflitos, de fricções e, portanto, de drama. Esse drama encenado sobre seu próprio corpo é parte importante da teatralidade do ator. E seu domínio define as bases da escrita em cena. A linguagem da odissi investiu de maneira profunda em fundar sua linguagem no potencial desses antagonismos sobre o corpo de seus intérpretes.

O teatro da Índia compreendeu que, ao contrário da vida cotidiana, o movimento da cabeça não precisa necessariamente acompanhar o dos olhos. Conseguindo autonomia um do outro, incrementam a estrutura de vetores coexistentes, todos eles trabalhando para a construção dessa presença singular do intérprete de odissi.

TREINAMENTO

A minuciosa estruturação da técnica do estilo odissi não deixa nada ao acaso. Posições de mãos, pés, olhos, cabeça, tronco, ombros, todas as possibilidades são estruturadas em seu treinamento, criando um léxico básico de enorme detalhamento. Existe, por exemplo, um número específico de posições básicas e diferentes tipos de caminhadas associadas a cada uma delas. Essa vocação para o detalhe e a minúcia apenas acompanha o esforço milenar feito pelo *Natya Shastra*.

Essa aparente limitação, na verdade, possibilita um número incalculável de combinações com todas as outras definições, tornando o vocabulário da odissi praticamente infinito. Essa meticulosa estruturação é a base para o classicismo de todas as formas de dança da Índia: "A dança odissi possui um vocabulário técnico exaustivo e profundamente sistematizado, abarcando todos os aspectos de sua arte."[10]

Todas as posições básicas têm como princípio uma demanda inicial de energia para sua manutenção e, consequentemente, ativa o corpo do intérprete para a ação a ser realizada sobre a cena. O domínio dessa complexa estruturação física e de suas dinâmicas requer um longo e árduo treinamento. A atriz Sanjukta Panigrahi relembra que, durante seu treinamento, ainda na infância, não lhe era permitido demonstrar cansaço. Ela devia sempre se lembrar de que o cansaço é algo que pertence ao mundo privado de cada indivíduo e que é ali, privadamente, que se deve lidar com ele. O treinamento de todos os estilos de teatro-dança clássico da Índia prevê um paulatino e obstinado aplacamento do ego do aprendiz, para que, uma vez em cena, surja, diante da audiência, única e exclusivamente a arte.

Esse processo de moldagem do ego do aprendiz é exemplificado a seguir na entrevista concedida por Panigrahi a Franco

---

10 M. Khokar, *Traditions of Indian Classical Dances*, p. 178.

Ruffini em 1980, durante o primeiro encontro da Ista (International School of Theatre Anthropology), na Alemanha:

RUFFINI: Que conselho você daria a seus alunos no final desta Ista?
PANIGRAHI: Dois conselhos. Em primeiro lugar, nunca mostre cansaço. Em segundo lugar, quando executar um exercício, faça-o de uma maneira que seja dinâmica e disciplinada, como se cada movimento fosse um exemplo de todo este mês de trabalho.
RUFFINI: A regra sobre o cansaço é estranha para nós.
PANIGRAHI Sim, eu sei. Da mesma maneira que é estranho para mim, por exemplo, ver um ator ocidental mostrar que está cansado. Se meu mestre me dissesse que ele podia ver que eu estava cansada, isso significaria uma humilhação para mim. Ele diria: "Você está cansada? Está bem, então vá para casa e durma. Seu cansaço é algo privado. Ele não diz respeito aos outros e o palco, seguramente, não é lugar para ele."
RUFFINI: Durante o trabalho, para explicar a um aluno que a posição estava errada, você disse: "Assim como você está fazendo é fácil."
PANIGRAHI Sim, porque enquanto eu estava aprendendo, meu mestre costumava dizer que se não fosse difícil manter uma certa posição, se ela não impusesse uma tensão em meu corpo que fosse levemente dolorosa, isso significaria que a posição estava errada.[11]

Assisti pela primeira vez a uma apresentação de Sanjukta durante o Festival de Santarcangelo, Itália, em 1988. Depois nos encontramos em Londrina para a Ista de 1984. Mais tarde, em 1990, em uma apresentação em um teatro de Mumbai, Índia. Havíamos nos encontrado por três vezes, em três continentes diferentes, e comentamos divertidamente sobre isso após a apresentação em Mumbai. Sanjukta faleceu em 24 de junho de 1997. Foi uma das maiores expoentes do estilo odissi e íntima colaboradora de Eugenio Barba na criação e desenvolvimento da Ista.

O GURU

A relação entre mestre e aluno é um elemento peculiar da cultura indiana. Na Índia essa relação é conhecida como gurukulam (ou, aproximadamente, "sistema de gurus") ou guru-shishya parampára ("tradição de gurus e aprendiz", aproximadamente): "A sílaba

---

11 F. Ruffini, Never Show Tiredness, em VVAA, *Masters and Performing Traditions at ISTA*, p. 114.

gu significa escuridão, a sílaba ru, o destruidor dessa escuridão. Devido a seu poder de destruir a escuridão, ele é denominado guru."[12] O guru não é simplesmente um professor. Seu papel é mais abrangente e mais íntimo, por isso, mais profundo. Sua função implica em uma relação com vários níveis e aspectos de ensinamentos. A partir do reconhecimento de que o guru possui o conhecimento e a sabedoria, instaura-se uma relação de inquestionável submissão e veneração. Essa relação se entende como indispensável ao domínio da técnica de uma linguagem como o kathakali, da maneira que Coomaraswamy define a arte do ator indiano.

A alma só consegue receber estímulos de uma outra alma, e de nada mais. Podemos estudar em livros por toda a nossa vida, podemos nos tornar muito intelectuais, mas, no fim, veremos que não desenvolvemos nossa espiritualidade. Não é verdade que um alto nível de desenvolvimento intelectual sempre caminha lado a lado com um proporcional desenvolvimento do lado espiritual do homem. [...] Para agilizar o espírito, o estímulo precisa vir de outra alma. A pessoa de cuja alma esse estímulo vem é chamada Guru – o mestre. E a pessoa para cuja alma o estímulo é transmitido é chamada shishya – o aprendiz.[13]

A perpetuação da tradição é ponto fundamental na concepção de vida oriental. Ocidente e Oriente possuem diferentes maneiras de ver e contar o mundo. De modo bastante básico e simplificador, podemos afirmar que a aprendizagem, a aquisição do conhecimento, no Ocidente, é um caminho feito para fora, que o aprendiz, sujeito e objeto último dessa jornada, vai em busca, no exterior, de seu saber. Por isso, alcançar o objeto e analisá-lo, identificando suas partes compositivas, é a maneira mais clássica de conquistar o conhecimento sobre esse objeto. Pelas partes, se compreende o todo. Da mesma maneira simplificada, se pode dizer que, para o Oriente, o mais importante é saber observar o objeto e identificar o que existe e o que se move em seu interior. Isso vale até mesmo para o autoconhecimento. Também é fundamental aos orientais aprender a verificar o conhecimento que habita ali, compreendendo que esse conhecimento sempre

---

12 *Advaya Taraka Upanishad*, em G. Feuerstein, *Tantra, Sexualidade e Espiritualidade*, p. 98.
13 S. Vivekananda, *The Teachings of Swamy Vivekananda*, p. 99.

existiu e sempre existirá. Portanto, alterar, inovar, transformar o objeto seria arruinar as fontes de conhecimento. Logo, a manutenção dessa sabedoria ancestral e atemporal assume um papel indispensável. Pelo todo, se compreende suas partes.

Apesar do enorme avanço tecnológico e científico da Índia nos últimos anos, a ideia do gurukulam povoa o universo temático educacional da Índia e surge muitas vezes em pesquisas e debates acadêmicos, dialogando com as novas possibilidades pedagógicas contemporâneas. O sistema de aprendizado por meio de gurus faz parte da cultura da Índia e repousa na consciência popular como o método perfeito de ensino e de aprendizagem.

MUDRA III

Segundo Mrinalini Sarabhai, "O simbolismo com as mãos tem sido utilizado por todas as religiões do mundo. [...] Era mais que natural que a dança na Índia, que se originou como um ritual devotivo, codificasse e desenvolvesse esse gestual."[14]

Alguns estudiosos não aceitam a palavra "mudra" para se referir especificamente à gesticulação codificada das mãos. Eles preferem o termo "hastas", uma vez que mudra seria o nome de qualquer gesto estilizado, como os utilizados, por exemplo, no ioga ou em outros tipos de meditação. Eugenio Barba, em seu *A Arte Secreta do Ator*, separa hasta (utilização das mãos) de mudras (o código em si). Mudra pode ser definido como um sistema de gesto(s) ou movimento(s) de dedos e mãos (separadas ou combinadas), sempre conjugados com outras partes do corpo (tronco, olhos, braços), com o intuito de uma formalização cognitiva de uma linguagem expressiva.

O movimento de um único dedo, o alçar de uma sobrancelha, a direção de um único olhar, tudo é estabelecido nos livros de instrução técnica ou pela ininterrupta transmissão de aluno para aluno. Além disso, em toda a Índia, para exprimir-se a mesma ideia são usados quase os mesmos gestos e muitos deles, se não todos, são usados há dois mil anos. [...] Muitos desses gestos, chamados mudra, possuem um significado hierático: do mesmo modo em uma pintura, em uma estátua, em uma marionete, em

---

14   M. Sarabhai, *The Sacred Dance of India*, p. 8.

um dançarino vivo ou em uma oração pessoal, exprimem as intenções da alma em uma linguagem convencional.[15]

Apesar de fazer uso de belas literaturas, o ator clássico da Índia comunica seu texto por uma linguagem gestual e não vocal. Essa linguagem, codificada ao longo de séculos, é formada a partir de posições das mãos, como um alfabeto composto de 24 "letras", cada posição equivalendo a uma letra. As palavras são formadas pela combinação dessas letras às expressões faciais. A esse complexo código linguístico, organizado com rara precisão, é que se dá o nome de mudras. Abarcando todas as palavras conhecidas, com gramática e semântica elaboradas, ele é perfeitamente comparável a qualquer idioma.

O TEATRO OFERENDA

Como já vimos, o *Natya Shastra* define o teatro e as artes de um modo geral como responsáveis não só pela perpetuação da tradição cultural, mas também pela divulgação e aprofundamento de valores morais, éticos, sociais e religiosos. O *Natya Shastra* diz: "O homem que assiste devidamente a apresentações de música ou drama obterá, após a morte, a feliz e meritória estrada em companhia dos sábios brâmanes."[16] Um espetáculo cênico dedicado aos deuses é considerado uma das mais auspiciosas oferendas: "Os deuses nunca ficam tão agradecidos quanto quando reverenciados com danças e dramas. O homem que aprecia perfeitamente as artes da música e da dança atinge o objetivo mais alto junto aos mais sábios."[17]

O *Natya Shastra* aponta o teatro e as artes de um modo geral como responsáveis não só pela sobrevivência da tradição cultural, mas também pela divulgação e pelo aprofundamento de seus valores morais, éticos, sociais e religiosos. Um espetáculo de teatro clássico na Índia é encarado não só como uma cerimônia de caráter exotérico, público, mas também como uma oferenda

---

15 A. Coomaraswamy, Notes on Indian Dramatic Technique, *The Mask*, v. VI, n. 2, p. 123.
16 *Natya Shastra*, 1989, p. 535.
17 Ibidem, p. 536.

comunal aos deuses e um meio de crescimento individual, tanto para quem o realiza como para quem o assiste. Ou seja, não apenas seu conhecimento e domínio é prezado, mas também sua transmissão é altamente louvada pelo *Natya Shastra*:

> Este *Shastra* com sua aplicação prática foi proferido pelo autogerado senhor Brahma. É meritório, sagrado e dirimente de pecados. Aquele que o ouve, que o realiza, que o testemunha com atenção, consegue atingir aquela meta que se reputa ser o objetivo dos que se dedicam a estudar os *Vedas*, aquela meta dos que dedicam sacrifícios e dos que fazem oferendas de maneira digna.[18]

Pode-se começar a inferir daí a altíssima importância dada na tradição das artes clássicas cênicas da Índia ao processo de ensino-aprendizagem. A função do professor transborda qualquer definição que conhecemos em nossa cultura. A palavra para nós mais próxima talvez fosse mestre, mas na Índia eles encontraram o termo mais perfeito: guru. O aprendiz não é apenas um aluno, ele é denominado shishya. Esse sistema de íntimo vínculo (parampára) com o compromisso não apenas de transmissão, mas de desenvolvimento de outro ser humano, denomina-se "guru-shishya parampára".

JAGGANATH

Jagannath é uma das aparições, uma das faces, do deus Krishna. Ele é adorado na forma de um tronco de árvore escuro semiesculpido, com um grande rosto pintado, braços toscamente insinuados e sem pernas. Aparece sempre ladeado de seu irmão Balarama e de sua irmã Subhadra, todos esculpidos no mesmo estilo, sendo que Subhadra em um tamanho menor que seus irmãos. A devoção a Jagannath, em sua aparência primitiva, remete a cultos autóctones da região nordeste da Índia, mas com especial força no estado de Odisha. Sua aparência é completamente destoante de toda a iconografia convencional hindu. Por vezes é até identificado separadamente a Krishna, sendo considerado um outro avatar do deus Vishnu. Krishna é considerado a oitava encarnação do deus Vishnu. Depois de Krishna, convencionou-se aceitar

---

18 Ibidem.

o Buda como a nona encarnação. Porém, no nordeste da Índia, muitos acreditam que Jagannath é essa nona encarnação. O que importa, para nós aqui, é localizá-la como a divindade primordial para os cultos aos quais a odissi foi criada.

Colocado em cena como uma lembrança de seu passado estritamente devocional, a presença de Jagannath no palco instaura um singular caráter animista à linguagem da odissi. Sua confecção sempre em madeira – é de fato um tronco de madeira esculpido de maneira muito básica – se distingue radicalmente dos procedimentos estatuários hindus, que dão preferência à pedra ou ao metal. Sua aparência tão evidentemente gerada a partir de parte de uma árvore invoca os cultos aos elementos da natureza, o que não é comum no hinduísmo. Isso reforça o aspecto, já sublinhado por nós, de interação com o divino imanente.

BUDA E MAHAVIRA

Por isso, pode-se dizer que o culto a Jagannath é um amálgama único dentro do mosaico cultural indiano, conjugando traços das religiões budista e jainista. Budismo e jainismo surgiram mais ou menos ao mesmo tempo, por volta dos séculos V e VI a.C. Os dois movimentos se opunham ao bramanismo, uma espécie de hinduísmo arcaico predominante na época. O fundador do budismo, Sidarta Gautama, tem uma história bastante conhecida, e suas ideias se desenvolveram em uma das religiões mais populares do mundo atual, em suas múltiplas acepções. O jainismo foi criado por Mahavira por volta do século V e se caracteriza por pregar o ascetismo, a não violência (ahimsa) e a igualdade do valor do princípio vital existente em tudo o que existe sobre a Terra.

Ao contrário do budismo, o jainismo não possui um caráter missionário e existe atualmente apenas em pequenas comunidades da Índia. Foi de seu princípio de ahimsa que o mahatma Gandhi retirou o lema de sua cruzada pela independência da Índia. Para sobreviver, budismo e jainismo tiveram que lutar contra a propensão assimiladora do hinduísmo que, em vários locais, passou a aceitar Buda e Mahavira como avatares do deus hindu Vishnu, absorvendo as ideias e práticas das duas religiões como "ramos" do hinduísmo atual.

Dentro da Índia, o número de jainistas e budistas é muito pequeno, perfazendo, juntos, mais ou menos 1% da população total. A diferença é que enquanto não se encontra muitos jainistas fora da Índia, atualmente o budismo é a terceira religião mundial, e a segunda de maior crescimento global, precedida apenas pelo Islã.

SHAKTI

A imagem de Jagannath pode também indicar outros amálgamas religiosos, dessa vez dentro do próprio hinduísmo, como o vishnuísmo (culto a Krishna), o shaktismo (a energia criadora, associada comumente a uma imagem feminina) e o shivaísmo. A imagem de Jagannath é comumente ladeada por uma outra, de igual tamanho, de uma representação feminina de sua irmã Subhadra, revelando o culto regional a Shakti. Entre os dois, a pequena figura do irmão de Krishna, Balabadra (ou Balarama).

A ideia da Shakti conjugada ao espírito divino está presente em vários aspectos do hinduísmo, onde é comum representar seus deuses tendo a metade do corpo masculina e a outra feminina, simbolizando essa simbiose das duas forças que dialogam e interagem entre si. No kathakali, a primeira dança que se apresenta sobre o palco é uma dança abstrata entre Krishna e sua consorte, exatamente com esse mesmo sentido: o das forças opostas que interagem para criar e manter tudo o que existe.

ODISHA ODISSI

Em 1956, com o país já independente, o agora instituído estado de Orissa transferiu sua capital de Cuttack para Bhubaneshwar. Mas, apesar de todas as mudanças, Orissa manteve muitas de suas características intocadas por séculos. Ainda hoje, o interior do estado apresenta estruturas sociais arcaicas, remanescentes da cultura dos povos autóctones, enquanto grande parte do ambiente cultural e artístico da região ocorre na área costeira de Orissa. O que se conhece hoje como dança odissi, cujo nome se deve, obviamente, ao nome do estado, é produto de um resgate cultural impetrado durante os anos 1950 e de uma laboriosa reestruturação. Somente a partir dos anos 1960 e 1970, a odissi foi reconhecida como uma arte clássica. Foi a partir de então que intérpretes como Sanjukta Panigrahi, a célebre dançarina, falecida em 1997, ajudaram a divulgar a arte da dança odissi ao redor do mundo.

MAHARIS E GOTIPUAS

As muitas denominações que se encontram nas diferentes regiões para a prática do sistema de devadasis normalmente repetem a estrutura etimológica de "servas de deus" ou "esposas de deus" encontrada na palavra devadasi. Em Odisha, o termo mais comum para devadasi é mahari. Em uma tradução livre, teríamos maha (deus) nari (donzelas). As maharis acreditavam ser descendentes de Rambha e Urvashi, mitológicas dançarinas celestes. A tradição das maharis repete, de forma geral, o sistema encontrado em todas as outras culturas onde a prática das devadasis foi seguida. Para serem aceitas como maharis, as meninas não poderiam possuir qualquer defeito físico. Somente após passar por um ritual aprobatório ela tinha permissão para dançar nos rituais. Além dos rituais diários, as maharis deveriam dançar também nas festas e em solenidades especiais. Elas eram proibidas de qualquer contato com homens e não deviam olhar para ninguém enquanto dançavam.

O templo de Jagganath em Puri foi o local historicamente emblemático da atividade das maharis em Odisha. A primeira inscrição revelando essa atividade no templo de Puri é de 1099 d.C. Tais inscrições "fornecem detalhes de suas performances e a escala das performances durante o período do dia. Uma outra inscrição estipula que nenhum outro tipo de dança deve ser realizado a não ser a das maharis"[19].

PURI

O templo devotado a Jagannath mais célebre de Odisha é o da cidade de Puri. Dizem que por séculos a tradição das devadasis foi preservada. A apenas dez quilômetros dali, na cidade de Raghurajpur,

---

19   S. Kothari; A. Pasricha, *Odissi, Indian Classical Dance Art*, p. 41.

surgiu a tradição que seria o alicerce para o resgate da dança das devadasis e a construção do que se conhece hoje como odissi, a dança dos gotipuas ("meninos que não se casam", em tradução livre). Não por acaso, Raghurajpur é a cidade natal de Kelucharan Mohapatra, conhecido mundialmente como um dos principais gurus, mentor das mais destacadas dançarinas e reverenciado como um dos responsáveis pela estruturação técnica da odissi, em meados do século xx. A distância entre Puri e Raghurajpur é bem ilustrativa do paralelismo entre a tradição das devadasis, amplamente fomentada em Puri e praticada no interior dos templos, e a dos gotipuas, permitida apenas na parte externa dos templos.

Com o declínio da tradição das maharis, toma proeminência um fenômeno extremamente particular à cultura de Odisha, os gotipuas. Vestidos de maneira feminina, como devadasis, os gotipuas passam a ser a única dança aceita por lei, mas ainda assim apenas do lado de fora dos templos. Ao contrário das devadasis, os meninos prezavam pela destreza física e por suas habilidades acrobáticas associadas à sensualidade feminina elogiada na figura das devadasis. Sua dança não possuía um caráter unicamente devocional, sendo importante seu poder de entretenimento das pessoas na parte externa dos templos. Apesar de aparentemente constituir-se em um fenômeno periférico à tradição das devadasis, os gotipuas edificaram uma tradição estabelecida ao longo de inúmeras gerações. Os meninos recebiam um intenso treinamento desde a infância e se apresentavam como dançarinos até a idade de dezenove ou vinte anos, quando então normalmente se tornavam gurus. Todos os grandes gurus responsáveis pelo renascimento e reelaboração da odissi, como a conhecemos atualmente, foram gotipuas quando jovens. É importante que se mantenha em mente que a odissi atual é resultado justamente dessa confluência de inspirações técnicas.

Como a maioria das danças clássicas, a odissi sofreu um período de declínio e degradação social que se arrastou por décadas. Nos anos 1930, quase já não havia dançarinas em atividade, e as que ainda resistiam não admitiam dançar por temer a discriminação. Os gotipuas assumiram o papel de perpetuar a tradição da dança em Odisha e muito do que existe hoje dessa arte se deve a eles, pois os gurus responsáveis pela reestruturação da dança foram todos, um dia, gotipuas.

REESTRUTURAÇÃO E CENA CONTEMPORÂNEA

A estrutura atual da odissi surge no final dos anos 1950. Alguns poucos gurus, entre eles Kelucharan Mohapatra e Pankaj Charan Das, com a ajuda de algumas maharis remanescentes, se dedicaram a fixar o vocabulário da dança que recebeu então o nome de odissi. Essa revitalização foi baseada nas fontes consideradas autênticas da arte: a tradição das maharis e dos gotipuas, o *Abhinaya Chandrika* (espécie de manual sobre a dança, escrito por Maheshwara Mahapatra, baseado no *Natya Shastra*, mas dirigido especificamente para a dança de Odisha) e as figuras esculpidas nos templos. No início, uma performance de odissi foi concebida como dança única com duração de cerca de quarenta minutos. Iniciava com uma invocação aos deuses e terminava em um clímax de dança pura. Alguns anos se passaram, antes que se optasse por uma sequência de pequenas danças.

Entre os reformadores da odissi estava o guru Kelucharan Mohapatra, um dos mais conhecidos mentores desse estilo. Considerado um dos principais arquitetos de repertório e do vocabulário da dança, Mohapatra atuou inúmeras vezes dentro e fora da Índia, impulsionando a popularização da odissi, que se completou plenamente com Sanjukta Panigrahi.

Sanjukta iniciou seus estudos sob a orientação do guru Kelucharan Mohapatara com a idade de cinco anos, mas também recebeu treinamento do guru Pankaj Charan Das. Portanto, Sanjukta teve contato com os mananciais mais originais da odissi. Extremamente inquieta enquanto pesquisadora, mais tarde foi à escola Kalakshetra em Tamil Nadu, sul do país, para aprender bharata natya com Rukmini Devi.

PERFORMANCE

Muito devido a seu passado ritual, a performance de odissi mantém sua atmosfera devocional. Seu repertório temático ainda hoje é baseado nas histórias de amor de Krishna. A lenda do amor de Radha e do deus Krishna, descrito no *Gita Govinda*, composto no século XII por Jayadeva, fornece os temas favoritos para as peças de odissi. Uma performance de odissi comumente não deixa de apresentar em seu programa uma peça retirada do *Gita Govinda*. Escrito em sânscrito, o poema de Jayadeva descreve os diversos aspectos da relação entre Radha e Krishna. Ainda que seja normalmente lembrado e celebrado como poeta, Jayadeva foi também um grande reformador do hinduísmo e influenciou profundamente o culto vishnuísta. Ele foi, por exemplo, um dos primeiros escritores a condenar o sistema de castas. De acordo com a tradição, a esposa de Jayadeva, Padmavati, era uma dançarina de um templo, e foi ela a primeira a dançar partes do *Gita Govinda* como uma oferenda a Jagganath. A reunião entre literatura, poesia e música proporcionada pelo estilo odissi é única no panorama das artes cênicas clássicas da Índia. Uma performance de odissi pode incluir as seguintes etapas:

1. Mangala Charam: como de hábito em todos os estilos indianos, a performance se inicia com uma saudação à divindade. Essa introdução consiste de uma invocação ao deus Shiva e uma oração ao deus Ganesha.

2. Batu: segue-se o Batu, uma dança pura que se acredita ser um resquício da influência do culto tântrico na região de Orissa. Batu se refere a Batukeshwar Bhairav, um dos aspectos de Shiva. A dança representa a ação de tocar vários instrumentos e é uma dança de graciosidade rara.

3. Pallavi: o ritmo toma uma cadência crescente e prepara para o pallavi, outra dança pura onde a beleza é o fim em si. Empregando diferentes tipos de ritmo, o pallavi (ou "elaboração") é a parte da performance mais complexa e de difícil execução.

4. Abhinaya: depois, abhinaya, com um texto normalmente retirado do *Gita Govinda*. O ritmo é lento e a atriz pode elaborar calmamente as intenções e emoções do momento.

5. Moksha: a apresentação se conclui com moksha (libertação), dança pura em ritmo extremamente rápido.

LINGUAGEM E DRAMATURGIA

O figurino tradicional de odissi é um sári de seda colorido, profusamente ornamentado com joias de prata. O cabelo em coque é enfeitado com guirlandas de flores. Um ponto vermelho define o meio da fronte da performer. O mesmo vermelho lhe cora as pontas dos dedos das mãos e desenha o contorno de seus pés. Um círculo vermelho orna a fronte da atriz e a palma de suas mãos.

A música de estilo hindustani é cantada em oriya, a língua oficial de Orissa. O mardala, um tambor tocado pelo guru que vocaliza também as talas, é o principal instrumento da orquestra. É ele que oferece a base rítmica para a dança da atriz. O manjira, um címbalo de bronze, dá a base temporal da atuação. A melodia fica a cargo de um vocalista e de um flautista. A cítara é usada com frequência e a presença ocasional do violino aponta uma influência da música sulista carnatic.

Um conceito importante aqui seria o de raga, uma vez que falamos de um estilo de uma região bem distinta das demais e, portanto, esse item obtém relevo pelo contexto de influências culturais especificamente musicais às quais foram submetidas. O raga poderia ser compreendido como "tema melódico", mas tal entendimento não seria muito preciso. O raga determina a "moldura sonora" em que a música irá movimentar-se.

Deve-se sempre recordar que as escalas indianas não são as mesmas que as ocidentais. E as distâncias tonais entre um degrau e outro em suas escalas não são uniformes. Contudo, apenas a definição do tipo de notas não define necessariamente o tipo de raga que será criado. Por outro lado, é preciso dizer que na Índia, *grosso modo*, convivem duas "famílias", dois grupos estilísticos, de música – ao norte, a música chamada hindustani e ao sul, a música denominada carnatic –, e que a criação de um raga em um estilo de música não necessariamente segue as mesmas que no outro estilo.

Portanto, creio que para nós bastaria compreender que o raga é uma moldura sonora definida – moldura essa que dependerá do estilo de música, hindustani ou carnatic – dentro da qual se cria uma melodia. Essa melodia aportará uma atmosfera para a performance que deverá dialogar com a história contada. Digo que nos bastaria compreender o seu efeito, pois sua elaboração é restrita aos músicos. O performer, ainda que perceba os diferentes ragas, não participa de sua execução.

A música do norte reflete sua maior exposição às influências estrangeiras na participação de instrumentos provenientes de outras culturas, como a árabe. Além disso, seu potencial melódico é bastante nítido (como na música do estilo odissi). A música carnatic exibe, em sua construção, raízes dravídicas, com predominância das construções percussivas, em que a melodia pode ser encontrada, por vezes, apenas na voz humana, tida como o único instrumento perfeito (como no estilo kathakali).

KARANAS

A técnica da odissi dedica, principalmente em suas danças abstratas, um grande valor à construção de "poses", em que a manutenção de um "equilíbrio reconstruído" é proposta a cada uma delas. Essas "poses", representadas nas fachadas dos templos e entendidas como células formativas das dinâmicas da dança, recebem a denominação de karanas. E o fato de desafiarem o equilíbrio humano em busca de uma postura energética alternativa, não cotidiana, é uma de suas características. Daí o termo "equilíbrio reconstruído", pois é necessário aprender, ao longo dos treinamentos, a reorganizar os eixos de equilíbrio sob novas formas, a partir de novas tensões e flexões para atingir alguma dessas posições. Em paralelo à execução habilidosa dessas karanas, espera-se uma nova maneira de se deslocar a partir dessa postura. No caso do estilo odissi, o grande desafio são as inúmeras arestas possíveis da composição tribanghi, em que o eixo de equilíbrio pode ser totalmente alterado, seguidamente.

As karanas funcionam, como dissemos, como células, partículas a partir das quais são escritas as grandes frases cênicas do performer, muitas vezes apenas "deslizando" de uma karana para outra. Nesse sentido, sempre pareceu tentador descobrir um possível método de notação para essas sequências de células que permitisse uma sistematização de maneira científica da técnica e, consequentemente, da formação das atrizes. Algumas tentativas já foram feitas nessa direção, dentre as quais deve-se ressaltar a desenvolvida pela dançarina e pesquisadora Kumkum Mohanty em seu *The Odissi Dance Path Finder* (O Descobridor de Caminhos da Dança Odissi, 1988).

Em qualquer coleção de arte indiana, pode-se encontrar esculturas de deusas e dançarinas em "tribanghi". Algumas das 108 posições básicas (karanas) mencionadas no *Natya Shastra* são encontradas apenas no estilo odissi. Muitas dessas posições estão perpetuadas nas pedras dos templos de Bhubaneshwar, Konarak e Puri.

A BUSCA DA RÉGUA UNIVERSAL

Leela Samson, a célebre dançarina de bharata natya, faz uma afirmação que poderia soar como crítica à maneira analítica de investigar esse assunto e sobre a tendência em utilizar para esse fim o sistema de comparações entre uma tradição e outra. Está claro que essa é uma crítica pertinente a quase todas as pesquisas que se debruçaram sobre o universo do teatro asiático, principalmente aquelas que buscam o chamado "viés antropológico".

Não se deve comparar as danças clássicas da Índia umas com as outras. Cada uma possui seu encanto e beleza particulares. Técnicas distintas, distintas histórias, a maneira de expressar é diferente e seus efeitos e sabores são diferentes, ainda assim alguns pesquisadores e escritores parecem se preocupar em compará-las. A odissi possui um encanto incomum, uma harmonia entre linhas e movimentos absolutamente próprios.[20]

Em vez de advogar em defesa de quase todos os estudos ocidentais sobre essas tradições e em minha própria, deixarei apenas o ponto de vista de Samson – a quem tive o privilégio de ver dançar em Chennai – como uma interrogação. Sua provocação me parece um contraponto muito mais interessante do que qualquer escusa que se possa oferecer aqui sobre a habitual propensão em analisar coisas distintas a partir de contraposições e aferições.

LOKADHARMI E NATYADHARMI

Eugenio Barba, nas primeiras páginas de seu *A Arte Secreta do Ator*, relata a explicação de Sanjukta Panigrahi em relação a dois termos presentes no *Natya Shastra*: lokadharmi e natyadharmi. Barba escreve que Sanjukta afirma que: "Lokadharmi indica o comportamento (dharmi) das pessoas comuns (loka); a outra, natyadharmi, indica o comportamento do homem na dança (natya)."[21]

A arte cênica indiana há muito reconhece que a vida em cena é necessariamente diferente daquela fora do palco. O *Natya*

---

20 L. Samson, *Rhythm in Joy*, p. 99.
21 S. Panigrahi em E. Barba; N. Savarese (orgs.), op. cit., p. 15.

Shastra definiu, há dois mil anos, a distinção entre essas duas atitudes. Para a ação na vida cotidiana, deram o nome de lokadharmi, e para a ação expressiva, artística, natyadharmi, à qual o *Natya Shastra* endossa como a única útil. Bala, uma renomada intérprete de bharata natya, afirma que lokadharmi dirige sua atenção para a "menor utilização possível de energia possível, uma vez que, na vida cotidiana, buscamos a forma física mais cômoda e fácil para a realização de novas atividades". Enquanto isso, a vida no palco, em natyadharmi, "requer o desperdício da energia, a produção máxima de energia para as mínimas ações [...] Os gestos usados no bharata natya não devem nunca se aproximar dos gestos usados na vida cotidiana ou num drama ou em um filme. Abhinaya está tão afastado da representação assim como a poesia da prosa."[22]

O elemento essencial ao teatro, portanto, é natyadharmi. A "realidade" pleiteada pelo elemento lokadharmi não pertence, segundo o *Natya Shastra*, ao universo cênico. Como trabalha com a consciência de que se encontra naquele momento em uma situação dramática artificialmente construída, o ator que busca estar "natural" em cena instaura o absurdo. Por isso, a busca da "naturalidade" é estranha ao teatro clássico indiano, onde a "artificialidade" é um princípio básico e essencial. "A demanda de realismo corta pela raiz o valor estético da performance teatral."[23]

O *Natya Shastra* define que "se em vez de caminhar de maneira usual a personagem dança ou se move com movimentos graciosos de membros e passos, isto é um exemplo de natyadharmi"[24]. O *Natya Shastra* determina que "uma performance teatral deve invariavelmente utilizar natyadharmi, pois a não utilização de gestos (estilizados) etc. pelos atores estabelece estranheza aos espectadores"[25].

Sunil Kothari afirma que o elemento natya pode ser apresentado com atores que dançam e atuam tanto sob o aspecto natyadharmi quanto sob o aspecto lokadharmi. A utilização do prefixo natya no contexto da definição de natyadharmi contraria as colocações que posicionam natya apenas como a dança

---

22 Bala em S. Guhan, *Bala on Bharatanatyam*, p. 15.
23 *Natya Shastra*, 1989, p. 17.
24 *Natya Shastra*, 1981, p. 204.
25 Ibidem.

contracenada e dramatizada, pois os elementos que definem o que seja natyadharmi são encontrados em todos os estilos da Índia, mesmo os que dão preferência à apresentação solo. "Todas as danças clássicas da Índia têm uma coisa em comum: a abordagem de Abhinaya conhecida como 'natyadharmi' em contraste à interpretação 'lokadharmi' que é usada quando se encara o palco como 'um espelho da vida' dramatizado."[26]

NOMES DE ODISSI

Os grandes gurus da odissi, lembrando-se do resgate a partir dos gotipuas, são homens: guru Kelucharan Mohapatra, guru Pankaj Charan Das, Harekrishna Behra, entre outros.

Algumas das dançarinas, de grande excelência técnica, que desempenharam um importante papel em sua propagação em nível nacional e internacional foram: Priyambada Mohanty, Indrani Rehman, Sanjukta Panigrahi, Aloka Panikar, Kumkum Mohanty, Alarmel Valli, Sonal Mansingh, Madhavi Mudgal, Protima Gauri Bedi e as "estrangeiras" Sharon Lowe, dos Estados Unidos, e Ileana Citaristi, da Itália, que em 2001 publicou na Índia importante livro sobre a vida do guru Mohapatra: *The Making of a Guru: Kelucharan Mohapatra, His Life and Times* (Como se Faz um Guru: Kelucharan Mohapatra, Sua Vida e Seu Tempo).

No Brasil, o estilo odissi é muito popular e possui vários profissionais importantes que se dedicaram a seu estudo e divulgação, com especial menção a Silvana Duarte e Andrea Prior, que há muitas décadas aprimoram suas pesquisas que se transformam em importantes montagens bastante representativas da linguagem do estilo odissi.

---

26 T.M.B. Nedungadi apud S. Kothari; A. Pasricha, *Odissi, Indian Classical Dance Art*, p. 88.

5. Kathakali

Quando se observa com atenção a tremenda e impressionante personificação de deuses realizada pelos dançarinos de kathakali do sul da Índia, não há sequer um gesto natural a ser visto. Tudo é bizarro, tanto os aspectos sub-humanos quanto os sobre-humanos. Os deuses-dançarinos não andam como pessoas, eles deslizam; não parecem pensar com a cabeça, mas com as mãos. Mesmo as faces humanas desaparecem atrás das máscaras esmaltadas. Nosso mundo não oferece nada que possa ser comparado a essa grotesca magnificência. Quando se assiste a um desses espetáculos, se é transportado ao mundo de sonhos, porque lá é o único lugar onde se pode conceber algo similar. Não há sombras ou semelhanças de uma realidade original, trata-se mais de "realidades que ainda não foram". Realidades em potencial, as quais podem saltar o limiar da existência[1].

TAMBORES E GRITOS

O palco está parcialmente oculto por uma cortina suspensa por dois ajudantes. Sabe-se que o ator está atrás da cortina, pois é possível

[1] Carl Gustav Jung apud N. Savarese, *Il Teatro al di là del Mare*, p. 31.

ver o alto de sua enorme coroa que se move lentamente. Os gritos da personagem e o barulho dos guizos atados a suas pernas somam-se ao estrondo dos tambores que tocam em ritmo vigoroso. Subitamente, as mãos do ator surgem agarrando a parte de cima da cortina. Ele a balança para um lado e para o outro, sem, no entanto, mostrar sua figura. Suas mãos liberam a cortina e ele volta a dançar, oculto ainda da audiência ansiosa. Novos gritos, e os tambores retomam sua força. Outra vez ele segura a cortina e a agita. De repente, com um gesto inesperado e brusco, revela sua face amedrontadora. Em sua maquilagem, o vermelho predomina e seus olhos contornados de negro parecem querer saltar das órbitas enquanto fitam o público. De sua boca emergem enormes e grotescos caninos. A figura demoníaca é a do vilão Dushássana que, no épico *Mahabharata*, é inimigo dos heróis Pandavas. Primos do deus Krishna, os cinco irmãos Pandavas, por um capricho do destino, foram fadados a desposarem uma única e mesma esposa, Draupadi. Um dos irmãos, Bhima, famoso por sua força sobre-humana, uma espécie de Hércules hindu, surge em cena para enfrentar o vilão e uma luta terrível se inicia. Por fim, Bhima golpeia mortalmente Dushássana. Com o vilão caído, Bhima abre sua barriga, bebe seu sangue, retira suas entranhas e dança com elas entre seus dentes. Bhima chama sua esposa, Draupadi, a quem Dushássana havia insultado ao arrastá-la pelos cabelos. Bhima pede que ela se aproxime do cadáver e então lava o cabelo da esposa, como desagravo, com o sangue do vilão morto. Draupadi se retira e Bhima, coberto com o sangue de seu inimigo, dança celebrando sua vitória. Após essa emblemática e aterradora vitória do bem sobre o mal, o deus Krishna entra no palco, já sob as primeiras luzes da manhã, para uma dança de agradecimento ao público e aos deuses.

O público se levanta lentamente, recolhe os pertences trazidos para ajudar a atravessar a noite – cobertores, almofadas, garrafas térmicas – e lentamente volta para casa. O final do longo espetáculo de quase nove horas de duração é recebido comumente sem aplausos, como "uma espécie de aprovação silenciosa. O ator dessa tradição se coloca muito pouco à frente da obra à qual ele serve. Ele sabe que quanto mais ele se elimina, se aniquila, mais seu trabalho surge em toda a sua plenitude"[2].

---

[2] M. Salvini, *L'Historie fabuleuse du théâtre Kathakali à travers Le Ramayana*, p. 21.

O odor de óleo de coco toma conta do local das indumentárias, no processo de remoção das tintas do rosto dos atores exaustos. Pouco tempo depois, a sala de maquilagem e vestimenta fica limpa de toda parafernália multicor. Após uma rápida oração, como último gesto da cerimônia espetacular, a pequena lâmpada a óleo, que investia de sacralidade e respeito o ambiente, é apagada.

PHILIP ZARRILLI

Minha primeira experiência com o kathakali, na Índia, se deu em 1989, com uma estadia de seis meses de treinamento intensivo e árduo, no mesmo vilarejo de Cheruthuruthy, onde Barba esteve observando o kathakali na década de 1960. Nesse mesmo período, alguns estudiosos (David Bolland, Philip Zarrilli, Milena Salvini e outros) abordaram o kathakali de maneira pioneira e produziram alguns relatos importantes.  Mas foi com as experiências de Eugenio Barba e Jerzy Grotowski que essa arte recebeu notoriedade mundial. Antes disso, o teatro kathakali era um universo praticamente desconhecido pelo Ocidente, que só foi introduzido formalmente ao teatro clássico da Índia pela publicação, em 1965, de um artigo de Barba com o relato de sua viagem à Índia e dos quinze dias que observou o kathakali. Em 1967, aconteceu a primeira apresentação de kathakali em solo europeu, no evento Théâtre dês Nations, então sob a coordenação de Jean-Louis Barrault. Em 1968, é publicado pela primeira vez *Em Busca de um Teatro Pobre*, onde Grotowski descreve as experiências de atores na Polônia com as técnicas do kathakali.

Na década de 1970, Phillip Zarrilli fez uma viagem à Índia especialmente dedicada ao estudo do kathakali. Como resultado de uma extensa pesquisa, Zarrilli produziu minuciosa descrição do kathakali em um grande compêndio, *The Kathakali Complex* (1984) que, junto de *A Arte Secreta do Ator* (1983), de Eugenio Barba e Nicola Savarese, colocaram, pela primeira vez, à disposição de estudiosos fora da Índia um material abrangente e aprofundado sobre o assunto. Depois de dezessete anos da primeira edição do livro de Barba, foi publicado aqui no Brasil a obra *Kathakali: Uma Introdução ao Teatro e ao Sagrado da Índia*, de minha autoria. Ou seja, o estudo do kathakali e de suas possibilidades de diálogo com o teatro do Ocidente é relativamente recente.

PENA DE PAVÃO DE MANADEVA

A lenda mitológica sobre a criação do kathakali relata que, em meados do século XVII, Manadeva, o regente (zamorim) de Calicute, recebeu, em um sonho, a visita do deus Krishna que lhe presenteou com uma pena de pavão. Para celebrar esse episódio auspicioso, o rei decidiu criar uma forma de dança dramática dedicada a popularizar o fabulário relacionado ao deus Krishna. Para isso, Manadeva compôs oito poemas, conhecidos como *Krishna Gita*, onde descreve toda a história da vida de Krishna. Terminado em 1652, o *Krishna Gita* teve como inspiração o *Gita Govinda*, famoso poema escrito no século XII pelo poeta bengali Jayadeva. Essa nova dança dramática recebeu o nome de krishnattam, que significa "encenação das histórias de Krishna", e se tornou uma dança clássica masculina, que mantém um forte cunho devocional até os dias de hoje.

A fama dessa "dança-oferenda" se espalhou por toda a região. Sua trupe de artistas visitou várias partes de Querala, sempre com grande sucesso, mas havia evitado as cidades do sul do estado. Quando o rajá de Kottarakkara Tampuran, da cidade de Kottarakkara, no sul de Querala, convidou a trupe de krishnattam para uma performance em sua cidade, o Zamorin de Calicute recusou o convite argumentando que o povo do sul não teria o bom gosto necessário para apreciar uma arte tão refinada como o krishnattam. As histórias no krishnattam foram sempre encenadas em sânscrito puro. E era motivo de orgulho que se dedicassem a uma elite de conhecedores.

GURUVAYUR E KRISHNATTAM

O rajá de Kottarakkara, ofendido e humilhado, decidiu criar ele mesmo outra forma de dança, providencialmente mais popular, cantada em malayalam, a língua nativa, e que estabelecesse um refinamento artístico em sua performance equivalente ao krishnattam. Essa nova dança dedicaria seu universo temático às histórias do deus Rama, e se chamaria ramanattam. Da evolução do ramanattam, surge o que se conhece hoje como kathakali. O próprio Kottarakkara Tampuran escreveu as três primeiras peças para o ramanattam, chamadas: *Sita Swayamvaram*, *Bali Vadha* e *Torana Yudha*. A utilização do malayalam popularizou o ramanattam. Sua mescla de comunicação direta com o grande público empregando o idioma do dia a dia, o malayalam, associada a uma refinada estilização formal clássica, espalhou sua reputação por toda a Índia e, posteriormente, por todo o mundo como um representante legítimo e dos mais excelentes da cultura da Índia.

O krishnattam, assim como o kathakali, utiliza, na formação física de seus atores, o kalarippayattu. É nítido o parentesco entre os dois estilos de Querala. Figurinos, maquilagem, estruturação, linguagem, interpretação: suas formas e seus princípios se aproximam muito e com frequência são confundidos devido à grande semelhança entre seus elementos compositivos.

A despeito da semelhança entre a maquilagem usada no kathakali e a do krishnattam, nesse último algumas personagens usam máscaras. O krishnattam se esmera na composição visual cênica de atores e cenários – uma decoração que remete à decoração usada nos altares dos deuses. A composição visual também assume a forma de quadros vivos, preparados longamente atrás da cortina enquanto o público espera, apenas intuindo a presença dos atores, dos ajudantes e escutando a música sendo executada. Quando a cortina desce, o público recebe o quadro formado por centenas de objetos, uma miríade de flores naturais e incensos se misturam a objetos devocionais e atores em posições simbólicas. O quadro imóvel é admirado por alguns minutos até que a cortina é alçada novamente e toda a estrutura desmontada antes da próxima cena. Essa imensa profusão de elementos no krishnattam parece almejar o maior potencial de beleza possível. Em uma dança de caráter devocional tão forte, a ânsia do belo é obrigatória: o krishnattam busca o deleite dos deuses.

O krishnattam, cantado em sânscrito, terminou por construir uma característica elitista para a tradição. Lentamente, entrou em decadência, e, na atualidade, é uma arte em perigo de extinção e reclusa ao templo de Krishna, em Guruvayur. Como é uma arte estritamente devocional, é realizada apenas no interior do templo, onde não hindus não são admitidos. Apenas em algumas raras ocasiões a trupe de krishnattam de Guruvayur se apresenta no adro externo do templo.

Guruvayur fica a 330 Km de Thiruvananthapuram, capital de Querala, e é o maior centro de peregrinação religiosa do estado. Seu templo, em honra a Krishna, é visitado anualmente por milhares de peregrinos vindos de todas as partes da Índia. O templo de Guruvayur guarda a lendária imagem de Krishna encontrada miraculosamente naquele lugar e chamada com carinho de Guruvayurappa. É mantido com doações de humildes visitantes, mas também com as generosas contribuições dos comerciantes e empresários da cidade, que aquecem o mercado da devoção popular.

Uma coincidência misteriosa envolve a criação do krishnattam. Gayanacharya Pandeya, estudioso de kathakali, em seu livro *The Art of Kathakali* (A Arte de Kathakali, 1961), conta que na mesma época do sonho revelador de Manadeva, outro governante, bem distante de Calicute, do reino de Manipur, no extremo nordeste da Índia, além do atual Bangladesh, teve o mesmo sonho. Krishna apareceu ao rajá de Manipur e lhe entregou uma pena de pavão. O rajá também intuiu que deveria criar uma dança para celebrar essa aparição. Assim surgiu o manipuri, estilo de dança clássico do estado de Manipur.

O MALABAR

O kathakali é um estilo masculino de teatro-dança clássico originário na antiga região do Malabar, no extremo sudoeste da Índia. Kathakali significa literalmente "representar histórias". Sua forma acabada supõe-se ter sido atingida ao final do século XVII, mas suas raízes culturais são encontradas em rituais dramatizados cujas primeiras documentações remontam a quase dois mil anos. Revitalizado nas primeiras décadas do século XX, encontrou novo vigor com a criação, em 1920, pelo poeta Vallathol Narayana Menon, no vilarejo de Cheruthuruthy, da primeira escola governamental para o ensino das artes, a Kerala Kalamandalam Government School. A Kalamandalam (literalmente, Academia de Artes) foi criada com o objetivo de resgatar as artes tradicionais de Querala. A iniciativa de Vallathol se harmonizava com o espírito de resgate de valores nacionais patroneado por outro renomado poeta, Rabindranath Tagore, prêmio Nobel de literatura em 1913, no bojo do movimento pela independência da Índia, que se encontrava então sob o domínio inglês. Tagore morreu em 1941 e não pôde testemunhar a vitória do movimento de libertação liderado por Mohandas Gandhi, para quem forjou a alcunha de mahatma – a "grande alma".

O Malabar foi durante séculos a terra das especiarias, o ouro negro, atraindo comerciantes de todo mundo: gregos, chineses, africanos e, mais tarde, portugueses, holandeses e ingleses. O intenso comércio com diferentes culturas, uma filosofia de convivência tolerante e sincretismo, a forte religiosidade e o gosto por grandes rituais religiosos, com a presença constante de elementos dramáticos, formaram os ingredientes necessários para o desenvolvimento na região do mais diversificado universo teatral da Índia. As muitas fases do desenvolvimento milenar do teatro de Querala convivem ainda hoje, fazendo de seu panorama teatral um verdadeiro museu vivo do teatro da Índia.

UM PALCO POBRE PARA OS DEUSES

Um espetáculo de kathakali normalmente dura toda a noite e é iniciado por volta das seis da tarde, chegando ao fim apenas com a aurora do dia seguinte. Espetáculos de kathakali geralmente são realizados como uma oferenda ao templo e à sua divindade regente; por isso, obedecem a uma sequência ritual de etapas sagradas. As várias cerimônias que preparam a performance têm início pela manhã, bem antes de o primeiro ator pisar no palco, com rituais no interior do templo e músicos que percorrem os arredores anunciando o espetáculo que acontecerá à noite.

O palco do kathakali é uma estrutura extremamente simples e rudimentar, absolutamente despida de decorativos e cenários; uma pequena área elevada, de chão batido, alguns poucos centímetros do nível do chão, coberta com uma lona rústica e nada mais. Com a chegada do crepúsculo, uma grande lâmpada a óleo, que separa o palco da plateia, é acesa. Essa lâmpada possui dois pavios, o maior voltado para o palco e o menor para a plateia. Ela deverá ser obrigatoriamente acesa com a mesma chama que ilumina o altar da imagem do deus venerado no templo onde ocorre a performance. Se nos colocamos de frente para o palco, temos do lado direito ao fundo dois cantores e, na lateral esquerda, dois músicos e seus tambores, tchenda e maddalam, compondo a orquestra. Nenhum cenário ou outro recurso de iluminação é necessário. Há não muito tempo, sem o recurso da energia elétrica, a grande lâmpada a óleo era a única iluminação para a performance. Com sua luz tremulante, emprestava ao espetáculo um universo de sombras e efeitos, e trazia à tona com força a face sobrenatural e encantatória do kathakali.

A TERRA DOS COQUEIROS

Segundo a mitologia, Querala foi criado por Parasurama, a sexta encarnação do deus Vishnu, que teria vindo à Terra para proteger a supremacia espiritual e social brâmane. De espírito extremamente belicoso e grande guerreiro, Parasurama, após lutar em várias guerras, foi convencido a terminar sua trajetória sangrenta. Como um gesto simbólico, atirou solenemente seu machado à Terra. A arma caiu ao sul da Índia e esse poderoso golpe fez emergir do mar uma faixa de terra, a qual ele chamou Malabar. Para povoar essa terra, Parasurama trouxe várias famílias brâmanes do norte da Índia, que se estabeleceram e formaram uma sociedade particularmente cativa do gosto pelos rituais.

Querala é a terra dos templos. Sua estreita área territorial abriga mais de dois mil templos em atividade e outros muitos inativos. Os templos em Querala possuem uma arquitetura bastante peculiar que os distingue nitidamente dos templos de outros estados, exibindo a tendência de se estender horizontalmente e com construções circulares, o que são traços muito singulares. Os templos são pontos de encontro para onde convergem todas as atividades sociais e culturais, frequentados quase diariamente por todos os hindus.

O estado de Querala, criado em 1956 com a reunião das terras dos antigos reinos do Malabar, Cochin e Travancore no sudoeste da Índia, é um dos menores estados da Índia, com apenas 38.850

Km². Ao mesmo tempo, possui o mais alto índice de densidade demográfica do país, com mais de 22 milhões de habitantes, dos quais 85% moram em pequenos vilarejos. Comparado aos bolsões de miséria existentes nas grandes cidades, Querala é um oásis onde mais de 70% da população é alfabetizada, taxa excelente dentro dos padrões indianos. Aproximadamente 60% da população é de religião hindu, 20% de cristãos (sírios, ortodoxos, russos e católicos romanos) e 18% de muçulmanos, que no decorrer dos séculos têm convivido em relativa harmonia.

Querala é um estado tropical. O calor é forte e as monções, que começam em maio e se estendem ininterruptamente até julho ou agosto, propiciam chuvas torrenciais. Querala significa, literalmente, "terra (*lan*) de coqueiros (*quera*)", e, de fato, é uma região de esplêndidos campos verdejantes e praias paradisíacas emolduradas por uma cortina exuberante de coqueiros e palmeiras. Os indivíduos que nascem em Querala são chamados "malayalis", pois falam o malayalam, língua oficial do estado de raízes dravídicas primitivas e um dos dezesseis principais idiomas da Índia.

Em 1957, os malayalis elegeram democraticamente um governador comunista, se tornando o primeiro governo marxista do mundo. Apesar da influência do marxismo e da filosofia materialista, a vida cotidiana dos malayalis está intimamente associada ao culto de deuses.

A CALMARIA QUE ANTECEDE A TORMENTA

O primeiro som a se ouvir sobre o palco deve ser a batida grave do maddalam, simbolizando o grande som original, o primeiro som do universo. Segundo a lenda, o deus Shiva criou o universo batendo violentamente em seu tambor. Essa pequena introdução de música instrumental, em que os dois tambores da orquestra terminam tocando em dueto, é denominada keli, e pode ser ouvida a grandes distâncias, avisando que o espetáculo está prestes a começar.

Após o keli, terão início as performances. Uma cortina é levada ao palco e, sustentada por dois homens à frente dele, é estendida entre o palco e a plateia. Os atores adentram o palco encoberto pela cortina. De fato, a cortina parece servir mais para esconder o público do ator do que o ator do público. Atrás da cortina, os atores fazem suas saudações a deus e aos instrumentos que tocarão durante a performance. Se um ator mais velho estiver em cena, ele deverá também ser saudado com um toque em seus pés. Os momentos que antecedem a aparição dos atores – e a audiência pode pressentir a presença do ator em cena, mas ainda parcialmente oculto – faz parte da construção da singular teatralidade do kathakali: "O tambor, a chama, as pessoas, tudo sugere inquietação. É parte do jogo, isso serve para criar e preencher a atmosfera para o que virá a seguir."[3]

Algumas danças propiciatórias antecedem as peças propriamente ditas. A primeira dessas danças é o todhayam. Com duração de quase trinta minutos, é realizada inteiramente atrás da cortina, oculta do público. Trata-se de uma dança especialmente dedicada aos deuses. Uma segunda dança, purappadu, serve para introduzir os principais heróis das histórias, geralmente o deus Krishna, seu irmão Balarama e suas consortes. A purappadu no início do espetáculo tem um caráter simbólico, evocando a união entre Krishna e sua shakti, ou energia criadora, representada na forma feminina. No hinduísmo, a união entre os sexos remete à busca humana de união com o divino. A purappadu reelabora em cena a eterna comunhão dos contrários, que se complementam para gerar a tudo o que existe. Nesse ponto, começam as histórias, as peças propriamente ditas.

MÚSICA

A orquestra de kathakali se compõe de dois cantores e dois percussionistas. O primeiro cantor, a voz-base, enquanto canta o texto da peça, marca com um gongo o andamento de todo o espetáculo. O segundo cantor repete as frases já cantadas pelo primeiro cantor e acompanha com um címbalo o andamento definido, com algumas modulações. Os cantores devem acompanhar o ator na interpretação do texto, sublinhando e enriquecendo a atmosfera do momento. Um antigo ditado diz que a grande propriedade da música clássica do sul da Índia, conhecida como carnatic, é reconhecer a voz como seu principal instrumento. O estilo de canto utilizado no kathakali é reconhecido como o

---

3 M. Khokar, *Traditions of Indian Classical Dances*, p. 37.

estilo mais antigo e original dentro da música carnatic. Os cantores normalmente se posicionam à direita e ao fundo do palco. À esquerda, ficam os percussionistas.

O maddalam, um tambor de forma horizontal, é o que fica mais perto da plateia. Preso à cintura do músico, ele é tocado com as duas mãos e seu som é grave de um lado e agudo do outro. O tchenda, com seu potente som, fica mais ao fundo e é o instrumento mais nobre do kathakali. Tambor vertical tocado com duas baquetas, ele produz um som poderosíssimo, ouvido à grande distância do local do espetáculo. É suspenso por uma tira que se apoia sobre o ombro do músico. Ele fará o acompanhamento principal dos movimentos do ator durante sua performance. O estudo do tchenda na Kalamandalam requer entre seis e oito anos de curso, o que é bem mais do que o exigido para danças como mohiniyattam ou ottamthullal. O tchenda, no entanto, não toca quando personagens femininas estão atuando, sendo então substituído pelo edakka, instrumento pequeno em forma de ampulheta e de som delicado. Tocado com apenas uma baqueta, a outra mão alterna o timbre do edakka, pressionando o meio da "ampulheta".

Os grandes músicos do kathakali recebem tanta reverência quanto os grandes atores. Nomes como Krishna Kutty Poduval (tchenda), Appu Kutty (maddalam) e Shankara Embrandiri (voz) fazem parte da evolução do kathakali enquanto linguagem.

AS SOMBRAS DO PAVAKUTTU

O pavakuttu é o tradicional teatro de sombras de Querala. Todo templo possui em seu pátio um pequeno palco para rituais dramáticos e é ali que o pavakuttu é realizado. A boca de cena é completamente coberta com um fino véu. Pequenas figuras, minuciosamente elaboradas, recortadas em papel rígido, são presas pelo lado de dentro do véu. Atrás dessas pequenas figuras existe um suporte onde se coloca uma vela. O efeito é de uma aura de luz tremulante que contorna cada uma das figuras. Os textos, retirados de histórias mitológicas, são cantados por cantores/contadores que, sentados ao fundo do palco, mantêm-se intencionalmente visíveis ao público. Vez por outra se levantam e mudam alguma figura de posição, dependendo da ação contada na história. As mudanças de posição são poucas, e o cantar/recitar é monocórdico, criando uma atmosfera mais de ritualidade do que de espetacularidade.

As performances, noturnas, podem levar muitas horas. Durante o desenrolar da história, os cantores alteram pouquíssimas vezes a posição dos bonecos, retirando-os ou aproximando-os, dependendo dos momentos de romance ou luta. Com o passar das horas, é comum que a audiência vá diminuindo, e mesmo os mais persistentes acabam sucumbindo ao sono e dormindo em frente ao palco. A falta de plateia acordada não invalida a performance, e os cantores do pavakuttu prosseguem cantando suas histórias por toda a noite, invadindo as casas ao redor do templo com sua música monocórdica e hipnótica.

A importância do pavakuttu se deve à teoria, bastante plausível, de que o teatro de bonecos de Querala inspirou o teatro de atores humanos, e não o contrário. Essa mesma dinâmica ocorre entre os teatros japoneses bunraku e kabuki, em que o bunraku, um teatro de bonecos, teria influenciado o desenvolvimento do teatro kabuki, realizado com atores humanos.

O SER HUMANO ELEVADO A "N"

Como em toda técnica clássica, o kathakali possui uma posição básica, de onde se originam todos os outros movimentos. O kathakali construiu para si uma das mais exóticas posições básicas. A figura do ator, quando em imobilidade, remete a algo "animal", excitando a sensorialidade. Seus pés agarram o chão, como garras. Seus braços se abrem lateralmente, como asas.

Vejamos a anatomia dessa posição, partindo da base para o alto: os pés, paralelos, curvam-se para dentro e agarram o chão, apoiando-se somente sobre a borda externa. Os joelhos devem girar para fora, trazendo o peso para a coxa. O quadril é empinado para trás, criando uma forte lordose com o tronco, que busca estar ereto. O queixo se retrai, alongando a parte cervical da coluna e ajudando a manter o equilíbrio da coroa sobre a cabeça. Os braços se abrem na altura do ombro como asas, com as mãos relaxadas.

Essa posição, por mais estranha que seja, exibe um nível de compensação anatômica que só por meio de um estudo minucioso das cadeias musculares e estrutura óssea se poderia atingir. Coisa difícil de imaginar nas aldeias indianas do século XVI. Uma maravilhosa ciência empírica e natural.

Observando os passos vigorosos, as expressões faciais muscularmente definidas com extremo rigor, sua gesticulação exata e ágil, poderíamos esperar que fosse necessário, para o ator, uma grande força física. No entanto, os grandes atores, à medida que avançam em idade, parecem amplificar cada vez mais essa impressão. O que nos dá a pista para deduzir que, ao contrário do que nos faz crer à primeira vista, no kathakali, o mais importante não é a quantidade de vigor, mas a qualidade das tensões, expressões e movimentos cuidadosamente definidos e desenhados. Os atores mais velhos, com sua experiência de toda uma vida dedicada ao kathakali, dominam todos esses sutis aspectos da arte na cena e transformam suas figuras debilitadas em poderosas aparições sobre o palco.

Kottakkal Nanda Kumaran, importante ator de kathakali, formado pela escola P.S.V. Natya Sangham, da cidade de Kottakkal, definia a posição básica do kathakali como a representação do corpo humano natural. Essa afirmação, que poderia soar tão bizarra quanto a própria posição do kathakali, é explicada na sequência do diálogo: é o ser humano em sua posição natural, mas elevado a "n".

A PERFORMANCE

Geralmente são apresentadas duas ou três peças por noite, cada uma tendo entre duas e três horas de duração, em média. Retiradas dos grandes épicos, *Mahabharata*, *Ramayana* e *Bhagavad Purana*, as histórias revelam um universo povoado de deuses, super-homens, demônios e animais mitológicos. A programação da noite se encerra habitualmente com uma peça onde, ao final, é encenada a morte de um demônio, simbolizando a auspiciosa vitória do bem sobre o mal, que também se relaciona metaforicamente com a chegada de um novo dia.

Um recurso particular ao espetáculo de kathakali e de grande efeito cênico é o tiranokku (aparição). O tiranokku é utilizado para introduzir o surgimento de uma personagem "especial" do drama, geralmente personagens kattís e Barbas Vermelhas. Uma cortina é suspensa por dois ajudantes. Seu tamanho não permite ocultar todo o palco, deixando entrever esporadicamente partes do palco e de seus ocupantes. Seu tamanho desproporcional e sua utilidade frágil revelam fazer parte dessa engrenagem de elementos da linguagem do kathakali que trabalham para a construção de sua teatralidade especial. Afinal, se assim decidisse, qualquer um do público poderia simplesmente espichar o pescoço e olhar por detrás da cortina. Mas tudo faz parte do singular jogo de teatralidade construído pelo kathakali: o ouvir do ruído dos guizos dos atores, o adivinhar do ator em cena pelo vislumbre do alto de sua coroa, a intuição da iminência do acontecimento pelas pisadas do ator e por seus rugidos. Aos poucos, o ator abaixa a cortina e se revela ao público. Esse simples e eficaz artifício introduz a audiência à realidade fantástica do kathakali e a conduz ao território habitado por suas personagens mitológicas.

O público, acomodado no chão, tem uma participação curiosa. Em certos momentos, os espectadores podem comer, levantar para tomar café, esticar-se pelo chão ou simplesmente deitar e dormir, sem que perturbem os atores. É benéfico, acredita-se, simplesmente estar presente a uma performance de kathakali.

DRAMATURGIA E LINGUAGEM

As primeiras peças da dramaturgia do kathakali foram escritas pelo próprio criador do ramanattam, Kottarakkara Tampuran. Ao longo do século xx, vários escritores se aventuraram a escrever peças dedicadas ao kathakali. Normalmente vistas com ceticismo, nenhuma delas conseguiu se firmar dentro do repertório tradicional. Algumas experiências recentes, trabalhando temas contemporâneos ou histórias cristãs e muçulmanas, acabaram fracassando, com exceção de uma versão de *Rei Lear*, de Shakespeare, feita pela própria Kalamandalam, para ser utilizada em suas excursões pela Europa.

Sobre essas novas experiências dramatúrgicas, o ator Padmanabhan Nair, em uma entrevista à revista indiana *Sruti*, afirmou ser contrário às novas experiências dramatúrgicas: "Eu não consigo aceitar essas novas histórias. Com as histórias antigas é possível associar as personagens a seus figurinos, mas alguém pode imaginar Cristo como um paxá? Eu acharia cômico. Eu prefiro continuar com as histórias tradicionais."[4] O paxá é a maquilagem usada pelo deus Krishna e todos os grandes heróis no kathakali. Parece-lhe óbvio que, se houvesse uma história cristã, deveria ter como protagonista a personagem Jesus. E, portanto, ele deveria surgir sobre o palco com a maquilagem de paxá, com o rosto verde.

Ao todo, o repertório tradicional do kathakali conta com não mais de quarenta textos, dentre os quais apenas vinte, em média, são utilizados com regularidade. Isso revela uma outra característica do kathakali: a supervalorização da arte do ator e da performance, em detrimento da história em si.

O público conhece muito bem todas as histórias. Uma das grandes qualidades do teatro da Índia é não se propor a surpreender. O drama se presta a um novo arranjo na linguagem teatral do kathakali. As peças retiradas dos grandes épicos não proporcionam surpresas. Sua revisitação tem o sabor de uma cerimônia religiosa à qual se comparece periodicamente para reencontrar os mitos, as outras pessoas, com as quais se compartilha os valores comunais desses mitos.

Existe grande interesse em ver aquela mesma peça, que já foi vista dezenas de vezes, mas agora interpretada por "aquele" ator, atuando "naquele" papel, ainda que o espaço para improvisação seja quase inexistente. Os grandes atores tradicionais, como Ramakutty Nair e Nanda Kumaran, gostam de se utilizar sempre da coreografia básica, a mesma que um aluno iniciante aprende na escola. E refazendo aqueles passos tão habituais, apreciam preenchê-los de modo tão intenso no palco, que os fazem ressurgir novos, como nenhum ator normal faria.

Não importava que a história já tivesse começado, porque o kathakali descobriu há muito que o segredo das grandes histórias é que elas não têm segredos. As grandes histórias são aquelas que você ouviu e quer ouvir de novo. Aquelas em que você pode entrar por qualquer parte e habitar confortavelmente. Elas não enganam com truques e finais emocionantes. Elas não surpreendem você com o imprevisível. Elas são tão familiares como a casa em que se vive. Ou como o cheiro da pele do amante. Você

[4] P. Raman, What Is BharataNayam?, *Sruti*, n. 203.

sabe como elas terminam, mas, mesmo assim, você escuta como se não soubesse. Da mesma forma que apesar de saber que um dia vai morrer, você vive como se não fosse. Nas grandes histórias você sabe quem vive, quem morre, quem encontra o amor, quem não encontra. E, mesmo assim, quer ouvir de novo. Esse é o seu mistério e a sua magia.[5]

Uma performance de kathakali não é "apenas" uma performance teatral. É uma cerimônia onde o ingrediente mais importante é, claramente, o componente dramático, mas na qual tomam parte outros elementos: a dança, o ritual, a revisitação dos mitos e seus signos, a reafirmação dos valores religiosos, os ideais de honra guerreira e um singular fruir estético por parte do público.

O ator Kottakkal Nanda Kumaran, mesmo sem ter sido aluno de Ramakutty Nair, o reverenciava como se fosse seu guru, sempre tocando-lhe os pés a cada vez que o encontrava. Kumaran costumava dizer que "Ramankutty Nair não faz kathakali, ele é kathakali". Talvez aí exista uma outra chave, quando a técnica, sempre tão externa e concreta, se revela uma proposta simples e profunda, uma proposta de "ser".

PEDAGOGIA DO KATHAKALI

No kathakali, mais do que um grande preparo físico, é necessária uma total remodelagem da estrutura corporal do ator: muscular, motora, articular e psíquica. Para isso, o kathakali exige dedicação total e exclusiva dos pretendentes durante os anos de aprendizado. Ele tem como ideia básica uma recomposição física do ator em cena, o que a aproxima de todas as outras formas clássicas cênicas – do teatro nô ao balé ocidental. Antinatural e definida de maneira minuciosa em todos os seus detalhes, a manutenção exata dessa composição será indispensável para a ativação energética necessária para a árdua performance. Essa remodelagem é observada de imediato em sua posição básica incomum e na maneira com que os atores se deslocam pelo palco. A recomposição física do corpo do ator ao longo de seu treinamento e a desumanização de sua figura em cena sedimentada ao longo dos séculos funciona como um alicerce sobre o qual toda a linguagem do kathakali será

---

5   A. Roy, *O Deus das Pequenas Coisas*, p. 232.

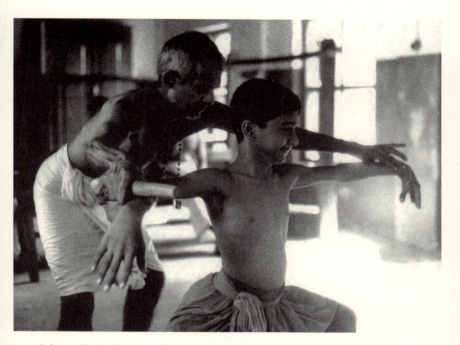

elaborada. Podemos observar que, ainda que preze por suas tradições poética, musical, mitológica e dramatúrgica, o eixo central de toda elaboração artística do kathakali é o ator.

Todos os alunos, ao final de seu aprendizado, devem ter obrigatoriamente aprendido todas as "partituras" (passos, gestos, talas e expressões faciais) de todas as personagens de todas as peças do repertório tradicional do kathakali. Pelo resto de suas vidas, esses atores dispensarão ensaios antes das apresentações. Durante a performance, independentemente de com quem esteja contracenando, o ator sabe exatamente o que o outro ator irá fazer e em que momento.

Na rígida rotina diária dos alunos da Kalamandalam, os futuros atores aprendem sob uma disciplina severa. Os alunos acordam às quatro da manhã para massagens e exercícios físicos. Por volta das cinco começam os exercícios para os olhos, feitos com o auxílio de velas, com as quais o guru direciona o olhar do aluno, fazendo com que se mova em direções e ritmos diferentes. Após o café da manhã, seguem-se longas sequências de exercícios físicos baseados na arte marcial do kalarippayattu, seguido de treinamento de passos e movimentos corporais. Almoço e uma rápida sesta. Pela tarde, memorização de textos e coreografias das peças. No início da noite, treinamento de ritmos (talas).

A formação física desses atores dançarinos tinha como base a antiga tradição de formação guerreira e marcial estimulada principalmente pela intensa atividade comercial em Querala por conta de suas valiosas especiarias. Detentores da exclusividade quase que total da produção de especiarias, em especial da pimenta, vendida a preço de ouro – e por isso chamada de "ouro negro" –, povos das mais diversas partes do mundo aportavam à costa do antigo Malabar para negociar, no entanto, nem sempre com espírito pacífico. A defesa de suas terras, de seus tesouros e de seu comércio emprestava uma importância especial à casta dos guerreiros de Querala. Na tradição antiga, os meninos dessa casta deveriam obrigatoriamente se submeter, desde tenra idade, a uma rígida preparação para as atividades militares. Tal sistema se assemelha à estrutura espartana de formação física e militar de infantes.

Kalaris eram ginásios para aulas de lutas onde os futuros guerreiros, provenientes principalmente da família dos Nair, recebiam seu treinamento de combate físico. Esse sistema incluía uma rotina cuidadosamente planejada de exercícios e massagens, muito da qual foi adotada no kathakali. De fato, o local onde o treinamento de kathakali acontece ainda é chamado de kalari.[6]

Após alguns anos de um intenso treinamento físico, em que a técnica do kalarippayattu oferecia a base mais importante, um guru selecionava os mais habilidosos pupilos para outra função: o teatro.

CASTAS

A sociedade hindu há séculos é dividida em segmentos fixos definidos pelo nascimento de cada indivíduo. Portanto, as castas não são determinadas por nenhum tipo de *status* social, poder econômico ou posição no sistema produtivo ou consumidor. A palavra casta é de origem portuguesa, *varna* é o termo tradicional, e poderia ser traduzida de maneira livre por "cor". Existem quatro castas principais que se encontram presentes em todas as regiões da Índia: a primeira, no que diz respeito à hierarquia, curiosamente não é a dos reis, mas sim a dos sacerdotes. Guardiões da sabedoria védica, raiz principal do sistema social e

6   M. Khokar, op. cit., p. 38.

religioso denominado hinduísmo, os brâmanes são considerados os mais elevados na estrutura de castas hindu. Os kshatriyas constituem a casta dos guerreiros, dos nobres e dos reis. Os vaishyas são as famílias dedicadas ao comércio e às transações financeiras, os empreendedores, negociantesetc. A quarta e mais baixa das castas é a dos sudhas, trabalhadores, empregados, servidores etc. Essa divisão é bastante superficial e pode apresentar pequenas alterações dependendo da região, incorporando atividades particulares e adequando sua importância a essa hierarquia rígida.

O sistema de castas é um conceito arraigado de forma muito profunda e participa, ainda hoje, da relação entre indivíduos hindus, principalmente fora dos grandes centros. Gandhi dizia que a verdadeira Índia mora nos milhões de pequenos vilarejos perdidos no coração do país. Se isso é verdade, o sistema de castas faz parte da Índia verdadeira. Não a da bomba atômica, mas a Índia de 900 milhões de pessoas que vivem nos pequenos vilarejos, onde costumes aparentemente perdidos resistem a todos os sinais de progresso.

O sistema de castas encontra sua sustentação ideológica nos princípios fundamentais do hinduísmo: dharma, karma e reencarnação, devendo cada um buscar o dharma (conhecimento e ação) o mais perfeitamente possível para, ao se libertar do karma, livrar-se, por fim, do penoso ciclo de reencarnações. As castas são definidas pelo nascimento, o que impossibilita qualquer mudança de classe. Quem nasceu em uma determinada casta, morrerá, irremediavelmente, nessa mesma casta. Poderá até ficar mais rico, mas não ascenderá socialmente. O sistema de castas não carrega consigo nenhuma conotação econômica. Os brâmanes, da casta mais alta, podem ser pobres, e dalits podem ser ricos. Os dalits, os intocáveis, são aqueles que estão fora dessa escala, privados sequer de figurar como casta. Após a independência em 1947, o sistema de castas foi legalmente proibido e, consequentemente, qualquer tipo de discriminação desse tipo. Portanto, os dalits possuem direitos legais – acesso a cargos públicos, por exemplo – iguais a qualquer outro cidadão. Vários dalits são eleitos para cadeiras no parlamento indiano. E a Índia já teve até mesmo um dalit presidente da república, K.R. Narayanan, um dalit de Querala. No cotidiano, no entanto, a realidade ainda pode ser outra. E a discriminação, principalmente fora dos grandes centros, é muito presente.

Os intocáveis não são chamados assim sem motivo. O preceito religioso hindu orienta as pessoas de outras classes a não tocar em nenhuma pessoa sem casta. A mesma coisa vale também para eles, sendo-lhes orientado a não tocarem em ninguém, com especial atenção aos brâmanes. Sendo considerados "impuros", o simples contato com eles polui o outro. Participando do cotidiano das famílias do pequeno vilarejo de Cheruthuruthy, em Querala, histórias sobre esses "arcaicos" costumes me eram contadas pedagogicamente como alertas sobre códigos sociais rígidos subjacentes à aparente liberalidade sobre o assunto. Para um estrangeiro desavisado como eu, parecia importante alertar sobre a relação social adequada, principalmente em se tratando de brâmanes e intocáveis.

O malayali Narayanan, primeiro presidente dalit da República da Índia, era consciente de seu papel simbólico na história do país. Morreu em novembro de 2005, aos 85 anos.

NAIR

Por uma combinação de circunstâncias históricas e geográficas, Querala aos poucos desenvolveu um sistema de castas bastante particular e complexo. Embora não se opusesse ao sistema de castas praticado no resto da Índia, Querala desenvolveu um mosaico extremamente intrincado de nuances e subcastas que se relacionavam e interagiam a partir de níveis hierárquicos por vezes muito sutis. Registra-se que ao final do século XIX existiam em Querala mais de quinhentos grupos que se identificavam como uma casta particular. Relata-se, inclusive, a existência de grupos de intocáveis e outros ainda de "inaproximáveis". No século VI a.C., Sidarta Gautama, o Buda, já discursava contra o sistema de castas dentro do então denominado bramanismo. O último século conheceu, dentro da Índia, inúmeros indivíduos e organizações críticos severos ao sistema de castas.

Dentro dessa complexa estrutura social de Querala, com essa miríade de divisões e antagonismos, encontra-se a casta dos Nair. Habitualmente definido como uma subdivisão da casta dos guerreiros, os Nair são uma vasta "família" tradicionalmente dedicada às artes e guardiões de importantes tradições de Querala. No kathakali, dois grandes expoentes históricos de sua arte são

Nair: Ramakutty Nair e Padmanabhan Nair. E para citar apenas um outro exemplo mais conhecido, a cineasta Mira Nair.

O ator Kalamandalam Ramankutty Nair, considerado um dos maiores atores da história do kathakali, quando questionado sobre se acreditava ter domínio de todos os detalhes do tipo "kattí", em especial da personagem Ravana, com a qual havia se celebrizado, respondeu que havia algumas "motivações" da personagem que ainda lhe escapavam. Ramankutty Nair avaliava, aos 68 anos de idade, que seu ofício possibilitava uma evolução constante e infinita. É surpreendente que um ator de kathakali, que havia iniciado seu treinamento aos seis anos de idade, mencione as "motivações" da personagem: um tipo de abordagem que remete ao teatro ocidental e distante (a princípio) de um estilo de teatro tão rigidamente estilizado como o kathakali, mas que talvez indique que essas distâncias sejam relativas e se mostrem menores à medida que se aproxime de um eixo central do teatro e das questões mais fundamentais da cena. Seguindo essa ideia, pensamos que talvez suas aparências e formalizações tão distintas representem aspectos periféricos à arte da cena em si. Conforme o depoimento de Nair, o que aproxima todas as formas teatrais é infinitamente maior e mais essencial do que o que as separa. E a validade de tal interface com o "outro" pode ser que se justifique na medida em que se torna uma busca aprofundada de ferramentas para analisar e expressar algo, que já é próprio desse "um", e que talvez sua proximidade com sua própria realidade não o permita ver.

MASSAGENS

Um aspecto peculiar do sistema pedagógico do kathakali são as massagens às quais os alunos são submetidos todos os dias por aproximadamente dois meses por ano, durante o período das monções. As massagens são realizadas de madrugada e aplicadas com os pés; óleos auxiliam na massagem a fim de untar o corpo dos alunos. O mestre vai, aos poucos, com doses crescentes de força empregada em suas pressões, remodelando fisicamente o corpo do aprendiz. Sob o forte e constante calor de Querala, o ciclo de massagens aproveita o leve frescor da estação das monções para amenizar o superaquecimento da pele causado pela intensa fricção.

O momento da massagem adquire gravidade ritual com a iluminação feita por lamparinas, a untura dos corpos com óleo de gergelim, o silêncio e a solenidade dos mestres. Os alunos usam apenas uma faixa de algodão amarrada fortemente na cintura cobrindo a genitália. Antes do início da massagem e após saudações aos deuses e aos professores, uma sequência de exercícios corporais é necessária. Depois, deitados no chão, em posições específicas, os alunos recebem enérgicas fricções dos pés dos mestres, que alongam a musculatura, tendões e articulações. Ao final da sessão de massagem, invertem-se os papéis e os alunos se abaixam para massagear as pernas dos mestres, em reconhecimento pelo esforço despendido em seu favor.

No sul da Índia, o ayurveda é o tipo de medicina mais popular. Dentro do universo de seus tratamentos, os procedimentos com massagens ocupam um lugar central. Além disso, várias de suas práticas estão integradas ao cotidiano como parte da sabedoria popular: chás e massagens com óleos são receitas passadas de mãe para filhos. Uma dessas práticas cotidianas ficou conhecida mundialmente quando reportada pelo obstetra francês Frédérick Leboyer que, percorrendo Querala, se deparou com uma mãe massageando seu filho sobre suas pernas. Ele se deu conta de quão importante essa prática poderia ser para todos os bebês e mães. A mãe que massageava seu filho se chamava Shantala. A massagem do kathakali incorpora essa tradição em suas massagens.

GURUKULAM

> *A sílaba "gu" significa sombra*
> *A sílaba "ru" aquele que dispersa*
> *Pelo seu poder de dispersar a escuridão*
> *O guru é assim chamado*
>
> ADVAYATARAKA UPANISHAD,
> em Swamy Vivekananda, *The Teachings of Swamy Vivekananda*, p. 18.

A relação entre mestre e aluno é um elemento peculiar da cultura indiana. Na Índia, essa relação é conhecida como gurukulam (em tradução livre, algo como "sistema de gurus") ou guru-shishya parampára (em tradução livre, algo como "tradição de gurus e aprendiz"). Nesse sentido, a palavra guru contém um significado bem diferente da palavra professor. O papel do guru também possui maiores abrangência e profundidade, implicando uma relação com vários níveis e aspectos de ensinamentos. No aprendizado do teatro de Querala, o mestre que orientará a formação artística do ator será um mestre das técnicas da dança reconhecido por exemplar habilidade. Ele atuará e será respeitado como um guru "no sentido iogue"[7]. Esse mestre e guru é denominado áshan.

Na transmissão da tradição indiana no kathakali, o sistema gurukulam era apenas um de seus aspectos. Até dois séculos atrás, os garotos da casta dos kshatriyas eram criados separadamente e introduzidos desde muito cedo às artes da guerra, baseando seu treinamento físico em uma arte marcial de Querala, o kalarippayattu. Esses pequenos guerreiros viviam em grupo, sob a custódia das mulheres da família, e tinham aulas em salas anexas às casas, denominadas kalaris. Mestres em kalarippayattu os guiavam nessa técnica marcial, preparando-os para as constantes guerras. No momento em que eram escolhidos para serem iniciados nas artes cênicas, eram separados em outros grupos, onde se especializavam como atores. No entanto, comumente, após alguns anos, os alunos mais adiantados do grupo de futuros atores se submetiam ao gurukulam, buscando aprimoramento técnico junto a um mestre renomado. Assim, aspectos das duas tradições se complementavam: a tradição das kalaris, de formação de guerreiros, com sua árdua educação física e disciplina, e o sistema gurukulam, com sua devoção integral (física e espiritual) ao guru, inspirada nos mais caros princípios éticos e religiosos.

No sistema gurukulam, o processo de aprendizado era individualizado e, por isso, o tempo de estudo não poderia ser predeterminado: o mestre devia decidir o momento que julgava completado o ensino de seu discípulo. O processo formativo de um ator poderia se prolongar por até vinte anos ou mais. Atualmente, junto com a secularização do estado indiano, o estudo das artes foi universalizado e padronizado. Assim como as escolas de ensino formal, os institutos de arte necessitam estipular um programa de ensino, uma matriz pedagógica, com cronogramas especificados. Para os atores mais antigos, obviamente isso

---

[7] Ibidem, p. 22.

pareceu representar um enfraquecimento da tradição. O curso para a formação de atores na Kerala Kalamandalam foi estipulado em dez anos, o que, à luz da tradição, soava como um "intensivo". Apesar disso, o tempo demonstrou que a escola continuou formando atores de grande renome e excelência artística, como Kalamandalam Balasubramanian, Kalamandalam Udaya Kumar, Kalamandalam Keshava Namboodri e outros.

Normalmente os aprendizes de kathakali iniciam seu aprendizado muito cedo, entre os oito e doze anos de idade, dentro de uma tradição familiar. O futuro aprendiz necessitará ser aceito por uma instituição ou, conforme o costume tradicional, por um guru (áshan). Em ambos os casos, ele firmará um vínculo extremamente íntimo com o seu áshan que se perpetuará, na maioria das vezes, por toda a vida. No gurukulam original, o mestre, antes de aceitar um aprendiz (shishya), recolhia o pequeno pretendente em sua casa pelo tempo que achasse necessário para avaliar sua disciplina, diligência e habilidades inatas. Se aceito, o aluno passaria a viver próximo ao áshan, de quem receberia toda a educação necessária para seu desenvolvimento. Esse rigor seletivo e didático se justifica pela crença profunda de que o shishya é um prolongamento, no tempo, de seu áshan. Uma vez terminado o aprendizado, o aluno se tornaria o "portador" do conhecimento de seu mestre. Por isso recebia o direito e a honra de adicionar o nome de seu professor ao seu próprio nome. Atualmente, se aglutina o nome da instituição de ensino ou do local onde ela se situa. Por isso, os nomes como Kottakkal Nanda Kumaran (formado na escola de Kottakkal) ou Kalamandalam Udaya Kumar (formado pela escola Kalamandalam).

Recém-profissionalizados, ao final de seu tempo de estudo, os atores são considerados iniciantes e recebem poucos e pequenos papéis em suas primeiras performances. O padrão de qualidade do ator kathakali é alcançado por volta dos quarenta ou cinquenta anos de idade, mas a pujança da arte é encontrada apenas nos velhos atores, que por isso são reverenciados por todos os outros atores. Ao final do século xx, como representantes maiores em atividade dos últimos grandes áshans vivos, respeitados como bastiões dos valores mais caros ao kathakali, se colocam dois nomes de especial importância, que não podem deixar de ser citados: Kalamandalam Ramakutty Nair e Kalamandalam Padmanabhan Nair.

A alma só pode receber impulsos vindos de uma outra alma e nada mais. Podemos estudar em livros por toda nossa vida, podemos nos tornar muito intelectuais, mas, no fim, vamos perceber que não desenvolvemos nossa espiritualidade. Não é verdade que uma grande quantidade de desenvolvimento intelectual sempre ande de mãos dadas com um proporcional desenvolvimento do lado espiritual. Para agilizar o espírito, o impulso precisa vir de uma outra alma. A pessoa de cuja alma esse impulso parte é chamado Guru (mestre) e a pessoa para cuja alma esse impulso converge é chamado shishya (aluno).[8]

O sistema do gurukulam entrou em desuso nas artes, mas ainda pode ser esporadicamente encontrado em algumas circunstâncias no modelo antigo ou mesclado com o novo sistema secular. Mesmo nas instituições oficiais de ensino de kathakali, os alunos permanecem, algumas vezes durante todo seu tempo de aprendizado, vinculados a um único áshan.

Na P.S.V. Natya Sangham, importante escola de kathakali na cidade de Kottakkal, até o final do século XX, o modelo de admissão de novos alunos obedecia ainda a padrões ortodoxos. A família oferecia o menino à escola, que o manteria por alguns dias e decidiria, a partir dessa pequena experiência, se o admitiria ou não como aluno. Se aceito, o aluno passaria a morar na escola e a conviver com outros alunos. Seu contato com o mestre seria intenso e diário. Só lhe seria permitido ir à sua casa durante as férias anuais. Podemos ver que mesmo dentro de uma instituição ainda é possível encontrar vestígios do sistema gurukulam.

Apesar do enorme avanço tecnológico e científico da Índia nos últimos anos, a ideia do gurukulam povoa o universo temático educacional da Índia e surge muitas vezes em pesquisas e debates acadêmicos, dialogando com as novas possibilidades pedagógicas contemporâneas. A sobrevivência do gurukulam como tema dialogante com questões tecnológicas, por exemplo, comprova a inclinação indiana a esse modelo educacional extremamente pessoal e irreproduzível, um dia considerado modelo de ensino perfeito na Índia.

A face atual da escola perdeu muito de seu rigor. E, se até agora isso não afetou seu prestígio, muito se deve ao seu passado glorioso. Kalamandalam Padmanabhan Nair, uma das maiores autoridades

---

[8] S. Vivekananda, *The Teachings of Swamy Vivekananda*, p. 13.

sobre o kathakali, não só pela qualidade de suas atuações, mas principalmente por seu grande conhecimento teórico acerca da linguagem cênica, já foi diretor da escola e descreveu claramente o panorama do final do século XX: "Os estudantes que ingressam na Kalamandalam estão em busca de fama e fortuna em pouco tempo e sem ter que suar. Ninguém é sincero. A disciplina que se requer para as artes cênicas não existe nos alunos, que não percebem que, se desejam ser bons atores, precisam praticar de forma rigorosa." Mais adiante, ele completa, traçando um paralelo com sua própria história: "O aluno atualmente tem mais liberdade. Na verdade, liberdade demais. Sua arrogância é de fato inacreditável. Eu tive quase vinte anos de treinamento rigoroso sob a orientação de meu pai e, mesmo assim, fui capaz de adquirir apenas uma pequena porção do conhecimento ou da capacidade artística desse grande guru."[9]

A realidade atual é definitivamente mais árdua do que era há quarenta anos. O mercado se tornou pequeno e a concorrência grande. Muitos atores não conseguem construir uma carreira. Desistir do kathakali após dez ou quinze anos de dedicação exclusiva é difícil. Principalmente porque, durante esse período, não é dado ao aluno nenhuma formação alternativa. À desilusão se soma o despreparo para enfrentar uma nova realidade. As constantes fornadas de novos atores, a inexistência de um sistema de aposentadoria (é uma glória para o ator conseguir atuar até morrer) e o aparecimento de novas escolas têm contribuído para saturar o mercado de trabalho e diminuído muito as perspectivas para quem se inicia nessa arte. Os atores, que normalmente atuavam como *freelancers*, agora percebem que sua grande chance nos dias de hoje se encontra em alguma trupe subsidiada por alguma escola que possa sedimentar sua carreira.

Meu professor de kathakali na Índia foi aluno durante 22 anos. Sua rotina era bem diferente de qualquer curso que costumamos fazer de segunda a sexta das 19 às 22 horas. O período de formação do ator kathakali e de outros estilos da Índia é extremamente rígido, com treinamento físico severo e diário de até doze horas por dia. Ele me contou que, ao final dos 22 anos em que fez seu aprendizado, lhe foi permitido deixar de ser aluno. Então tornou-se, a partir daí, "apenas" um ator principiante. Com isso queria dizer que havia apenas

[9] Apud A. Ribeiro, *Kathakali*, p. 55.

iniciado um novo percurso e que, nesse novo percurso, era apenas um iniciante. Grandes atores, como Ramakutty Nair, atingem sua plenitude artística aos cinquenta, sessenta anos. Não quero dizer que devemos copiar essa estrutura profissional. Porém, essa dedicação às artes cênicas deveria nos fazer refletir o quão difícil é o fazer teatral; a construção artística nos palcos é extremamente árdua.

Meu mestre de kathakali costumava dizer que Ramakutty Nair não era apenas o melhor ator de kathakali que já existiu; ele "era" o próprio kathakali. Sua foto estampa o belo e extenso compêndio *The Kathakali Complex* (O Complexo do Kathakali), escrito por Philip Zarrilli, em meados da década de 1980, tendo sido o primeiro livro publicado no Ocidente que descreve com a exatidão devida a formação e a técnica do kathakali. Além desse livro, havia apenas a descrição feita por Jerzy Grotowski e Eugenio Barba a partir do treinamento realizado com os atores de Grotowski na década de 1960. A utilização da técnica pelo grupo de Grotowski se dá após uma viagem de Barba à Índia, onde durante quinze dias observou e fez anotações sobre o treinamento físico dos alunos da escola Kalamandalam. Ao retornar à Polônia, repassou o que havia recolhido na Índia a Grotowski e o resultado é o que podemos deduzir a partir das poucas fotos e dos textos vagos de *Em Busca de um Teatro Pobre*.

Kalamandalam Ramakutty Nair, falecido em março de 2013, teve seu pai como único guru durante toda sua formação, iniciada aos sete anos de idade. Casos como esse, em que a formação de um ator se dá de pai para filho, são extremamente respeitados, pois se pode assegurar que ocorreu um treinamento mais severo que o normal, não obedecendo a nenhum tipo de prazo para o término dos estudos, como atualmente. A técnica refinada era uma marca registrada de Ramakutty Nair. Acabou se especializando em um tipo de personagem dentro do universo mitológico do kathakali, o kattí, um tipo bastante complexo e contraditório, que exigia a combinação de grande fisicalidade e extrema delicadeza.

Quando nos encontramos, eu tinha 27 e ele 67 anos. Ele afirmou logo de início que alguns professores de kathakali que ensinavam a estrangeiros na verdade "apenas jogavam poeira nos olhos desses alunos", querendo dizer que ensinavam uma técnica do kathakali traduzida, facilitada e, por isso, mais acessível a ocidentais apressados e sempre com muito dinheiro disponível.

LINGUAGEM

No kathakali, a arte do ator e sua formação técnica atingiram uma complexa e refinada estruturação, em que nada em cena é deixado ao acaso. Os atores, ao entrar em cena, seguem uma "partitura" estabelecida, a partir da qual podem elaborar sua interpretação, sem eliminar, no entanto, a possibilidade de improvisação dentro de certas molduras. Essa rígida padronização poderia fazer supor uma tradição repetitiva e desprovida de campo para a criatividade artística e subjetiva do ator. Mas não é o que ocorre. Assim como um pianista que interpreta uma partitura clássica, o ator identifica que essa moldura aparentemente rígida, ao contrário de ser uma prisão, o possibilita elaborar com liberdade cada nota a ser tocada. Atuando como intérprete dessa "partitura" extremamente elaborada, o ator atinge em seu trabalho altos níveis de detalhamentos. Seus sutis refinamentos expressivos são admirados em minúcias e por causa de suas minúcias.

Exatamente como um texto de uma peça é o mesmo quem quer que seja o ator ou uma partitura de uma música não varia conforme quem a toque, também não há razão para que uma linguagem cênica deva variar com vista a tirar vantagem da personalidade do ator. É a ação, não o ator, o essencial para a arte dramática.[10]

Nenhum pianista ou bailarino clássico poderia afirmar que sinta ser *imprescindível* romper a estrutura contida em uma partitura para que ele possa colocar em sua interpretação o seu traço subjetivo. A própria palavra "interpretação", aliás, inclui a ideia de uma leitura particular de algo previamente estabelecido.

NATYA, NRITTYA, NRITTA

Na definição do acontecimento teatral na Índia, costuma-se utilizar três termos para definir seus aspectos cênicos mais fundamentais. O primeiro, nritta, é a dança em seu sentido puro, em que o movimento abstrato busca a beleza em forma e ritmo, sem a necessidade de um significado para os movimentos. Diz respeito às peças que

---

10   A. Coomaraswamy, *The Mirror of Gesture*, p. 3.

não possuem texto ou significados específicos e constituem movimentos abstratos construídos com finalidade primordialmente estética, exaltando as habilidades físicas e técnicas do performer. Ela se concentra nos movimentos de dança abstrata, sem significados ou emotividades, em que a dinâmica e as formas do corpo são modeladas a partir do ritmo. Isso não quer dizer que nritta seja desprovida de sentido. Algumas danças são executadas ao início ou ao final de uma performance como forma de garantir os auspícios divinos ou de agradecimento por suas benesses ao longo da representação. No kathakali, encontramos apenas três coreografias desse tipo: o todhayam, o purappadu e o pakkudi purappadu.

O segundo aspecto é chamado de nrittya, e diz respeito ao movimento com sentido, combinado ao significado. Nrittya é o momento em que a dança busca sua expressão dramática. Para isso, utiliza-se de uma linguagem cujos códigos são rigorosamente determinados, principalmente na gesticulação (mudras) e na expressividade facial e corporal (abhinaya). Essa forma de linguagem codificada atinge graus de formalização comparáveis a qualquer idioma, podendo receber estudos de semântica e gramática como qualquer outro tipo de linguagem. Nrittya é a mais conhecida das formas cênicas clássicas da Índia. É nela que identificamos quando o ator modula seu corpo, deslocamento, rosto e mãos, combinados com a graça peculiar das danças indianas. O que normalmente se identifica como dança indiana é nrittya. Usualmente sua realização é obtida por atores solistas que mesclam, de maneira simbiótica, momentos de interpretação e dança em sua performance. O resultado não se assemelha em nada ao teatro-dança que conhecemos no Ocidente, mas antes a uma forma peculiar de movimentação e expressividade que rompe qualquer definição conhecida.

Natya é o terceiro aspecto e é nele que o elemento dramático assume nítida preponderância. Trata-se da representação dramática propriamente dita, quer dizer, ao mesmo tempo canto, dança, mímica expressiva, palavra, encenação. O kathakali é um ótimo exemplo de natya. Nele, a história contada assume um papel de relevo, ainda que a dramaturgia não seja fundamental para a performance. Vários atores dividem a cena, assumem personagens e contracenam. A possibilidade de dois ou mais atores surgirem simultaneamente sobre o palco pode fazer o kathakali "parecer" mais teatral, segundo o padrão mais tradicional do que chamamos Ocidente. Em cena, os atores do kathakali delineiam uma formalização cênica mais próxima do que identificamos como teatro, baseada no diálogo e no conflito. Essa disposição de vários atores sobre o palco implicaria, a princípio, em uma definição de personagens ou papéis e suas interações, o que também corroboraria essa aproximação a esse "padrão teatral" ocidental. Mas as aproximações não vão muito mais longe do que isso. A construção das personagens não obedece a nenhum método similar ao teatro ocidental. A construção de sua natya, além de depender fortemente da técnica física do ator, é baseada preponderantemente no "papel" do personagem, nas forças motrizes que regem seus impulsos. Essas forças não estão submissas à lógica comum e resistem às classificações de bem e de mal. O kathakali, assim, afasta o componente psicológico da construção de suas personagens e as faz moverem-se a partir de forças míticas e baseadas sobre os valores morais que guiam as personagens de sua mitologia.

O momento de cada ator em cena é definido pela "partitura" tradicional e é autônoma das outras partituras. Cada partitura é aprendida, separadamente, ao longo dos anos formativos em sua escola. Todos os atores, logo ao completarem sua formação, sabem, com precisão, todas as sequências cênicas de todas as personagens, de todas as peças tradicionais do kathakali, mesmo aquelas feitas em diálogo com outros atores em cena. Portanto, cada ator não apenas domina a sequência que está interpretando, mas também conhece, em detalhes, a sequência de seu parceiro de cena.

O jogo do ator inclui pequenas adaptações sobre o que ele conhece da sequência do outro ator com as diferenças impostas por esse parceiro de palco. Além disso, o ator em cena deve não só interpretar o texto, mas introduzir a plateia na atmosfera da história e reconstruir, com seus próprios movimentos, o ambiente em que se desenrola a ação. Suas reações não provêm necessariamente de outro ator, mas primordialmente do texto que está narrando. Isso faz com que ele assuma um duplo papel: o ator ao mesmo tempo que constrói a vida subjetiva da personagem também deve criar a circunstância em que essa personagem se encontra.

O JOGO ORIENTAL

Ao contrário de outros estilos de teatros clássicos da Índia, como bharata natya, kathak, mohiniyattam, odissi, cujas performances são realizadas por um único intérprete, no kathakali vários atores atuam ao mesmo tempo em cena. Nos estilos solos, aquele que atua é, *a priori*, um narrador, que passa de uma personagem a outra. No kathakali, na grande maioria das vezes, não existe um narrador, e o ator representa uma única personagem contracenando com outros atores, podendo reagir a eles. Eu digo "na grande maioria das vezes" porque existem peças solos de kathakali, em que o ator narra e vive o drama simultaneamente. Porém, nesse caso, ao entrar em cena, o ator não se apresenta como uma presença neutra, como ocorre no mohiniyattam, por exemplo. Ele surge vestido e maquilado de acordo com um tipo, portanto, investido de uma personagem, e essa personagem traz em si a possibilidade de narrar. No fundo, trata-se da mesma estrutura de natya, com a simples diferença de ser desdobrado em uma performance solo.

O ator atua, portanto, consciente da ideia de elaboração subjetiva de uma personagem, o que propicia um aprofundamento das possibilidades e nuances de sua interpretação. Poderíamos supor que o caráter "épico" que se vê nos estilos solos de teatro da Índia não existe no kathakali. Contudo, isso também não é verdade. Ainda que se invista de uma personagem, o ator é consciente de um jogo épico, de distanciamento do que está criando em cena e de seu jogo não apenas com outros atores, mas com todos os elementos presentes no palco.

O intrincado jogo entre ator e personagem é mais uma das peças daquela engrenagem da qual falamos que constrói a teatralidade especial do kathakali. O ator deve não só interpretar o texto, mas introduzir a plateia na atmosfera da história e reconstruir, com seus próprios movimentos e gestos, o ambiente em que se desenrola a ação. Ele reage aos outros atores em cena e à circunstância que ele mesmo cria com seu texto, o que faz com que ele assuma um duplo papel: o ator, ao mesmo tempo que constrói a vida subjetiva da personagem, também deve criar a circunstância em que essa personagem se encontra, e como ela reage a essa circunstância. Por exemplo, ele pode descrever a floresta em que a personagem está para, em seguida, demonstrar como foi sua reação ao adentrar nessa floresta. "Para nós, a descoberta desse teatro em sua função original, a sua permanência e inovação constante, é uma maneira de recuperar, pelas emoções ardentes de seus heróis e heroínas, o sabor intacto, mas talvez esquecido [...], de outra percepção."[11]

Com o foco em apenas uma personagem, o trabalho do ator no kathakali se aproxima, nesse aspecto, da técnica do ator ocidental, permitindo a ele investigar sua personagem com especificidade. Aos poucos, ao longo de sua trajetória, os atores acabam se especializando em apenas um ou dois "tipos", às vezes em uma ou duas personagens, que por vezes só aparecem em uma ou duas peças, as quais ele irá repetir *ad infinitum* nos inúmeros espetáculos em que tomará parte na sua vida profissional.

Existe outro intrigante artifício teatral dentro do jogo cênico do kathakali. Enquanto seu antagonista atua, o ator pode, se necessitar, "ausentar-se" em cena para lidar com algum problema ou inadequação, seja no palco, no figurino, com os músicos etc. Se, por exemplo, algo de seu figurino ou maquilagem se desarranja, ele pode utilizar o tempo em que o outro ator está falando seu texto para ir a um camarim imaginário e arrumar aquele elemento, à vista da audiência. Estando presente ao espetáculo em Querala – como estive muitas dezenas de vezes –, e observando atentamente, notei que esse "ausentar-se" do ator não desperta nenhuma atenção ou curiosidade por parte do público, que entende imediatamente o código de que o ator naquele momento "está em cena mas não está atuando". Ao contrário de representar uma quebra no jogo entre os atores, esse recurso termina por reforçar o jogo teatral. E o ator retorna ao jogo como se nada tivesse acontecido.

RAMA

Esse aspecto natya do kathakali, em que os atores em cena assumem personagens e dialogam entre si, estimulou a especialização dos atores. Alguns deles se tornam célebres por sua habilidade se não em uma personagem, pelo menos em alguns "tipos" existentes. É muito comum que um ator se especialize, por exemplo,

---

11 M. Salvini, op. cit., p. 23.

em personagens com a aparência "Barba Vermelha". Sob essa "máscara" (maquilagem, figurinos, sons emitidos, qualidades de movimentação e gesticulação etc.), podem surgir sobre a cena as personagens com qualidades, digamos, mais "negativas", que terminam por se tornar grandes vilões. O exemplo mais conhecido é Dushássana, o segundo dos irmãos Kauravas, inimigos dos heróis do *Mahabharata*, os Pandavas. Dushássana é o mais terrível e, ironicamente, o mais lindo de todos os Kauravas. Ele comete as maiores injúrias que levarão à grande guerra do *Mahabharata* e a seu desenlace trágico. No entanto, ao final da epopeia, Dushássana, Duryodhana, seu irmão mais velho, e todos os seus outros 98 irmãos, recebem dos deuses um lugar privilegiado, após suas mortes, pois haviam agido diligentemente segundo seu dharma.

Apesar de evidenciar a construção de uma personagem, a relação entre ator e sua criação não é de confusão, de comunhão, tão comum no teatro realista, em um processo comumente definido como personificar ou "encarnar" a personagem. O imiscuir-se entre ator e personagem é claramente repudiado. No kathakali, a relação distanciada entre o ator e sua personagem é elogiável e se torna uma das chaves para a apreciação da potencialização teatral desenvolvida pela linguagem do kathakali. O processo é o mesmo que foi identificado por Brecht ao observar pela primeira vez a atuação de Mei Lan Fang, o célebre ator de teatro chinês, em Moscou, em 1935. Brecht afirma que Fang, durante sua atuação, "expressa sua consciência de estar sendo observado. [...] A plateia não pode mais ter a ilusão de ser um espectador impressentido de um acontecimento que está realmente acontecendo". Mas, acima de tudo, Brecht identifica a intencional artificialidade da construção do ator em cena e de seu esforço em se mover dentro de uma teatralidade definida a partir de sua própria presença redimensionada em cena: "Os atores abertamente escolhem as posições em que serão melhor vistos pela plateia, como se fossem acrobatas. Além disso, o ator observa a si mesmo"[12].

A aversão do kathakali à personificação, a essa confusão intencional entre ator e personagem, é descrita alegoricamente por uma lenda que conheci na Índia e é confirmada pelo professor Ferruccio Marotti em seu livro *Il volto dell'invisible* (O Rosto

---

12 B. Brecht, *Teatro Dialético*, p. 106.

do Invisível), no capítulo dedicado ao kathakali. Perto do vilarejo onde vivi, outro vilarejo chamado Thiruvilwamala possui um importante templo dedicado ao deus Rama. Durante uma festa desse templo, tomei conhecimento da lenda que fala sobre um espetáculo de kathakali realizado naquele mesmo lugar. Sua datação é descrita, como em todas as lendas, "há muito tempo", o que, como se sabe, pode significar um ano ou um século. O espetáculo era dedicado ao deus Rama, e o ator que atuava como o demônio Khara, grande inimigo do deus, foi tomado por um estranho furor em relação ao deus Rama, que começou a ser difícil distinguir onde estava o ator verdadeiramente. Suas ofensas ao deus se tornaram tão violentas e furiosas que assustavam a todos. Não parecia mais um ator e sim o demônio personificado. Sua movimentação e seus gritos com insultos a Rama se tornaram inumanos. Repentinamente, uma chama se desprendeu, como um raio, da lâmpada que delimita o palco, e atingiu o ator, fulminando-o. Ficou claro para todos que se tratava de uma ação do próprio deus Rama. O ator havia transposto uma fronteira indevidamente e teria sido castigado. Assim diz a lenda. Além da moral hindu que aponta para o "sacrilégio" que significa um desmerecimento proposital da figura impoluta do deus Rama, que no hinduísmo simboliza simplesmente a conduta do humano perfeito, a lenda também indica uma reprovação severa, dentro do universo teatral, a esses "transbordamentos", a esse imiscui-se, a essas encarnações do ator em personagem.

MÁSCARAS

Uma pergunta usual a respeito dos espetáculos kathakali é se o ator faz uso de máscara. Depende do que entendamos como máscara. A palavra "máscara" aceita muitas interpretações. Se por um lado não há nenhum objeto aderido à face dos atores, não se pode deixar de identificar naquela peculiar desorganização intencional das formas do rosto uma busca de mascaramento. Esse mascaramento, no fundo, faz parte do grande esforço de desumanização que, não apenas o kathakali, mas todas as formas tradicionais de teatro da Ásia buscam em suas estéticas. Durante sua evolução, o kathakali utilizou-se de máscaras para algumas personagens, até descobrir que o rosto humano poderia ser mais eficaz como agente expressivo e as aboliu por completo. No entanto, algumas tradições "irmãs" do kathakali em Querala, como o kutyiattam e o krishnattam, ainda possuem personagens com máscaras. A decisão de em que momento a máscara deve desaparecer ou permanecer é coberta de elementos insondáveis, pois tanto um caminho quanto o outro apontam para soluções extraordinárias. Mas a existência da máscara, enquanto objeto em si, é extraordinária por si só.

Essa bizarra representação de um rosto humano, muitas vezes desumanizado, carrega em si uma intuição imorredoura de revelação de algo oculto e ancestral a nós mesmos, e, ao mesmo tempo, eternamente urgente. [...] A percepção de transcendência proporcionada pela máscara é tão antiga quanto o ser humano. A existência da máscara é evidência inegável dessa intuição. Um rosto que, uma vez concretizado como objeto, exterior ao indivíduo, dialoga com ele. E o revela, de maneira mais profunda. De uma maneira cósmica, como parte atuante de um "todo" universal. Um objeto que nos sussurra que não nascemos para apenas sobreviver, expiando o fato de estar vivo em um cotidiano gris, mas para buscar a comunhão com o Universo. E depois de um curto espasmo de tempo de vida, gloriosamente desvanecermos, assim como todo o resto.

Quanto mais imbuído da dissimulação, mais profundo o jogo e maior o potencial expressivo de seu mascaramento. Atuando nos extremos das ambiguidades do ser, a máscara instaura o ser humano como um projeto, pois oferece um campo de jogo para a eterna intuição humana de desdobramento, de devir. A máscara é uma alternativa que expõe todas as outras possibilidades de ser, explicitadas nitidamente, por exemplo, durante o Carnaval. Ela é uma seta que aponta para o futuro e para tudo o que podemos ser, fazer e construir, ultrapassando as questões mais simplistas sobre fingimentos e sinceridades, verdades e mentiras. A máscara faz dançarem e conviverem todas as ambiguidades. Sua ação é compassiva e solidária à nossa humanidade. A maior dessas ambiguidades, a última de todas as ambiguidades, é o eterno convívio e afrontamento entre vida e morte, no fundo o gatilho principal desse jogo. Percorrendo e revelando ambiguidades e profundidades do ser humano desde suas origens mais remotas, a máscara trafega entre o território natural e o sobrenatural, nesse cenário onde a protagonista é a morte.[13]

A pergunta inicial reproduz, de certa maneira, a questão colocada sobre o enigma do Über-marionette proposto por Gordon Craig em 1907. Afinal, Gordon Craig se referia ou não a um boneco? A imagem do rosto do ator no kathakali poderia ser definida

---

13   A. Ribeiro, *Gordon Craig: A Pedagogia do Über-marionette*, p. 52.

como uma máscara ou não? A resposta para ambas as perguntas é a mesma: "Pode ser!" Assim como a beleza do enigma de Craig reside em ter conseguido formular uma questão que fosse eterna, o tema da máscara no kathakali também se coloca dessa maneira. Se o kathakali abandonou a utilização da máscara em dado momento de sua evolução, como podemos afirmar que ele ainda a use? Pois é isso mesmo, são as duas opções simultaneamente: o kathakali aboliu a utilização das máscaras justamente para assumir outro tipo de mascaramento, um mascaramento facial, em que a expressividade do rosto humano é potencializada ao máximo. Nesse sentido, seu esforço é reconhecido como o mais bem-sucedido dentro do universo teatral da Índia.

O ROSTO DO KATHAKALI

Essa intensa busca por uma nova expressividade não é invenção do kathakali. Se observarmos toda sua "ascendência" teatral milenar – teyyam, kuttu, kutyiattam, krishnattam –, poderemos ver nesses grandes antepassados os rudimentos dessa verdadeira espetacularização da figura humana em cena – e não do ator –, em que o kathakali culmina.

A expressividade facial se tornou uma característica muito singular do kathakali. Por obra de um longo e rígido treinamento muscular da face, os atores são capazes de um altíssimo grau de expressividade facial, "esculpindo", com extrema precisão, nuances mínimas em seu próprio rosto mercê de um absoluto controle dos músculos. O ator kathakali, dispensado do uso da voz, tem disponível toda a musculatura do rosto para a composição dessas "máscaras" precisas e de grande riqueza de nuances. O ator é submetido desde a infância a um treinamento que busca controlar cada músculo do rosto, e ultrapassar os estereótipos mímicos. Existem nove expressões faciais básicas no kathakali, oito delas definidas pelo *Natya Shastra*. Falaremos sobre elas mais adiante.

Os olhos recebem atenção especial nesse longo processo de treinamento expressivo do ator, com arsenal de exercícios específicos feitos no início da rotina diária de treinamento dos alunos. Um trabalho exclusivamente muscular, auxiliado pela aplicação de ghee diretamente na superfície do globo ocular, busca em primeiro lugar desvincular a atividade muscular dos olhos, da ação de "ver". O resultado é a espantosa abertura, controle e expressividade conseguida pelos atores com seus olhos.

MAQUILAGEM

A maquilagem do kathakali está entre as mais complexas do mundo. As cores no rosto do ator não são uma simples decoração; elas informam ao público as principais características das personagens. Feitas de pós e pedras especiais macerados e misturados em óleo ou água, as tintas são preparadas muito antes do início do processo de maquilagem. Amarelo, azul, vermelho, branco e preto são as cores básicas. A partir delas todas as outras são criadas por meio de misturas em proporções exatas. As cores devem ser colocadas no rosto a partir de pontos específicos e sutis da anatomia facial de cada ator.

Como vimos, os malayalis aprenderam a lidar, desde suas origens, com povos de diferentes partes do mundo. Mesmo tendo como razão principal o comércio, também aconteciam intercâmbios no âmbito cultural. Supõe-se que a maquilagem das artes dramáticas de Querala seja o resultado de um contato intenso entre a cultura malayali e a chinesa. Tal influência, de difícil comprovação, aponta para um refinamento na maquilagem que, de fato, aproxima as tradições teatrais de Querala do teatro chinês, e o afasta, de forma relativa, das outras formas de teatro de seu próprio país. Alguns outros traços dessa interação entre a cultura de Querala e a da China são encontrados em pequenos detalhes da arquitetura de Querala e da culinária, por exemplo. Mas o traço mais evidente aparece nas redes empregadas na pesca marítima em Querala, distintas das utilizadas em toda a Índia e similares às usadas na China. Essas redes, de fato, fazem da costa do estado um panorama único na Índia e é um de seus cartões postais.

TCHÚTTI

O tchútti é o elemento mais importante e visualmente mais peculiar da complexa maquilagem do kathakali. O tchútti é uma verdadeira escultura feita em papel e pasta de arroz que contorna a face do ator, dando-lhe imponência e fazendo com que as expressões pareçam saltar do rosto. Esse papel é fixado por sucessivas camadas de pasta de arroz, que secam uma após outra, num trabalho artesanal, paciente e delicado. Até a primeira metade do século xx, o papel ainda não era usado e o tchútti era construído exclusivamente com sucessivas e infindáveis camadas de pasta de arroz. Os profissionais dessa arte, os chamados "artistas de tchútti", recebem formação de quatro anos na escola Kalamandalam, com treinamentos diários.

A meticulosidade nesse trabalho é uma obrigação, não importando a relevância da ocasião ou da personagem. O ator se deita no chão e entrega seu rosto ao artista de tchútti, que pode levar até três horas para completar seu trabalho. O ator geralmente aproveita esse tempo para relaxar, concentrar-se e, por vezes, até dormir. Uma vez pronto, o ator não deverá mais mover sua boca; um pequeno movimento facial equivocado poderia desmontar todo o trabalho elaborado em seu rosto. Mesmo depois de secar a pasta que prende o tchútti ao rosto, o ator evita comer, beber ou falar.

A maquilagem se completa com a cor vermelha dos olhos, conseguida com a semente de uma flor chamada tchundappú, colocada dentro das pálpebras. Movimentando seus olhos fechados por alguns segundos, o ator faz com que a semente solte uma tintura vermelha, inofensiva aos olhos, mas de grande efeito visual. Seu efeito desaparece completamente após quatro ou cinco horas.

RASA

O conceito de rasa é um dos mais importantes dentro do estudo da estética da arte indiana. Complexo, ele está presente no estudo de todas as linguagens artísticas da Índia. Muitíssimos pesquisadores importantes debruçaram-se longamente sobre esse tema. O assunto toma maior gravidade quando se fala de um conceito que serve para toda a milenar história da cultura artística indiana. Tentarei humildemente fazer uma aproximação inicial a esse tema tão delicado, mas que sem o qual não é possível compreender a totalidade do significado da ação artística na Índia.

A palavra rasa, traduzida literalmente, quer dizer "sabor" ou "deleite", no sentido do prazer estético despertado no observador pelo artista. Segundo o *Natya Shastra*, a arte do ator deve ser apreciada pela habilidade com que ele constrói o rasa (experiência específica do espectador) por meio de abhinaya (expressividade, logo, experiência específica do ator). A pessoa capaz de cultivar o bom gosto de apreciar e se deleitar apropriadamente com "os sabores" artísticos é conhecida como rasikas. A experiência de um rasika é, em teoria, diferente da do espectador comum, pois além de fruir do rasa construído, o rasika simultaneamente tem a capacidade de admirar os elementos que o ator conjugou para consegui-lo.

Em seu capítulo sobre os atores, o *Natya Shastra* prevê o treinamento da habilidade em poder criar uma emoção naqueles que assistem à performance, sem implicar em envolvimento emotivo do performer: "A exibição de sua arte é completamente independente de suas condições emocionais, e se ele é movido pelo que ele representa, é movido como espectador, e não como ator."[14] O *Natya Shastra* preconiza também a obtenção da mestria das técnicas de atuação em cena e de sua utilização consciente durante a representação por meio de um longo e rígido processo pedagógico: "O ator perfeito possui o mesmo calmo e completo controle dos gestos que um ator-manipulador possui sobre os movimentos de seus bonecos."[15]

Bharatha Iyer define rasa dissociando "sentimento" de "emoção": "Amor é uma emoção, sringáran é um sentimento (rasa). As emoções que existem nos atores se desenvolvem em sentimento no espectador. O sentimento é diferente das emoções normais, ele é genérico e desinteressado, enquanto a emoção é individual e imediatamente pessoal."[16] Rasa, portanto, é o sentimento despertado no espectador pelo ator.

As nove expressões faciais encontradas no kathakali são denominadas nava rasa, pois definem os nove rasas básicos que a tradição estabeleceu. São eles (com suas traduções livres): 1. Sringáran (amor – mas também o prazer, a felicidade, do sentimento de amor); 2. Rássiam (desprezo irônico); 3. Karúnan (tristeza ou compaixão); 4. Víran (heroísmo); 5. Roúdra (Ira ou fúria); 6.

---

14 A. Coomaraswamy, op. cit., p. 4.
15 Ibidem.
16 K.B. Iyer, *Kathakali*, p. 83.

Bhayánakam (medo ou angústia); 7. Bíbhetsan (asco, ou ainda alguma qualidade terrível, como a de um animal, por exemplo); 8. Ádbhutan (encantamento) e 9. Shaándam (serenidade, paz). O *Natya Shastra* define em seu texto apenas oito dessas expressões. A nona, shaándam, foi acrescida posteriormente à tradição teatral.

TIPOS

No kathakali, as personagens são divididas em "tipos". A divisão de personagens em "categorias" não implica em nenhuma hierarquização e se assemelha, com certa benevolência, à tipificação definida pela *Commedia dell'Arte*, com suas "máscaras". O aparecimento de cada "máscara" na *Commedia dell'Arte* ou no kathakali em cena não define uma personagem, mas indica um elenco de características particulares. Cada "tipo" possui um figurino e uma maquilagem específicos, que indicam as principais características de comportamento e caráter sob os quais diversas personagens podem aparecer. Os principais "tipos" são (com o nome em tradução livre):

1. Paxá (Verde): A cor verde predomina na maior parte do rosto, indicando qualidades positivas. Aparecem como paxás o deus Krishna e os cinco irmãos Pandavas, heróis do *Mahabharata*;

2. Kattí (Faca): A cor verde se alterna com traços em vermelho, representando as personagens heroicas que apresentam ao mesmo tempo aspectos negativos. Essa maquilagem recebe esse nome por possuir um bigode vermelho em forma de faca. Costumam emitir esporádicos sons roucos com a voz;

3. Tchouvanna Taddi (Barba Vermelha): A cor vermelha domina na maquilagem desse tipo, indicando sua total negatividade, com características perversas e maléficas. Carregam uma larga barba vermelha estilizada abaixo do queixo e emitem altos urros durante sua atuação;

4. Vella Taddi (Barba Branca): maquilagem utilizada exclusivamente pela personagem Hanuman, o deus-macaco, devoto de Rama no épico do *Ramayana*. Tons de vermelho e preto se misturam em seu rosto, junto com a barba branca. A ponta de seu nariz é verde, demonstrando sua tendência ao bem;

5. Karúta Taddi (Barba Negra): Personagens selvagens e aborígenes, suas faces são completamente negras. Não são positivos

nem negativos, pois não podem ser definidos conforme esses parâmetros, podendo agir das duas maneiras sem agravo à sua personalidade. Possuem uma flor branca na ponta do nariz, uma coroa de longas penas de pavão se abrindo para o alto e emitem sons agudos. Existe também um subtipo, Kari, especialmente para personagens femininas repulsivas, como demonessas. Seu aspecto bizarro é realçado pela presença de grotescos seios postiços;

6. Minúkku (Radiante): Personagens femininas e de aparência humanizada, com maquilagem apenas estilizando suavemente as linhas e cores naturais do rosto. Também designa a maquilagem das personagens brâmanes, em que apenas uma barba postiça se soma a maquilagem que apenas reforça os traços humanos.

UMA CENOGRAFIA EM MOVIMENTO

Eugenio Barba, em seu *A Arte Secreta do Ator*, afirma que algumas formas de teatro asiáticas engendraram, em seu desenvolvimento, o que ele definiu como cenografia em movimento sobre a figura do ator. O kathakali é exemplo perfeito dessa curiosa definição. Barba não se referia, obviamente, a um conceito tradicional de cenografia, como ambientação da cena teatral. De fato, a ausência intencional do que reconhecemos como cenário faz parte do esforço estilístico no desenvolvimento do kathakali de sublinhar a singular teatralidade de seu ator em cena, a sua capacidade de "criar universos" a partir de sua simples presença no palco.

Assim como chamaram de cenografia verbal a habilidade de Shakespeare para reconstruir lugares com palavras e, com elas, trazer novamente à vida as atmosferas que caracterizam seus dramas, também existe nos teatros orientais uma cenografia em movimento representada pelo figurino do ator.[17]

Associado à maquilagem, a imponente indumentária também faz parte do esforço do kathakali em desumanizar a figura do ator. O majestoso figurino do kathakali é composto por dezenas de peças de madeira, couro e pano, de diferentes tamanhos, cores e texturas. Muitos de seus detalhes são quase imperceptíveis ao

17 E. Braba; N. Savarese (orgs.), *A Arte Secreta do Ator*, p. 42.

espectador comum. A elaboração do figurino obedece ao ideal estético indiano, em que o belo é composto de uma furiosa profusão de cores e formas. O kathakali requer do espectador uma apreciação calma e desapressada de todos os seus aspectos visuais. Essa demanda temporal do observador é característica de toda a arte tradicional indiana. O amor pelo detalhe, uma espécie de afã barroco, parece concretizar a intuição estética indiana de uma contínua e dinâmica renovação na apreciação da obra de arte pelo observador. Essa estética feérica presente nas artes tradicionais indianas e, com particular esplendor, na indumentária do ator kathakali, parece traduzir simbolicamente o próprio caleidoscópio cultural da Índia.

Um elemento de grande importância do figurino do kathakali é a kirida, a coroa dourada ostentada por algumas personagens. Entalhada em madeira maciça, sua imponência é ponto central na desconfiguração da silhueta humana do ator em cena. O tempo de ajustá-la sobre a cabeça momentos antes de entrar em cena recebe uma atenção especial. O ator a retém em suas duas mãos e, de olhos fechados durante alguns segundos, faz uma oração. Entre os incontáveis ornamentos da kirida podem ser encontrados trabalhos em prata, pedras semipreciosas e outros detalhes esculpidos com talos das penas de pavão.

Existe uma lenda sobre a criação do majestoso e solene figurino do kathakali. Conta-se que Kaplingat Nambudiri, um brâmane ligado à corte do Zamorin, após ter ajudado a definir vários aspectos da dança, meditava sobre a roupa adequada para vestir os deuses e representar suas paixões. Tendo orado a Krishna e pedido auxílio para esse intento, repousava na areia de uma praia durante o anoitecer. Subitamente, o deus Krishna, atendendo a seu pedido, concedeu-lhe uma visão e, de dentro da escuridão da noite, fez emergir enormes figuras vestidas com grande aparato e riqueza, que dançavam sobre as águas do mar. O brâmane entendeu que aquela visão só poderia ser um sinal do deus Krishna. Aquelas figuras mostravam a aparência exata desejada por Krishna. Kaplingat se esforçou para registrar em sua memória todos os detalhes de tão rico vestuário. No entanto, o mar estava muito agitado àquela hora e não se podia ver abaixo do nível das saias, que balançavam sobre as sucessivas ondas. Ao retornar ao palácio, Kaplingat conseguiu imprimir às saias do figurino aquele doce balançar das ondas. Mas para quem lhe perguntava o porquê da falta de adereços nas pernas dos atores, a despeito da profusão de detalhes acima do joelho, ele respondia que as ondas do mar, por vontade de Krishna, determinaram assim.

MARIONETIZAÇÃO

A figura em cena do ator kathakali é tão absolutamente desumanizada, que infalivelmente remete à analogia de bonecos manipulados por fios invisíveis, que se movimentam agindo como marionetes superdotadas. A relação de descendência direta entre o teatro de bonecos e o teatro de atores é uma possibilidade que assume grande viabilidade ao se observar as silhuetas dos atores kathakali em cena. Nessa silhueta não se encontra nenhum traço de humanidade, destruindo qualquer pretensão mimética e assumindo uma teatralidade grotesca e sublime. Grande parte desse processo de desumanização é elaborado pelo figurino e pela maquilagem. O majestoso figurino do kathakali é composto por dezenas de peças de madeira, couro e pano de diferentes tamanhos, cores e texturas. Muitos de seus detalhes são quase imperceptíveis ao espectador comum. A elaboração do figurino obedece ao ideal estético indiano, em que o belo é composto de uma exuberante profusão de cores e formas.

Outro aspecto marcante do figurino, e componente importante na desumanização da figura do ator em cena, é a volumosa saia que durante a performance assume um movimento ondulatório. Sob o belo pano pregueado, se escondem de quarenta a cinquenta pedaços de algodão extremamente engomados, dobrados e amarrados fortemente à cintura, que fazem a saia expandir em uma bela circunferência ao redor do ator. Longas unhas de prata são anexadas às pontas dos dedos da mão esquerda do ator. Uma tala de couro com guizos é atada às pernas e vão compor também sonoramente o espetáculo. O peso total do figurino de kathakali pode chegar a quinze quilos.

Vem à minha memória o Über-marionette, a supermarionete de Craig, o mito do ator perfeito, capaz de expressar tudo apenas com o movimento de seu próprio corpo, sem auxílio das palavras e sem concessão às emoções provocadas pelo drama. Mas ao mesmo tempo, contraditoriamente, me dou conta de quanto os mitos ocidentais do Über-marionette, instrumento dócil e perfeito nas mãos do encenador criador, o do *comédien désincarné* de nossas vanguardas históricas, no qual os tremores da carne dão espaço à beleza evanescente da essência do ator, estão longe da realidade desses atores cuja carne, tendões, nervos e ossos interagem com um organismo total, permitindo ao corpo tremer e vibrar como desprovido de esqueleto ou bloquear-se de maneira poderosamente tesa como uma pedra.[18]

O kathakali atinge com sucesso o objetivo de desumanizar completamente a figura humana em cena. Na silhueta do ator em cena, não se encontra nenhum traço de humanidade, destruindo completamente qualquer pretensão mimética e assumindo uma teatralidade grotesca e sublime. Em cena, são como enormes, magníficos bonecos regidos por uma mão invisível. E se movem e agem como marionetes superdotadas. Essa marionetização do ator nos leva inevitavelmente a Gordon Craig e sua utopia sobre o Über-marionette, na qual ele reivindica a abolição do ator em cena: "O ator deve desaparecer e em seu lugar surgir a figura inanimada, o Über-marionette; podemos chamá-la assim, até que tenha conquistado para si um nome melhor."[19] No fundo, Craig clamava por um ator liberto dos ventos do ego e detentor das técnicas e habilidades referentes a seu ofício: "E é isso o que quero que os atores façam, alguns atores, os maus atores, quando eu digo que eles precisam se afastar e que o Über-marionette os substitua. [...] O Über-marionette é o ator mais fogo, menos egoísmo: o fogo dos deuses e dos demônios, sem a fumaça e o vapor da mortalidade."[20] Poderíamos afirmar que a estética do kathakali é baseada em um "mascaramento total" da figura do ator.

O apagamento da figura humana em cena oferece a possibilidade de uma formação atoral desprendida de um reconhecimento individual. No entanto, completamente apagados e incógnitos por detrás de suas faces esmaltadas, os atores e sua arte são, paradoxalmente, o coração do teatro kathakali, seu foco principal, o objetivo estético último, e a eles, seus atores, o kathakali dedica todas as suas severas elaborações e benesses.

---

18 F. Marotti, *Il volto dell'invisibile*, p. 145.
19 E.G. Craig, *On the Art of the Theatre*, p. 34.
20 Ibidem, p. XXII.

O princípio de criar contradições em seu próprio corpo, fazendo dele esse território de embates de opostos, é uma característica que pode ser encontrada em quase todas as formas cênicas clássicas do mundo, que chegaram a pontos semelhantes seguindo caminhos por vezes bastantes distintos. O corpo do ator parece não obedecer a um fluxo único, mas a diferentes estímulos que o levam a lugares e direções inesperadas e surpreendentes. Essa reconstrução extremamente vetorizada e tensionada do corpo do ator faz parte do processo comumente chamado de marionetização. Trata-se de uma das características mais marcantes da estruturação, não apenas do teatro da Índia, mas de todas as formas teatrais asiáticas. Sua composição em cena somente se torna possível por um refinado domínio do corpo e de suas mecânicas psicofísicas, ou seja, após um árduo e específico treinamento físico.

KUTYIATTAM: A ANCESTRALIDADE DO KATHAKALI

Em um curioso processo de desenvolvimento, etapas da evolução do teatro clássico de Querala, ao contrário de se sobrepor e anular as "etapas" anteriores, se justapõem, formando um verdadeiro museu vivo do teatro, onde se pode observar, ainda hoje, as diversas etapas e ramificações do desenvolvimento da arte teatral de Querala.

Pode-se dizer que a grande raiz de todas as formas cênicas de Querala tenha sido o kutiyattam. Surgido por volta do século VIII, o kutiyattam foi declarado, em 2001, patrimônio universal da humanidade pela Unesco. Seus atores mantêm a antiga tradição de recitar o texto de sua dramaturgia (em sânscrito) durante a atuação. O kutyiattam representa a fusão de dois eixos formativos desse processo.

O primeiro eixo é constituído pela influência da cultura do povo árico, que invadiu a Índia durante os séculos VI e VII d.C., e pode ser observado no privilégio dado aos saberes brâmanes, como, por exemplo, o uso do idioma sânscrito. O sânscrito é uma espécie de latim da Índia, raiz de quase todos os idiomas falados no país. Assim como o latim, caiu em desuso e atualmente seu estudo é restrito à casta dos brâmanes, que são aqueles que têm a função de interpretar as escrituras tradicionais sagradas, todas escritas em sânscrito. Desde a infância, os filhos dos brâmanes são iniciados no estudo do sânscrito, e o conhecimento desse idioma tão intimamente relacionado à religião hindu é uma de suas características definitivas. Além disso, a forma dos textos em poesia remete ao estilo usado nos textos tradicionais como os *Vedas*. A ascendência dos brâmanes na formatação do kutyiattam é nítida e buscava manter o *status quo* da casta.

O segundo eixo é a raiz fortemente ritual dos costumes e cerimônias do sul da Índia, de cultura dravídica, pouco afetada pela onda ariana que varreu o país a partir do norte. Os aspectos ritualísticos podem ser identificados em sua visualidade feérica, uma qualidade de movimentação bastante característica da cultura corporal do povo de Querala, e nas dinâmicas que regem o ritual que antecede, guia e encerra uma performance de kutyiattam.

Portanto, o kutyiattam pode ser definido como a matriz mais primordial enquanto formalização final de uma linguagem cênica. Ancestrais historicamente anteriores ao kutyiattam, como o kuttu, teyyam e mutiyettu, não parecem ter alcançado, em sua linguagem performativa, a harmonia linguística atingida pelo kutyiattam, além de não possuir a combinação de eixos estruturantes própria do kutyiattam. Os estilos teatrais desenvolvidos após o kutyiattam seguem padrão híbrido ora pendendo mais para um ora mais para outro dos dois eixos de influência: árico ou dravídico.

O kutyiattam, assim como o kathakali, é uma arte praticada, por tradição, exclusivamente por homens. O kutyiattam abre exceção para que os poucos papéis femininos que possui sejam interpretados por mulheres. Uma única família, Nangyar, da casta dos guerreiros, fornece as atrizes para o kutyiattam. Essa pequena, mas sólida tradição cênica feminina, mantém-se até os dias de hoje no kutyiattam, e participou ativamente na estruturação definitiva do mohiniyattam.

KALAMANDALAM

A Kerala Kalamandalam Government School é a principal escola de kathakali do país e foi criada em 1920, no vilarejo de Cheruthuruthy, pelo poeta Vallathol Narayana Menon, com o objetivo de resgatar e divulgar as artes cênicas de Querala. Kalamandalam significa "Academia de Artes" e, de fato, a escola se tornou um bastião para todas as formas tradicionais de teatro e dança de Querala. Por ser uma escola governamental, a Kalamandalam obedece a orientação secular do governo da Índia e está proibida por lei de qualquer discriminação de religião, casta, sexo ou nacionalidade. A Kalamandalam oferece diversos cursos de formação artística: preparação de atores para kathakali ou kutiyattam; formação de dança para ottamthullal, mohiniyattam ou bharata natya; formação profissional de maquilagem e confecção de figurinos de kathakali; e formação de músicos para todos os tipos de canto e instrumentos de cada estilo de dança ensinado na escola. Para cada especialização, a média de duração do curso é de quatro anos. Exceto para a formação de ator em kathakali ou kutiyattam, que toma oito anos de curso, e para músico do principal tambor da orquestra de kathakali, o tchenda, que submete o aluno a seis anos de estudo. Para esses cursos, existe a possibilidade de dois anos extras de aperfeiçoamento.

Em suas kalaris (salas de treinamento) se formam novos artistas para quase todos os estilos de dança clássica, mas também das artes semiclássicas de Querala. O termo semiclássico é bastante usado na Índia para designar as manifestações que não são folclóricas ou rituais e também não chegam a apresentar a refinada elaboração das formas clássicas. As danças semiclássicas possuem estruturas de linguagem e uma codificação elaborada, ainda que de modo incipiente, o que as afasta das manifestações folclóricas e, ao mesmo tempo, não as eleva ao patamar das outras tradições clássicas. Um exemplo famoso de dança semiclássica de Querala é o ottamthullal.

O prestígio e a excelência de seus atores acabaram por determinar um estilo próprio da escola, imitado pelas outras instituições. A trupe da escola Kalamandalam costuma reunir os nomes mais representativos – tanto os que já fazem parte da história quanto aqueles em atividade – da arte do teatro kathakali: Kalamandalam Krishnan Nair, Kalamandalam Ramakutty Nair, Kalamandalam Padmanabhan Nair, Kalamandalam Gopi, entre outros.

Se dividirmos Querala em três partes, norte, centro e sul, para cada região teremos um estilo diferente de kathakali. Os estilos do centro e norte possuem grande semelhança e são conhecidos como "estilo Kalamandalam". Já no estilo do sul encontramos diferenças significativas. Segundo os atores de estilo do norte, o estilo do sul não conservou sua pureza, tendo feito concessões na forma, buscando maior aceitação popular. E aqui reencontramos a velha rivalidade entre norte e sul, a mesma que originou a criação do ramanattam e, posteriormente, o kathakali.

A Kerala Kalamandalam se tornou sinônimo de resistência artística em Querala e não poupou esforços para construir um teatro que seguisse rigorosamente as indicações do *Natya Shastra*, onde as medidas e proporções teriam sido definidas pelo próprio Visvakarma, o arquiteto do Universo. Esse teatro, feito sob essas orientações específicas, recebeu o nome de kuttâmpalam (teatro do templo).

KUTTÂMPALAM

O kuttâmpalam existente na escola Kalamandalam é uma construção imponente de grande beleza e harmonia, tanto interna quanto externamente. Possui telhados em vários níveis e ventilação natural planejada, com suas paredes feitas de tábuas deitadas dispostas paralelamente, distantes 20 cm uma das outras. O interior do kuttâmpalam é limpo de divisões, constituindo-se num único grande espaço interno. O público se acomoda no chão. Durante as apresentações, os espaços reservados a homens e mulheres são demarcados igualmente. Sobre a pequena estrutura do palco se observa um pequeno telhado, como se indicasse um templo dentro do templo, um "sanctu sanctorum". O kuttâmpalam da Kalamandalam recebe uma grande variedade de tipos de espetáculos. Logicamente, a maioria deles de kathakali e/ou mohiniyattam. Muito frequentemente, peças de bharata natya e kuchipudi são inseridas nas programações, pois a escola também oferece formação nesses estilos. Passam por ali com frequência kutiyattam, kuttu e danças semiclássicas de Kerala. Mais esporadicamente, recebe apresentações de outros estilos de grupos em excursões pelo país. Muitos concertos de música carnatic e eventualmente hindustani também estão entre os espetáculos ali ocorridos. Músicos de renome internacional já se apresentaram na Kalamandalam como Ravi Shankar e Dr. Balamuralikrishna.

A LENDA DE UMA ARQUITETURA TEATRAL

Uma lenda reflete com perfeição a importância sagrada da construção de um kuttâmpalam. Ela narra o erguimento do grande teatro do templo de Thrissur: um arquiteto, famoso por sua arte e grande devoção a Krishna, foi chamado para a obra. Ele, logo a princípio, afirmou aos brâmanes do templo que era imprescindível receber a aprovação dos deuses para a obra. Para isso, era necessário a realização de um ritual de kuttu no local da construção. Dito isso, o arquiteto se sentou no chão e meditou longamente. Ao se levantar, decidiu iniciar as obras de imediato. Os brâmanes se surpreenderam e o arquiteto revelou que, enquanto meditava, recebeu uma visão divina quando lhe foram indicadas todas as exatas orientações sobre a construção. Os brâmanes perguntaram sobre o kuttu. O arquiteto respondeu que a visão foi exatamente sob a forma de uma performance de kuttu, sendo que ele considerava, portanto, aquela premissa cumprida.

Mais tarde, os sacerdotes quiseram colocar à prova as habilidades do arquiteto e pediram que construísse um grande muro externo que contornasse todo o templo. Porém, impuseram uma condição: que ele pudesse dizer com exatidão quantos tijolos seriam necessários para o cumprimento da construção. O arquiteto fechou os olhos por uns momentos e quando os reabriu disse um número. Os sacerdotes mandaram separar o número exato de tijolos que havia sido previsto pelo arquiteto. Contudo, por garantia, esconderam dois tijolos. A obra se desenvolveu conforme o previsto e, quando terminou, o arquiteto se apresentou desolado aos sacerdotes e implorou por perdão. Ele afirmou que sua arrogância o havia levado a acreditar que, ao fechar os olhos, havia escutado a própria voz do deus Krishna a lhe sussurrar o número de tijolos que seriam necessários. E agora ele havia se dado conta de que, na realidade, necessitava de dois tijolos a mais. Os brâmanes lhe apresentaram os dois tijolos que haviam ocultado.

KUTTU

Na raiz do kutiyattam encontra-se outra tradição teatral ainda mais antiga e ritual: o kuttu, também conhecido como chakkiar kuttu. O kuttu é praticado somente por membros da família dos Chakkiar, subcasta guerreira kshatriya, os quais se orgulham de descenderem dos Sudas, lendários contadores de histórias citados no *Mahabharata*. M.L. Varadpande, importante estudioso das artes dramáticas indianas, define um ritual como sendo "um sistema de ritos esotéricos e sacrossantos com regras de procedimentos"[21]. Nesse sentido, o aspecto espetacular do kuttu o afastou da manifestação puramente ritualística, ainda que estejam presentes os ritos e as regras. O kuttu representa o ponto-chave de transição entre o ritual puro e a formalização espetacular do teatro de Querala.

Milena Salvini, em *L'Historie fabuleuse du théâtre Kathakali à travers Le Ramayana* (A Fabulosa História do Teatro Kathakali Por Meio do Ramayana), aponta o kuttu como o pai de todos os teatros de Querala, pois já indica em sua performance os principais elementos do que seria o teatro de Querala. O kuttu utiliza o malayalam, idioma oficial de Querala, chave para sua sobrevivência. A ausência de uma dramaturgia escrita e a performance aberta a improvisos momentâneos, sempre jocosos, determina sua perpétua popularidade. A sacralidade ritualística que traz consigo é revelada pelas canções em sânscrito, que fazem parte da abertura e do encerramento da performance. Apesar de sua inclinação clownesca, o aspecto ritual do kuttu é também enfatizado pela necessidade da presença de pelo menos um brâmane, a casta sacerdotal, na plateia durante a performance.

Sua tradição milenar é baseada na oralidade, uma das características da cultura indiana, e desenvolveu sua estrutura espetacular baseada nas performances de seus ancestrais contadores de histórias. Sua apresentação inclui rápido e simples número de dança e um grande relato em malayalam, entremeados com pequenos trechos de canções em sânscrito.

Não há personagens no kuttu. A figura que surge em cena possui sempre a mesma maquilagem e os mesmos figurinos, e apresenta movimentação mais ou menos padronizada em sua caminhada e na modulação de sua voz. O que traz de diverso nas diferentes apresentações é a história que irá contar. Mesmo em se tratando de uma mesma história, ela poderá adquirir contornos

---

21 M.L. Varadpande, *Religion and Theatre*, p. 2.

sempre renovados dada a possibilidade de improvisar com qualquer evento ocasional: alguém que deixa o recinto, a presença de alguma autoridade etc.

O kuttu foi incorporado ao grande ritual do teatro kutyattam. O ator desse espetáculo atua como uma espécie de sacerdote anfitrião para a plateia sob o nome de Vidushaka – intermediário entre a ação sobre o palco e o público. Ele comenta, traduz, ironiza ou enfatiza momentos da cena. Nessa função, pode participar das cenas ou se abster momentaneamente da ação para se comunicar diretamente com a plateia e depois retornar. O Vidushaka é o único ator em cena que pode dirigir-se diretamente ao público durante a performance do kutyiattam, e o faz no idioma local, como já o dissemos, o malayalam, o que estabelece um intrigante jogo entre as construções intraficcionais (em sânscrito) e as extraficcionais (em malayalam).

Ao assistir ao kuttu, é inevitável o questionamento até onde se encontram os elementos do que normalmente concebemos como ritual, e onde iniciam os elementos que comumente identificamos como teatrais. O revelador talvez seja justamente deparar-se com esses dois aspectos coexistindo e dialogando entre si. Esses dois aspectos do kuttu se entrelaçam de maneira dinâmica não apenas artisticamente, na performance, mas também como componente atuante do universo cultural contemporâneo de Querala.

Um ritual é realizado de duas maneiras: às vezes, toda a comunidade participa dele, e outras, a tarefa de realizar o ritual é confiada a algumas pessoas especialmente escolhidas para esse propósito. Esse líder vem a ser reconhecido como um sacerdote. Essas pessoas assumem diferentes papéis para realizar os rituais. Nesse sacerdote em transe entrevemos, pela primeira vez e ainda de forma fortuita, quem será o primeiro ator. Quando, em uma comunidade, um grupo de pessoas ou indivíduo são separados e a tarefa de realizar o ritual é confiada a esse grupo ou indivíduo, aí então surge a divisão espectador-ator.[22]

TEYYAM

Continuando a retroceder no tempo, encontraremos, anterior ao kuttu, um ritual sem caráter espetacular, cênico, encontrado até

22 Ibidem, p. 5.

os dias de hoje, ao norte de Querala: o teyyam. Um dos mais antigos rituais da região, o teyyam é realizado por uma única pessoa. Maquilado com preciosismo e paramentado com enormes figurinos feericamente coloridos, um deus que dança em estado de transe "percorre" o teyyam. Ele canta músicas sobre a divindade, conversa com os devotos, escuta seus pedidos, sugere remédios e distribui bênçãos. Uma representação de teyyam começa sempre à meia-noite e pode durar toda a madrugada.

O teyyam foi um elemento fundamental para o desenvolvimento do kathakali, e faz parte do alicerce de todas as formas de teatro de Querala. A transição do teyyam ao kathakali é uma mostra de como representações rituais podem se perpetuar, ao mesmo tempo que se transformam, evoluem e, finalmente, obtêm a estatura de um teatro clássico nos padrões indianos.

Podemos falar sobre as raízes do kathakali, mas não poderemos jamais esgotar suas fontes, inúmeras e complexas. Influências vindas de todos os lados, sob todos os aspectos e em diferentes níveis, contribuíram, e ainda contribuem, para a existência do kathakali como se conhece hoje. Essa frágil linha evolutiva teyyam-kuttu-kutiyattam-krishnattam-kathakali não pode ser traçada de maneira sempre linear e, atualmente, essas "etapas contemporâneas" se inter-relacionam, realimentando seus próprios desenvolvimentos ou, simplesmente, sua sobrevivência.

AS TRÊS RAÍZES DO KATHAKALI

Podemos concluir, portanto, que o kathakali possui três grandes raízes: cênica, ritualística e marcial, guerreira. A primeira é a linha que traçamos a partir do kutyattam, krishnattam, kuttu e suas formalizações mais antigas que convivem contemporaneamente com o kathakali, que assomam como ascendentes naturais da atual forma do kathakali. A segunda faz parte da formação cultural de Querala, intrinsecamente vinculada a seus rituais. Nesse âmbito, encontramos rituais ancestrais como o teyyam, o mudiyettu e os rituais domésticos, característicos de cada região e, por vezes, de determinada família. Esses rituais, que envolvem recitações místicas, gestuais, deslocamentos, maquilagens e cerimônias, revelam uma sociedade embebida em ritualidades. A visualidade encontrada no teyyam e no mudiyettu é uma pista clara que a visualidade do kathakali não é episódica, mas sim evolução de uma estética singular e refinada ao longo dos séculos em suas lentas transformações. A terceira raiz é a arte marcial do kalarippayattu, luta desenvolvida por guerreiros da casta Nair, cujo dever era proteger os vilarejos, as cidades e os próprios reis de seus inimigos e invasores. Os exércitos de Querala, por volta dos séculos XII e XIII, começaram a adotar o kalarippayattu como base para o treinamento físico de todos os seus guerreiros. Essa tradição atravessou os séculos e, apesar de o kalarippayattu ser encontrado em apenas alguns poucos locais de Querala, ainda faz parte da base de treinamento físico de todo ator de kathakali.

UM DIÁLOGO DE DEUSES E HOMENS

O kathakali enfrenta hoje alguns desafios a seu desenvolvimento e manutenção, naturais a esse tipo de tradição artística. No início do século XXI, uma parcela da nova geração de indianos identifica esses aspectos culturais como representativos de uma Índia arcaica e atrasada para os padrões ocidentais cada vez mais vigentes no mundo globalizado. Zarrilli relata um encontro com um jovem, durante uma de suas viagens a Querala. Ao perguntar se ele se interessava por kathakali, junto a um sorriso irônico, ouviu: "Ah não, não tenho interesse algum por kathakali. A maioria das pessoas da minha idade não tem interesse algum. A gente prefere ir ao cinema ou ver televisão."[23]

Uma performance de kathakali não é "apenas" uma performance teatral. É uma cerimônia onde o ingrediente mais importante é, claramente, o componente dramático, mas onde tomam parte outros elementos: a dança, o ritual, a revisitação dos mitos e seus signos, a reafirmação dos valores religiosos, os ideais de honra guerreira e um singular fruir estético. Tudo isso amalgamando uma estética única no mundo, revestida de potente teatralidade, que recria sobre a cena uma dimensão que transborda a realidade e faz do palco um território místico onde homens e deuses dialogam, em silêncio, como iguais, e repisam,

---

23 P. Zarrilli, *Kathakali Dance-Drama*, p. 8.

passo a passo, gesto a gesto, noite após noite, a grande paixão dos seres humanos sobre a Terra e sua relação com tudo aquilo que os ultrapassa.

UM KRISHNA EM NEON AZUL

O kathakali também possui, em sua dinâmica cultural, procedimentos que permitem que sua performance sofra questionável "redução" para fins comerciais, em seu próprio local de origem. Alguns hotéis direcionados para turistas estrangeiros localizados em cidades do roteiro turístico de Querala, como Cochin e Thiruvananthapuram (a capital do estado), oferecem pequenas apresentações de kathakali como entretenimento para seus hóspedes. "À noite os turistas eram brindados com apresentações de kathakali truncadas. [...] Clássicos de seis horas de duração eram retalhados em vinte minutos de melhores momentos."[24] A circunstância é a menos propícia possível. Os hotéis por vezes usam seus auditórios, mas há casos em que o espetáculo de kathakali é realizado à beira da piscina para que os hóspedes possam assistir enquanto brincam com amigos e filhos dentro da água. Paralelo a essa circunstância, há também a necessidade concreta de sobrevivência. Afinal, o mercado para um ator de kathakali não é grande, e as oportunidades tendem a ser recebidas como bênçãos. Tendo dedicado toda a vida ao kathakali e não encontrando mercado de trabalho, alguns atores terminam sujeitando-se a subempregos ou aceitando tomar parte nessas apresentações para turistas.

É provável que as situações precárias como as descritas acima tenham contribuído para criar uma atitude técnica distinta dos atores sobre o palco e, por conseguinte, alterado o usual refinamento técnico buscado em sua formação atoral. Consequentemente, tal fato pode ter comprometido a manutenção e o aprimoramento da técnica não apenas do ator, mas da tradição em algumas regiões de Querala. Lembremos também que o kathakali é uma arte cujo conhecimento se inscreve unicamente no corpo do ator e por meio dele é passado de geração a geração. Uma vez que a matriz lentamente se "borra", lentamente pode

---

24 A. Roy, op. cit., p. 134.

se modificar. Esse kathakali dessacralizado, despido de suas propostas mais centrais e reduzido a um produto de entretenimento turístico, se apresenta assim, para alguns atores, como a única – e legítima – alternativa para a sobrevivência.

Por todas as dificuldades que enfrenta, é surpreendente como uma arte clássica rigidamente elaborada como o kathakali, e que se utiliza de uma linguagem gestual hermética para comunicar seus textos, pode ser ainda hoje tão popular, principalmente nos pequenos vilarejos de Querala. O kathakali, com sua bizarra artificialidade, acompanha, como já dito, a intuição asiática de que a linguagem da cena é, naturalmente, artificial. A separação entre a subjetividade do ator e o que ele formaliza em cena é explícita, e ali reside grande parte de seu encanto e de sua potência expressiva. O apagamento da figura humana em cena oferece a possibilidade de uma formação atoral desprendida de um reconhecimento personalista. Não por acaso, o kathakali conseguiu elaborar, ao longo de seus quatrocentos anos de idade, um refinamento técnico incomparável, em todas as instâncias de sua performance. Ainda que preze por suas tradições poéticas, musical e dramatúrgica, o eixo central de toda elaboração artística do kathakali é o ator. Completamente apagados e incógnitos por detrás de suas faces esmaltadas, os atores e sua arte são, paradoxalmente, o coração do teatro kathakali, seu foco principal, o objetivo estético último, e a eles, seus atores, o kathakali dedica todas as suas severas elaborações e benesses.

O kathakali é, na verdade, um grande complexo artístico e linguístico, podendo ser abordado em vários aspectos muito além do seu caráter espetacular. Alguns atores se notabilizaram por seu grande conhecimento da gramática cênica, por exemplo. Alguns se tornaram famosos por uma incrível capacidade expressiva facial. Outros, ainda, pelo vigor físico e precisão gestual. Mas em nenhum ator houve uma combinação tão perfeita – e um consenso generalizado, inclusive entre os atores, deixa isso claro – de todos os componentes do kathakali como em Kalamandalam Ramankutty Nair, falecido em março de 2013, aos 88 anos, tendo atuado até a idade de 85 anos.

O kathakali merece e necessita ser conhecido e compreendido como componente do que identificamos como teatro contemporâneo, em toda a complexidade de tal definição. E sua tradição secular, assim como tantas outras ancestrais, dialoga com todas as outras cenas do mundo, ensinando e aprendendo. O amor pelo detalhamento e a riqueza de seu refinamento estético e linguístico é algo a ser admirado por aqueles que amam a arte. A tradição de seus atores, com seu treinamento e práxis, constitui um intrigante modelo de abordagem sobre a arte atoral. O kathakali é o produto final de uma lenta elaboração cultural extremamente particular: única e irrepetível. Sua sobrevivência é um tesouro da humanidade.

Essa arte estabelece o amálgama entre uma técnica refinada e uma estética única no mundo, revestida de potente teatralidade, que recria sobre a cena uma dimensão que transborda a realidade. Ela faz do palco um território místico onde homens e deuses dialogam, em silêncio, como iguais, e repisam passo a passo, gesto a gesto, noite após noite, a grande paixão dos seres humanos sobre a Terra e sua relação com tudo aquilo que os ultrapassa.

O kathakali, colocado no século XXI como está, vivo e dinâmico, levanta algumas questões importantes sobre o teatro e a forma de pesquisar e fazer teatro, em qualquer parte do mundo. É uma das mais complexas e surpreendentes estruturações cênicas já realizadas na história do teatro e merece ser visitado. Longe de idealizar e criar padrões utópicos, almejamos aquiapenas apontar o convite a algumas reflexões que o kathakali propõe, simplesmente por sua estruturação. Que aquele que se aproxime desse universo se inspire de antemão em seu devotamento artístico e em sua delicadeza, qualidades raras em nossos dias.

Parte II:

**Eternos Diálogos
Com a Índia Eterna**

1. Uma Introdução ao Teatro e ao Sagrado da Índia

> *Se não reconhecermos o poder da arte como uma linguagem de transformação, estaremos perdendo um dos aspectos mais importantes dessa linguagem. Enquanto a arte ainda for entretenimento, música e danças, estaremos perdendo isso. A arte atuando em conjunto com o mundo pode ser uma das maiores forças de transformação. Mas enquanto pensarmos que a arte é a cereja do bolo da vida, em vez do fermento do bolo da vida, sempre estaremos perdendo algo muito importante.*
>
> MALLIKA SARABHAI,
> *Dance to Change the World: Lecture at Boston University College of Fine Arts.*

UM LUGAR QUE DANÇA

A Índia dança. A dança é importante característica da cultura indiana que, ao longo dos últimos milênios, reservou a essa manifestação um lugar especial em seu cotidiano e em suas celebrações: cerimônias, datas festivas, homenagens, toda e qualquer ocasião é celebrada com danças. Mesmos os mais recônditos vilarejos da Índia possuem seus artistas que preservam sua arte local e que fazem parte fundamental dos rituais cotidianos locais. Várias evidências dessa inclinação são encontradas nas sociedades do vale do rio Indo, que floresceram há cinco mil anos. Uma estatueta de bronze de uma dançarina encontrada em escavações na cidade de Mohenjo Daro, no vale do Indo, é testemunha de que não apenas a arte da dança era apreciada como também suas intérpretes gozavam de grande reputação social, a ponto de serem perpetuadas em uma escultura. Eternizada em um gracioso equilíbrio assimétrico, ela tem uma mão no quadril, o tronco em posição tribhangi, e faz com o corpo uma curva, criando uma dinâmica intrínseca à sua imobilidade. Enfim, ela dança.

As danças mais tradicionais da Índia, todas elas elaboradas e refinadas longamente durante muitos séculos, obedecem aos mesmos tratados teóricos, compartilham a mesma filosofia, se alimentam das mesmas fontes históricas e mitológicas, passaram pelas mesmas dificuldades sociais e políticas e todas elas experimentaram, na segunda metade do século xx, um renascimento e uma nova afirmação de sua identidade e estrutura. Hoje, mais que danças, elas representam a culminação de um processo de simbiose entre os mais significativos aspectos da cultura e, consequentemente, de afirmação nacional indiana.

O conceito de classicismo referente às danças surgiu no início do século xx. Os estilos existentes foram avaliados segundo sua obediência aos princípios ditados pelo *Natya Shastra*. A partir dos anos 1940, com o novo ímpeto de resgate cultural, foram consideradas escolas clássicas de dança indiana: kathakali (do estado de Querala), bharata natya (do Tamil Nadu), kathak (do estado de Uttar Pradesh) e manipuri (do estado de Manipur). Só a partir dos anos 1950 se juntaram a elas kuchipudi (do estado de Andhra Pradesh), mohiniyattam (de Querala) e odissi (do estado de Odisha).

VIAGEM A JERICÓ

Gonçalo M. Tavares, em seu romance *Uma Viagem à Índia*, afirma que todas as nossas viagens, mesmo as que fazemos sem sair do lugar, são sempre viagens à Índia. Esse "lugar" dentro de nosso imaginário, aonde sempre vamos em busca de um conhecimento arcaico, pertence a uma ancestralidade acima das distinções culturais. Renzo Vescovi, diretor do Teatro Tascabile di Bergamo, falecido em 2005, escreveu algo similar sobre a relação que ele e seu grupo também estabeleceram com a Índia: "Talvez a Índia seja, para nós, como a casa onde nascemos, na qual não se vive, mas para onde se pode sempre retornar."[1]

Um dos primeiros espetáculos que dirigi, enquanto ainda diretor do Teatro Mínimo no Rio de Janeiro, se chamava *Viagem a Jericó*. A montagem tinha como enredo a história de um homem que decidira reencontrar seu mestre, pois afinal havia entendido o verdadeiro sentido do que ele havia lhe ensinado durante anos. Assim como

---

1 Renzo Vescovi apud M. Schino (org.), *Renzo Vescovi: Scritti dal Teatro Tascabile*, p. 89.

no livro *A Arte Cavalheiresca do Arqueiro Zen*, de Eugen Herrigel, o aprendiz pouco a pouco se apercebe que por detrás do ensinamento objetivo há outra lição mais profunda e, essa sim, essencial.

De certa forma, *Viagem a Jericó* corroborava a afirmação de Tavares, e representávamos, com atuação de Aglaia Azevedo, nossa "viagem à Índia". Um percurso de pesquisas, treinamento e criações desencadeadas a partir de uma decisão de conhecer profundamente o universo artístico do teatro clássico da Índia. A intenção não era simplesmente realizar bem a dança, mas entender como essas técnicas poderiam participar, de maneira técnica, no processo criativo do Teatro Mínimo.

A ÍNDIA SECRETA

O encanto com a Índia surgiu depois que Aglaia Azevedo conheceu o livro *A Índia Secreta*, de Paul Brunton. Nesse livro, a grande personagem era Ramana Maharishi, o sábio que passou grande parte de sua vida em uma caverna na montanha de Arunachala e fundou um ashram ao pé dessa mesma montanha. Tivemos a oportunidade de visitar o ashram de Maharishi, um lugar de misticismos, revivendo *in loco* o encanto do relato de Brunton. Essa foi uma das poucas vezes que admitimos nos afastar dos treinamentos e fazer um passeio de dois dias. Muitos anos mais tarde, eu descobriria, pelo relato de Eugenio Barba, em seu *A Terra de Cinzas e Diamantes*, que o encanto de Jerzy Grotowski pela Índia havia surgido pela leitura do mesmo livro, *A Índia Secreta*. Grotowski possuía tão grande fascínio pela figura de Ramana Maharishi a ponto de ter orientado amigos a espalharem parte de suas cinzas no ashram por onde havíamos caminhado tantos anos antes.

Devo atestar que a Índia é, de fato, como diz Tavares, o destino de todas as viagens. E como disse Renzo, um lugar ao qual se vai como quem retorna à própria casa.

SANTHANA DHARMA

A Índia possui uma situação geográfica natural que possibilitou que ela fosse protegida das constantes hordas de invasões e guerras que varreram o sul da Ásia durante séculos. Por bastante tempo, foram poucos aqueles que ousaram atravessar os vales gelados e profundos das cadeias do Himalaia e Hindu Kush. Ao invasor que conseguisse adentrar o vasto subcontinente indiano, se ofereciam ainda vários outros terríveis contratempos: grandes desertos e densas florestas povoadas por animais e aborígenes selvagens que impossibilitavam seu domínio completo. Essa sequência de "linhas de defesa" permitiu ao extremo sul da Índia manter suas raízes culturais dravídicas quase intactas. Seus contatos com culturas estrangeiras que aportavam em suas costas (gregos, árabes, fenícios etc.) eram comerciais e, por isso, fugazes. No norte, ao contrário, , os invasores, uma vez que rompiam sua barreira montanhosa, se estabeleciam.

Das grandes altitudes de Kashmir, passando pelas trilhas verdes que acompanham o Ganges e o Indo, respeitando suas vorazes enchentes, atravessando os desertos do Rajasthan até o sul verdejante do Tamil Nadu e Querala, a diversidade da Índia é estonteante e atordoa o olhar forasteiro. Alguns poucos traços culturais fazem o amálgama dessa complexa nação. Ainda que possua uma minoria religiosa representativa, o hinduísmo ainda é o mais forte laço de união desse povo. Os ingleses, ironicamente, prestaram grande e decisiva colaboração para essa síntese cultural que forma a Índia. Sua dominação secular agrupou territórios, povos independentes, para formar o país atual. Mais tarde, esses mesmos povos, de culturas por vezes bastante diferentes, foram unidos por um mesmo sentimento, um único espírito nacionalista, contra o invasor britânico comum. Os ingleses deixaram como herança seu idioma, que até hoje é o único a ser usado em todo o território indiano.

O hinduísmo, portanto, não é simplesmente uma religião, ele é um modo de vida, um dharma. Por isso é chamado também de santhana dharma. Ele permeia todos os aspectos da vida dos hindus da Índia, possuindo grande impacto na vida de toda a população, uma vez que 80% dela é hindu. Ainda que seja encontrada na Índia uma grande população de muçulmanos, jainistas, sikhs, cristãos, judeus, budistas, todos eles sabem muito bem o que significa a divisão social a partir de castas e o princípio de reencarnação; assim como conhecem a mitologia de Krishna e Rama.

ÁRIAS

O povo ária, originário do atual território da Turquia, invadiu a região do rio Indo, no noroeste indiano, por volta do século x a.C. Esse evento alterou de forma radical toda a história cultural do subcontinente. Uma das contribuições dos áricos à cultura da Índia foi a elaboração dos livros que ficaram conhecidos como *Vedas*. Há quatro *Vedas* principais, e o mais conhecido entre eles é chamado de *RigVeda*, um extenso manual de hinos e procedimentos rituais. Os árias procuravam não criar conflitos religiosos com os povos dominados e, aos poucos, uma miscigenação religiosa foi surgindo de modo a acomodar os deuses áricos e os dos povos dominados por eles. O panteão de deuses hindus é reflexo dessa acomodação de deuses provenientes dos árias que se mesclam às divindades autóctones da Índia pré-ariana.

Antes da invasão ariana, o deus Brahma parece ter sido o centro do culto religioso na Índia, o que faz com que a religião desse período seja comumente chamada de brahmanismo ou pré-hinduísmo. Lentamente, esse feixe de costumes e deuses autóctones se mescla com as divindades e costumes áricos, transformando-se com o tempo, absorvendo diversas e distintas influências, assimilando inclusive algumas críticas históricas como o budismo e o jainismo, até conformar-se no que se convencionou denominar de hinduísmo.

O hinduísmo não se encaixa em uma definição tradicional do que se entende como religião. De fato, muitos de seus adeptos relutam em admiti-lo como tal. Por reger uma ampla maneira de abordar a vida em todos os seus aspectos e não possuir nenhum tipo de fundador, profeta, hierarquia, livro sagrado, mandamentos ou dogmas, o hinduísmo – na maioria das vezes – aceita as outras crenças religiosas, não com tolerância, mas como aspectos da própria diversidade de olhares sobre o divino que o hinduísmo carrega como uma de suas características mais intrínsecas, ostentando, por isso mesmo, um vastíssimo panteão de deuses identificados a cada lugar, região ou até mesmo vilarejos.

Outras crenças, divindades e práticas podem ser aceitas como perfeitamente hindus, desde que o praticante assim o deseje. Logo, o proselitismo não é uma prática comum ao hinduísmo. E algumas autoridades religiosas – como Buda, Jesus, Maomé – são, em muitos locais, aceitos como pertencentes ao hinduísmo. Em Querala é fácil encontrar imagens de Krishna, Rama e Hanuman dividindo espaço com figuras de Buda, Jesus e alguma inscrição muçulmana.

TRIMURTI

O hinduísmo é, em última instância, um monoteísmo, pois acredita em um Deus único, Brahma, criador de tudo. Seu panteão de divindades menores reflete o gosto pela alegoria e busca, didaticamente, simbolizar, por sua extensa mitologia, os vários aspectos e atividades dessa "Realidade Última". Filosoficamente, o enorme panteão de deuses procura "esclarecer" as diversas atividades do Princípio Criador. Basicamente, o Criador possuiria três atividades principais que regem a dinâmica de todo o universo e é denominada Trimurti: a atividade de criação (relacionada ao deus Brahma), a atividade de manutenção (relacionada ao deus Vishnu) e a atividade destruidora (relacionada ao deus Shiva).

Vishnu é uma divindade originariamente ariana e, segundo a mitologia, encarnou oito vezes sobre a Terra: a primeira, como um peixe gigante, que causou um dilúvio universal. Nessa ocasião, teria ordenado a um devoto, Manu, que construísse uma arca para abrigar um casal de cada espécie de animal existente. O enorme peixe carregou a arca nas costas até o alto de uma montanha, onde ficou até que as águas baixassem (a coincidência entre mitos hindus e bíblicos é frequente). A última e mais popular das encarnações (ou avatares) de Vishnu foi o deus Krishna.

O terceiro e último deus da trindade é Shiva, o deus destruidor. É a divindade mais antiga da Índia autóctone. Pinturas em pedras de cinco mil anos atrás, encontradas em cavernas, mostram protótipos do deus Shiva. Cultuado sobretudo na forma de uma rocha fálica, denominada "linga", esse Shiva original era o deus da fertilidade. O culto a esse pré-Shiva revela a origem ancestral do shivaísmo, espécie de seita, que ainda sobrevive inserido harmônica e pacificamente no seio do hinduísmo. Muitos séculos mais tarde, os árias trouxeram seu deus Roúdra, divindade terrível e punitiva, que lentamente se fundiu à figura de Shiva. Ao contrário do que se suporia, Shiva é um deus benéfico, pois sua ação destrutiva é vital para a continuação do ciclo eterno da vida. Os cultos a Vishnu (vishnuísmo) e a Shiva (shivaísmo) são tão peculiares, que persistem ainda hoje de forma autônoma e subsistem como eixos independentes e aceitos perfeitamente dentro do hinduísmo.

KARMA

Filosoficamente, o hinduísmo se baseia em três ideias fundamentais: dharma (dever moral de cada um em sua relação com os outros, com o todo e consigo mesmo), karma (o resultado das ações de cada um em relação a seu dharma) e samsara (o penoso ciclo de reencarnações que busca o aperfeiçoamento e do qual buscamos – em última instância – nos libertar).

O hinduísmo não se encaixa exatamente no conceito de religião que acolhe o cristianismo, o budismo e o islamismo. Ele não possui lideranças, regras ou doutrinas. O hinduísmo se mistura ao cotidiano das pessoas, podendo ser definido mais como uma "maneira de viver". Essa maneira inclui uma enorme diversidade cultural, filosófica, moral e espiritual.

Alguns princípios do hinduísmo são eixos centrais, mas nunca irrevogáveis, como o vegetarianismo. Ele não possui sequer deuses inquestionáveis. Todas as outras religiões, com seus profetas e santos, são, em maior ou menor grau, aceitas dentro do hinduísmo.

NATYA SHASTRA

> *A discussão e a prática dos Vedas não pode ser proclamada entre aqueles nascidos na casta dos Sudras. Que se crie um outro Veda comum a todas as castas. Que possa ser simultaneamente visto e ouvido. Bharata respondeu: "Que assim seja."*
>
> NATYA SHASTRA, 1989, p. 1.

Quando os textos religiosos se tornaram um privilégio de uns poucos letrados, os deuses apelaram a Indra, o rei dos deuses, para que fosse criado um modo de divulgar os quatro livros dos *Vedas* que pudesse ser visto, ouvido e compreendido por todos, independentemente de cultura ou casta. Indra incumbiu ao sábio Bharata Muni a criação desse *Quinto Veda*, que popularizasse os ensinamentos tradicionais. O sábio Bharata Muni trouxe então à mente todos os *Vedas* e criou o *Natya Veda*, nascido dos quatro primeiros: "Desenvolvi este *Veda* intitulado *Natya* a partir de suas bases históricas. Sua prática deverá conduzir à retidão e servirá como um guia em todas as atividades humanas das futuras gerações." (*Natya Shastra*). Partindo dos quatro *Vedas* existentes, Bharata retirou a recitação do *RigVeda*, a linguagem gestual interpretativa (abhinaya) do *YajurVeda*, a música e o canto do *SamaVeda* e a expressividade emotiva (rasa) do *AtharvaVeda*. O resultado do trabalho de Bharata Muni é o que conhecemos como *Natya Shastra*.

Apesar de a *Poética* de Aristóteles (IV a.C.) ser datada como anterior ao *Natya Shastra*, este último é considerado o primeiro livro escrito especificamente sobre a arte cênica. Ainda que sua autoria seja atribuída a Bharata Muni, é muito provável que esse nome apenas represente uma personagem fictícia, pois, segundo atesta estudos em sânscrito, os estilos entre seus capítulos são muito diferentes entre si, apontando uma autoria múltipla e não necessariamente contemporânea, além de aventar a possibilidade de correções e ajustes sucessivos no texto.

Escrito por volta do século II a.C., o *Natya Shastra* é uma verdadeira enciclopédia teatral, e especifica detalhadamente todos os aspectos que envolvem uma representação dramática, desde as cores adequadas para a maquilagem, passando pela formação técnica dos atores, tipos de movimentos de cada parte do corpo, até a maneira correta de construção dos teatros, em suas exatas proporções. As indicações ditadas pelo *Natya Shastra* regulam ainda hoje, dois mil anos depois de ser escrito, a prática de todas as formas clássicas teatrais da Índia. E é, sem dúvida, a fonte mais básica para o estudo das artes cênicas clássicas da Índia.

Outros capítulos dissertam sobre a música para o drama, indicando os instrumentos apropriados e sua correta utilização. Um capítulo à parte fala exclusivamente sobre instrumentos de corda. Um exemplo curioso do minucioso detalhamento feito pelo *Natya Shastra* para orientar a interpretação é encontrado no capítulo reservado à "Representação Básica". Ali, entre tantos outros itens, são descritos os dez estágios do amor feminino, que seriam, pela ordem: 1º desejo, 2º ansiedade, 3º recordação, 4º glorificação das qualidades do amante, 5º tédio, 6º lamentação, 7º insanidade, 8º enfermidade, 9º estupor e 10º morte. Uma longa definição acompanha cada item. Essas indicações, ao contrário de servir como regras, sinalizam uma direção no processo de construção artística, onde os arquétipos formam a base da representação.

Como já foi visto, a ideia de desenvolvimento pessoal tem grande importância na Índia, devido à teoria do karma e das sucessivas reencarnações. O *Natya Shastra* define o teatro, e as artes de um modo geral, como responsáveis não só pela perpetuação da tradição cultural, mas também pela divulgação e aprofundamento de valores morais, éticos, sociais e religiosos. O *Natya Shastra* diz: "O homem que assiste devidamente a apresentações de música ou drama obterá, após a morte, a feliz e meritória estrada em companhia dos sábios brâmanes." Outro antigo escrito denominado *Yagna Valkya Smriti* complementa: "A pessoa que é habilidosa no manejo da Vina, iniciada nas artes musicais e possui conhecimento de tala obtém a salvação sem muito esforço." Como se percebe, um espetáculo de teatro clássico da Índia é encarado não só como cerimônia, mas também como oferenda comunal aos deuses e meio de crescimento individual, tanto para quem o realiza como para quem o assiste.

De todos os ritos caritativos e piedosos, esse é definido como o produtor dos maiores benefícios. De fato, a oferenda de uma arte visual é louvada mais do que qualquer outra oferenda. Quando adorados com incensos, essências e guirlandas, os deuses não ficam tão agradecidos quanto quando reverenciados com danças e dramas. O homem que aprecia perfeitamente as artes da música e da dança atinge o objetivo mais alto junto aos mais sábios.

Este Shastra, com sua aplicação prática, foi proferido pelo autogerado senhor Brahma. É meritório, sagrado e dirimente de pecados. Aquele que o ouve, que o realiza, que o testemunha com atenção, consegue atingir aquela meta que se reputa ser o objetivo dos que se dedicam a estudar os *Vedas*, aquela meta dos que dedicam sacrifícios e dos que fazem oferendas de maneira digna.[2]

O *Natya Shastra* institui uma prática rigorosa de treinamento para o aprendizado das técnicas e para a perpetuação adequada da tradição. Muitas dessas informações são passadas de professores a alunos e constituem uma tradição mais oral do que escrita. "A Índia sempre privilegiou o meio de transmissão oral, por sua relação estreita de um indivíduo com outro indivíduo,

2 *Natya Shastra*, 1989, p. 536.

mantém-se o mais eloquente e verdadeiro portador de sementes para as gerações vindouras"[3]. No Kathakali, por exemplo, cada passo, de cada um de seus personagens, de cada uma de suas (poucas) peças é rigidamente definido. E não há nenhum registro escrito de nenhuma dessas informações até hoje. O livro onde estão escritas todas essas informações, testemunho de muitas gerações passadas, repositório de toda a tradição de uma cultura, é o corpo dos atores. Por isso, o rigor e a disciplina de seu treinamento. Uma abordagem que privilegia o físico e o psicofísico em detrimento ao psicológico.

Se alguma coisa deixou de ser dita, deverá buscar ser compreendida pelas pessoas versadas em sua utilização no mundo. Que a terra seja repleta de verde. Que seja livre de doenças. Que haja a paz das vacas e dos brâmanes. Deixai o rei governar a terra inteira, *Natya Shastra* concluído.[4]

O NATARAJA

Dentro do panteão hindu, o deus Shiva é uma das figuras mais conhecidas e veneradas entre a miríade de divindades. E quando ele aparece dançando em meio a um círculo marcado com pequenas labaredas ao seu redor é identificado como o deus do teatro, o Shiva Nataraja. O epíteto Nataraja significa que ele é o Senhor (Raja) protetor e propiciador do ato de "representar histórias sobre o palco" (Nata).

Shiva é o mais antigo entre os deuses da Índia. Pinturas datadas do início do 4º milênio a.C. encontradas em cavernas no noroeste da Índia, na fronteira com o Paquistão, no vale do rio Indo, nas cidades de Mohenjo-Daro e Harappa, mostram a figura de um deus sentado na posição de ioga, com chifres e rodeado de animais. As indicações de culto ao touro, à serpente, ao falo, a indicação de chifres como símbolo de poder e a postura sentada evidenciam o culto a um "proto-Shiva". A imagem de Shiva como Nataraja, cercado pelo aro de chamas, somente surgirá entre os séculos IX e XI d.C. "Dentre os melhores nomes para Shiva está

---

[3] M. Salvini, *L'Historie fabuleuse du théâtre Kathakali à travers Le Ramayana*, p. 23.
[4] *Natya Shastra*, 1989, p. 536.

o de Nataraja, Senhor dos dançarinos, rei dos atores. O Cosmos é o seu teatro, e muitas e diferentes são as danças em seu repertório. Ele mesmo é o ator e a audiência. Quando ele bate o seu tambor, todos acorrem para ver sua performance."[5]

Reunindo aspectos filosóficos, espirituais e artísticos, a representação do deus Shiva Nataraja busca resumir, em sua imagem, a atividade cênica e o sentido dinâmico da vida dos seres humanos. Coomaraswamy obviamente possuía grande familiaridade com a cultura e a religiosidade hindu, e sabia que a sombra simbólica do Shiva Nataraja paira sobre toda e qualquer incursão sobre as artes cênicas tradicionais da Índia. Coomaraswamy nasceu e se formou intelectualmente em uma sociedade embebida por uma atitude cultural e religiosa na qual os rituais e as alegorias fabulativas hindus desempenham um papel fundamental. Como pano de fundo para sua argumentação, Coomaraswamy traz impregnada em sua retórica a enorme estruturação cultural e mitológica que é o hinduísmo. A religião hindu celebra o acontecimento artístico como sendo um evento regido e abençoado pelos deuses.

De todos os deuses hindus, Shiva se destaca por sua aparência particularmente bizarra. Enquanto outros deuses, como Krishna, Ganesha, Rama, aparecem engalanados em belas e inspiradoras pinturas, Shiva costuma ser representado com uma pele rota de tigre, um colar de crânios humanos e, cobrindo sua nudez, apenas as cinzas que ele recolhe dos crematórios, onde dança, querendo nos fazer atentar não para sua forma física, mas para sua ação, sua atividade. E aqui já encontramos algo de teatral em sua representação.

Muito do poder visual e simbólico do Shiva Nataraja é devido à sua configuração contraditória. Sua representação imagética retrata um corpo em conflito, percorrido por tensões. E sua contundência tem como mola mestra precisamente essa convivência de antagonismos, aparentemente insuportáveis, mas que se revelam como impulso para sua dinâmica corporal e, filosoficamente, para todas as dinâmicas vitais. Sua dança resume em si a percepção hindu das oposições que interagem no universo e que dão vida e movimento a tudo. A perene convivência litigante das contradições é, em si, a própria definição de um corpo "in-divíduo".

---

5   A. Coomaraswamy, *The Dance of Shiva*, p. 66.

A totalidade una do corpo, seja do Shiva Nataraja ou do Über--marionette, é uma metáfora da condição do corpo como campo de batalha para todas as contradições. O corpo, uno, sintetiza em si a ideia dos contrários interdependentes e estabelece a contradição e o paradoxo como paradigmas da vida, e da vida em cena. Por isso, é capaz de revelar-se destruidor da ilusão de Maya, cuja ação diabólica (separadora, fragmentadora, contrária à ação simbólica) é fazer perceber que são dois (ou mais) o que nunca deixa de ser um. A ação "sim-bólica" se contrapondo à ação "dia-bólica".

O termo indiano ioga deriva da raiz verbal sânscrita yuj, "ligar, juntar ou unir", [...] e é, em certo sentido, análoga à palavra "religião" (latim, re-ligio), "ligar de volta ou atar". O homem, a criatura, é ligado de volta a Deus pela religião. [...] Na ioga, o que é unido é, finalmente, o Si-próprio consigo mesmo, consciência com consciência; pois o que parecia, pela māyā, ser dois, na realidade não é assim; ao passo que na religião, o que se une são Deus e o homem, que não são a mesma coisa.[6]

O Shiva Nataraja é o deus das propriedades teatrais mais evidentes e básicas, das representações fugazes, onde as essencialidades eternas humanas buscam concretizar-se num agora.

UM DEUS ESSENCIALMENTE MATÉRIA

A imagem do Shiva Nataraja possui um intrínseco apelo sensorial. O elogio ao corpo humano enquanto matéria. Contrariando o ideal platônico de falibilidade inexorável do corpo pela corrupção de seus sentidos na apreensão da realidade, o corpo aqui é exaltado como poderoso retrato da natureza em si e representativo das potencialidades e dualidades da vida. Por isso, o treinamento do espírito do ator é iniciado pelo corpo nas artes dramáticas clássicas da Índia e não possui nada de teórico. Principalmente naquelas artes originárias do sul da Índia, onde se encontra uma antiga tradição de luta marcial, que participa ativamente na estruturação do treinamento físico dos atores daquela região: o kalarippayattu. O kalarippayattu é um dos alicerces do kathakali e sua base primordial de treinamento físico. Como em geral acontece com as

---

[6] J. Campbell, *As Máscaras de Deus*, p. 21.

artes marciais, o kalarippayattu surge como resultado de uma necessidade militar e ao mesmo tempo espiritual. Em várias artes marciais se pode encontrar essa comunhão de formação guerreira com um necessário desenvolvimento espiritual. Coomaraswamy tinha consciência do caráter físico e espiritual da formação do ator. Philip Zarrilli define o kalarippayattu como sendo uma prática oitenta por cento mental e somente vinte por cento física: "Os oitenta por cento mentais são desenvolvidos não apenas por meio dos exercícios marciais neurofisiológicos, quando o foco em um único ponto é primeiramente abordado, mas também pela manutenção de uma rotina severa de disciplinas."[7]

Essa intrínseca dinâmica no Shiva Nataraja também define uma inesperada tridimensionalidade à sua figura somente notada quando se a observa de perfil. "Existe uma estreita ligação entre a escultura e a dança, não apenas na medida em que algumas imagens representam divindades que dançam, mas porque a arte indiana da dança é antes de tudo a arte do gesto, na qual as mãos desempenham o papel mais importante."[8] O ator consciente da dinâmica do Shiva Natajara é consciente de sua tridimensionalidade, de sua plasticidade e de sua potencialidade criadora de uma nova teatralidade.

Shiva Nataraja tem em uma das mãos um tambor em forma de ampulheta, símbolo do som original, criador da vida, e, na outra, o fogo (que destrói). As outras mãos, uma aponta para o céu e outra para a terra. Um dos seus pés se desloca para cima enquanto o outro parece fustigar o chão. Seu corpo também não é simétrico, dando a impressão de se mover em direções diferentes. Ele aparece massacrando, sob seus pés, o demônio-anão Apasmara, que representa a ignorância. Shiva é inimigo de Maya, a ilusão que nos impede de atingir a essência das coisas, fazendo com que nos apeguemos a coisas ilusórias e passageiras. Por meio de sua dança, o Shiva Nataraja nos faz atingir a verdade e resume em si a ideia hindu das oposições que interagem no Universo e que dão vida e movimento a todas as coisas.

Segundo a mitologia hindu, Maya é o demônio da ilusão. E sua ação mais terrível é nos fazer crer como real o que não é.

7   P. Zarrilli, *Kathakali Dance-Drama*, p. 173.
8   A. Coomaraswamy, The Arts and Crafts of India and Ceylon, *The Mask*, v. vi, n. 3, p. 273.

Para isso, o ardiloso demônio balança um véu diante de nossos olhos, nos fazendo acreditar que o que se vê em seu véu diabólico é a realidade. Essa ilusão demoníaca, também ela, é denominada Maya, confundindo, não por acaso, ilusão e iludente. Shiva Natajara representa o poder do teatro contra a ilusão. A ilusão da qual Craig foi crítico veemente. A essência dessa crítica hinduísta à ilusão transborda o palco e se aplica à vida cotidiana. Assim também as proposições de Craig que buscavam algo além do que se poderia ver em cena, uma visualidade com finalidades quase espirituais, de elevação e revelação. A qualidade do que é palpável trazendo à tona o que não é visível.

Shiva sintetiza criação e destruição, em um ciclo dinâmico e eterno inerente a todas as coisas. A ação de destruição, assim, é vista como um ato benéfico, pois propicia o surgimento do novo. E é nesse sentido que é também o Senhor do falo, da procriação, representado pela linga fálica. Atualmente, a linga ainda é a forma mais popular de adorá-lo. O falo é a imagem mais imediata do princípio criador ao qual Shiva está intimamente relacionado. Normalmente, a linga é apoiada sobre um suporte, associado com o sexo feminino, denominado yoni. Linga e yoni parecem estar na raiz das palavras yin e yang da tradição chinesa do Tao.

TEATRO E MORTE

O Shiva Nataraja é o benéfico deus da destruição, que abre espaço para tudo o que de novo surge no universo. Ele é deus de tudo o que é novo, o deus do presente, do agora e do efêmero. O deus das propriedades teatrais mais evidentes e básicas, das representações fugazes, em que as essencialidades eternas humanas buscam concretizarem-se num agora, em busca de uma revelação. Por isso o deus Shiva é o deus dos atores. Não um protetor, mas um deus que é, ele próprio, um ator.

Como já indicamos, em uma mão, o ator Shiva traz um tambor em forma de ampulheta, símbolo do som original, criador da vida. Em sua mão oposta, carrega o fogo, simbolizando a destruição. Trazendo a morte e a vida nas mãos, Shiva simboliza o ciclo natural da existência. Prefere revelar o que é essencial e eterno justamente nas coisas fugazes. Portanto, é o deus das características teatrais mais evidentes e básicas. Trata-se de um deus ator. Os ciclos de ressurgimentos do ator sobre o palco representam o ciclo vital que justapõe e sequenciam morte e vida, em uma sucessão infinita, como as labaredas que circundam a figura do deus.

A existência teatral faz o ator, momentânea e conscientemente, obliterar sua identidade e criar uma representação de si mesmo: outra vida, sobreposta à sua. Assim, a ocultação do "sujeito" do ator a cada vez que ele sobe ao palco, num processo de morte e vida, de idas e vindas entre uma realidade e outra, tem um vínculo nítido com a filosofia hindu. Na citação abaixo, ao se referir a seu Über-marionette, encontramos em Gordon Craig uma verve aproximada ao mito do Shiva Nataraja, inclusive com imagens poéticas muito semelhantes.

Ao mesmo tempo que é o deus do teatro, da dança, Shiva é também o deus da destruição e, dessa forma, por desdobramento de seus atributos, é o deus do movimento: o movimento da vida, motor do ciclo natural das coisas, renovador do mundo, que ele revela pela dinâmica visivelmente instaurada em seu corpo. Por isso é também o deus da morte, da revelação, da verdade que se encontra no eterno movimento inerente a tudo. A relação com o pensamento de Craig pode ser entrevista aqui pela ênfase no movimento da matéria, como revelação e presentificação das qualidades do que é humano e perecível, em que a vida deixa de ser aquela "conspiração contra a vitalidade, tanto quanto contra o entusiasmo e a paixão"[9].

A figura do Shiva Nataraja é o símbolo da eterna dinâmica universal criada pelo deus com sua dança. No hinduísmo, a dança é simbolicamente associada à vida, ao interminável *continuum* de idas e vindas, nascimento e morte. "O significado mais profundo da dança de Shiva é sentido quando se compreende que ela acontece dentro de nós", diz Coomaraswamy. Shiva reflete essa estranha dualidade, onde se fundem bem e mal, criação e destruição, morte e vida. Trata-se do nata (dança) rajá (Senhor ou rei), o Senhor da dança.

A questão da morte, como já vimos, também se apresenta no universo de Shiva Nataraja. Ela compõe um quadro de eliminação do sujeito e enaltecimento da tradição artística e de suas sutis dinâmicas intrínsecas. Esse fato está implícito no próprio

[9] E.G. Craig, *On the Art of the Theatre*, p. 36.

conceito das artes cênicas clássicas da Índia e subjaz como um contexto óbvio (e velado) na argumentação de Coomaraswamy, inadvertidamente fora do alcance de Gordon Craig. Como podemos ver, a difícil justaposição entre o teatro da Índia, representado na figura do Shiva Nataraja, e um projeto para o teatro europeu, representado na figura do Über-marionette, é a dificuldade de se paralelizar não formas de arte diferentes, mas maneiras essencialmente distintas de elaborar a linguagem artística. O teatro da Índia, com seu anseio clássico, talvez tenha um parentesco maior com a música erudita ocidental e com sua pedagogia.

LINGA

Lembremos, Shiva é ainda o Senhor do falo, deus da fertilidade, o grande semeador, gerador de vida e movimento que acende paixões quando dança. Alain Danièlou, citando o *Shiva Purana*, um antigo texto sobre o culto a Shiva, descreve a sua própria definição: "Não sou diferente do falo. O falo é idêntico a mim. Ele aproxima de mim os fiéis, portanto, é preciso venerá-lo. Meus bem amados, onde há um sexo erguido, estou presente, mesmo se não há outra representação de mim."[10] Ao mesmo tempo, é o Senhor dos cemitérios e dos locais de cremação, pois ali são destruídos o ego e toda a ilusão. Assim como o simbólico sentido de sua dança, isso não se refere ao local real de cremação, mas ao nosso próprio coração onde devem ser queimadas todas as ilusões. É ali que o Nataraja reina e dança. No entanto, Shiva não é simplesmente o deus da morte. Sua figura é mais complexa e sutil. A divindade conhecida especificamente como o Senhor da morte é Yama, cujo nome pode ser traduzido como "Lei dos Seres".

O culto ao deus Shiva é mais popular no sul, o que reflete a resistência das raízes dravídicas, pré-arianas, na cultura daquela região. O domínio árico nunca foi completo no sul da Índia, deixando intocados vários traços da cultura original. E é no sudoeste indiano, estado de Tamil Nadu, na cidade de Chidambaram, o local onde, segundo a mitologia, Shiva teria colocado o universo em movimento com sua dança. Por isso, para os shivaístas, Chidambaram representa o centro do universo.

10 A. Danièlou, *Shiva e Dioniso*, p. 45.

UM DEUS EXPRESSIVO

A combinação gestual elaborada por Shiva em sua dança indica que ele, enquanto dança, busca dar significados aos seus movimentos, combinando gestos (mudras) e uma linguagem corporal antinatural e de dinâmica complexa. Shiva procura dar significado a seus gestos combinados. Ao mesmo tempo, articula esteticamente a dinâmica de suas formas, elaborando uma linguagem dramática e artística. Movimento e ação/gesto mais uma vez simbioticamente amalgamados.

A ideia de uma representação inerte de um ser humano confeccionada para ser trazida à vida sobre o palco, num processo de idas e vindas entre uma realidade e outra, tem vínculo nítido com a filosofia embutida nas práticas rituais hindus; um movimento que faz aproximar de forma destemida a vida da morte, em um ciclo infinito, como as labaredas que se acendem e se apagam sobre o círculo que circunda o deus hindu. Esse círculo representa a crença hindu num eterno renascimento como parte inerente da natureza do mundo.

Shiva é um destruidor e ama os crematórios. Mas o que Ele destrói? Não simplesmente os céus e a terra ao encerrar o ciclo do mundo, mas os grilhões que atam cada alma separadamente. Onde e o que é o crematório? Não é o local onde nossos corpos terrenos são queimados, mas o coração de Seus adoradores. O lugar onde o ego é destruído significa o estado onde a ilusão e os atos são queimados: esse é o crematório onde o Senhor Shiva Nataraja dança, e onde ele é conhecido como Sudalaiyadi, "O Dançarino dos Crematórios". Aqui identificamos a conexão histórica entre a dança benévola de Shiva como Nataraja e sua forma selvagem como demônio dos crematórios.[11]

Ao afirmar sua canção à vida, Shiva se cobre de morte. Sua mortalidade é sua encarnação, seu corpo objetivo, concreto, exposto nu em sua dança, sujeito às ações sensoriais, mas inegavelmente presente naquele tempo e espaço. E aqui encontramos o corpo do ator, presente em cena, significante disponibilizado, glorioso em sua carnalidade, anterior a qualquer intenção representativa.

O corpo de Shiva se dispõe, basta olhá-lo, como um conjunto de contradições, ou melhor, como uma encruzilhada de

---

11   A. Coomaraswamy, *The Dance of Shiva*, p. 73.

contradições: de membros, de partes de seu próprio corpo e de seus adereços. Uma figura intencionalmente contraditória e repleta de significados que litigam sobre seu corpo.

Orquestrados, se tornam metáfora perfeita do espaço teatral definido não por uma delimitação física, mas por uma presença: o corpo-palco. Dentro da dificuldade contemporânea de definir com nitidez o que caracteriza o espaço destinado especificamente à atividade teatral, esse corpo Supermarionete talvez possa ser pensado como palco, aliás, como o palco definitivo do teatro, um território sobre o qual todos os outros elementos cênicos podem e devem dialogar, e litigar. Dramaturgia, iluminação, cenografia, vestuários. Não um campo de paz e harmonia, mas um território de batalhas, tensões, lacunas e conflitos: um campo de jogo, como queria Brecht.

MAYA

O Shiva Nataraja, assim como o Über-marionette, possui como inimigo eterno a ilusão. Na mitologia hindu, a ilusão é uma ação do demônio Maya. Maya busca nos distrair da essência da vida para que assumamos como centrais todas as trivialidades do cotidiano, e assim nos distanciarmos da iluminação. Craig se colocava contra a ilusão teatral. E contrapunha o teatro em si, o teatro mais teatral, sua materialidade: o corpo de seu Über--marionette. Da questão da ilusão decorre o problema do que é o natural e o artificial em cena. Acerca desse ponto, o grande livro sobre teatro da Índia, o *Natya Shastra*, já havia elaborado uma reflexão. E quando Coomaraswamy afirma que Gordon Craig deveria ter conhecido os atores indianos, ele com certeza tinha em mente a artificialização que a tradição oriental espera de seus atores. Qualquer tipo de ilusão, de busca de verossimilhança com a natureza, segundo o *Natya Shastra*, é oposto ao teatro. Sendo a estilização o alicerce de toda a estruturação do teatro da Índia, a naturalidade, como é encarada no Ocidente, nunca foi um ingrediente cabível na equação teatral indiana. A arte cênica da Índia há muitos séculos reconhece que a "vida" em cena é necessariamente oposta àquela fora do palco. "Os gestos usados no palco não devem nunca se aproximar dos gestos usados na vida cotidiana ou num drama ou em um filme. Abhinaya (expressividade) está tão afastado da representação assim como a poesia da prosa."[12] Como trabalha fundamentalmente com a consciência de que se encontra em um ato teatral, portanto artificialmente construída, o ator que procura estar "natural" em cena instaura o absurdo. Por isso a busca da "naturalidade" é estranha ao teatro clássico indiano, onde a "artificialidade" é um princípio básico e essencial. "A demanda de realismo corta pela raiz o valor estético da performance teatral."[13]

12 S. Guhan, *Bala on Bharatanatyam*, p. 15.
13 *Natya Shastra*, 1989, p. 17.

2. Gordon Craig e Ananda Coomaraswamy

Nascentes do Diálogo Com a Índia

> Gostaria de refrear aqueles que podem se sentir atraídos para longe do trabalho que fazemos aqui juntos, para ouvir a requintada flauta do amoroso e divino Krishna, pois suas doces e tristes notas são um prelúdio das poderosas espirais de músicas às quais é arremessado todo aquele que as escutam por muito tempo. Em resumo, a Índia é perigosa para os incapazes e ignorantes [...] e assim como não existe retorno para um verdadeiro amante, não obstante todas as dores, mesmo aquelas do inferno, assim também não existe retorno da Índia
>
> E.G. CRAIG, Asia Europe America, *The Mask*, v. VIII, n. 8, p. 32.

UM ESPELHO DO GESTO

Durante uma breve estadia em Chennai, encontrei o livro *The Mirror of Gesture* (O Espelho da Gestualidade) de Ananda Coomaraswamy. Ali mesmo na livraria, abrindo suas primeiras páginas, encontrei, surpreso, uma citação ao nome de Gordon Craig no prefácio do livro, incitando-o, de alguma forma, a conhecer os atores indianos antes de rejeitar a presença corporal de homens e mulheres nas artes dramáticas. Descobriria, mais tarde, que esse prefácio faz parte de uma troca de correspondências entre Gordon Craig e o pesquisador de arte indiana. *The Mirror of Gesture* é uma tradução realizada por Coomaraswamy do antigo tratado *Abhinaya Darpana* sobre a expressividade da cena clássica indiana.

Eu havia estudado Gordon Craig na escola de teatro que frequentava e ele era apresentado apenas como um cenógrafo do início do século XX. Sua real dimensão para o desenvolvimento do teatro ocidental, portanto, não havia ficado clara. Além do mais, seu nome era sempre estudado em associação ao de Adolphe Appia. Os estudos sobre as ideias de Appia e Craig em português ainda são incipientes. J. Guinsburg traduziu uma seleção das obras completas de Adolphe Appia, o que significa um grande avanço. Mas a falta de nitidez sobre as diferenças que separam esses dois importantes nomes da história das artes cênicas é um obstáculo para o aprofundamento das investigações sobre ambos. Mirella Schino, em *La nascita della regia teatrale* (O Nascimento da Direção Teatral), afirma que o teatro ocidental possui quatro "pais": Stanislávski, Meierhold, Appia e Craig. Se essa afirmação é mesmo verdadeira, dedicamos, então, uma atenção muito desigual a esses nomes.

A VIAGEM SEM RETORNO

O teatro asiático sempre povoou a imaginação do pensador Gordon Craig, mas a Índia, em particular, provocou especial magnetismo em seu imaginário, interesses e pesquisas. Ele sempre a menciona como um local idílico e, talvez, fruto desse encanto, tenha decidido imaginar, às margens do Ganges, o surgimento de seu Über-marionette. Craig era leitor voraz e foi considerado uma autoridade sobre o tema dos teatros asiáticos. Mas todas as informações que possuía, ele havia conseguido apenas por intermédio de suas leituras, sem nunca ter tido qualquer experiência com o teatro asiático em sua forma original. Ananda Coomaraswamy escreveu a ele dizendo: "Se o senhor Craig tivesse tido a possibilidade de estudar os atores indianos, e não simplesmente aqueles do teatro moderno, talvez não houvesse julgado tão necessário rejeitar o corpo de homens e mulheres como material para a arte dramática"[1]. Gordon Craig ficou perplexo e sentiu sua autoridade questionada: "Se um ator ocidental puder se tornar o que me disseram que o ator oriental foi e é, eu retiro tudo o que escrevi em meu artigo 'Sobre o Ator e o Über-marionette'"[2].

Essa interface com o teatro asiático sempre esteve presente no pensamento de Gordon Craig e encontrou em Coomaraswamy um interlocutor importante que o desafiou sobre a criação do Über-marionette e sua abordagem a respeito da arte teatral

---

[1] A. Coomaraswamy, Notes on Indian Dramatic Technique, *The Mask*, v. VI, n. 2, p. 123.
[2] E.G. Craig, A Living Theatre. The Gordon Craig School. The Arena Goldoni, *The Mask*, p. 40.

oriental. O diálogo entre Gordon Craig e Coomaraswamy foi o primeiro debate claramente estabelecido entre dois polos de visão sobre esse tema, o que faz com que tal evento seja classificado por estudiosos como inaugurante do universo investigativo do interculturalismo teatral.

Nicola Savarese, em *Teatro e Spettacolo fra Oriente e Occidente* (Teatro e Entretenimento Entre o Oriente e o Ocidente), pleiteia que Craig tirou sua inspiração para criar a alegoria da Über-marionette a partir de suas leituras sobre o teatro tradicional da Índia e, a partir daí, desenvolveu uma relação muito singular com o universo da arte indiana. Apesar de idealizá-las, não recomendava as tentativas de reproduzi-la: "Assim como não existe retorno para um verdadeiro amor, apesar de todas as dores, ainda que sejam aquelas do inferno, assim também não existe retorno da Índia."[3] Craig teria se encantado com a possibilidade de que o teatro da Índia tivesse surgido a partir do teatro de marionetes: "A Ásia foi seu primeiro reino. Às margens do Ganges eles construíram sua casa."[4] O termo "sutradhara, nome sânscrito que designa o diretor de teatro, significa literalmente 'aquele que puxa os fios' e indicava, exatamente por isso, também o manipulador de marionete, aquele que faz agir por meio de fios"[5].

A relação de ascendência do teatro de marionetes sobre o teatro tradicional é uma possibilidade que assume grande viabilidade ao se observar as silhuetas dos atores kathakali em cena. O *Abhinaya Darpana* versa sobre a gestualidade no teatro clássico da Índia. Em um capítulo da tradução feita por Ananda Coomaraswamy, uma nota explica o item que descreve as qualidades da dançarina em cena: "A atriz não deve estar suscetível a seus impulsos, mas possuir um perfeito autocontrole, senhora de uma arte estudada, de acordo com o ditado 'Como se manipulasse os fios de uma marionete.'"[6]

A influência do exótico universo estético da Índia parece ter sido irresistível ao meio teatral da época. E ela se dava majoritariamente na criação de uma ambientação cênica que procurava reproduzir uma espécie de misticismo que embebia tudo o que

---

3   E.G. Craig apud N. Savarese, *Teatro e Spettacolo fra Oriente e Occidente*, p. 404.
4   E.G. Craig, *On the Art of the Theatre*, p. 43.
5   N. Savarese, op. cit., p. 390.
6   A. Coomaraswamy, *The Mirror of Gesture*, p. 16.

se relacionava ao tema. Essa imersão bastante superficial nas qualidades identificadas como relacionadas à Índia caracterizou o que se denominou de orientalismo, e teve o próprio Gordon Craig como um dos entusiastas mais conhecidos que caíram nessa armadilha.

Gordon Craig, na verdade, não concordaria com essa minha avaliação. Ele se julgava, de fato, uma autoridade no assunto. A ponto de ser uma das poucas vozes que criticou duramente a excursão histórica de duas dançarinas japonesas que percorreram a Europa, avalizadas pela renomada dançarina Louie Fuller, arrecadando enorme admiração e prestígio: Sadda Yaco e, posteriormente, Hanako. Craig, com toda a sua enorme admiração e conhecimento em relação à cultura japonesa, conseguiu identificar as adequações indevidas que essas dançarinas haviam feito para adaptar a tradição japonesa ao gosto europeu. Muitos críticos o chamaram de cético e até mesmo de cínico. Porém, a história deu razão a Craig, e ficou provado mais tarde que ambas não eram de fato dançarinas profissionais e haviam feito um apanhado de movimentos, música e gestos com os jargões teatrais de suas culturas. Como não havia na Europa ninguém que pudesse contestá-las, confiaram nisso. E deu muito certo. Só depois do término de suas excursões, extremamente lucrativas, foi identificado o procedimento "intercultural".

CARTAS DA ÍNDIA

A descoberta de um diálogo por carta entre Gordon Craig e o historiador cingalês, Ananda Coomaraswamy, especialista em cultura clássica da Índia, funcionou como eixo principal para a elaboração dos desdobramentos do aspecto intercultural embutido no Über-marionette. Esse caráter intercultural, apesar de sutil, é marcadamente intencional. Desde a proposta inicial, em seu célebre texto *O Ator e o Über-marionette*, Craig definiu propositalmente o nascimento de sua criatura na Índia, insuflando-a com uma aura "oriental". Percebemos que Craig, após o diálogo com Ananda, repensou seu conceito sobre o Über-marionette e, a partir de então, o encaminhamento de suas reflexões levou-o a uma humanização de seu Über-marionette. Porém, trata-se de uma humanização muito singular, em que suas premissas o aproximam dos princípios de alguns tipos de teatro orientais. Historicamente, o diálogo entre Craig e Coomaraswamy praticamente inaugura um complexo debate sobre as possíveis interfaces do teatro ocidental e o asiático, que se repetirá muitas vezes ao longo do século XX e delimitará esse território bastante vago denominado "interculturalismo teatral".

Craig sempre exibiu seu grande encanto e erudição sobre os teatros da Ásia e não hesitou em visitar teoricamente esses universos, quando lhe convinha, para sedimentar suas ideias. Fez seu Über-marionette nascer "às margens do Ganges"[7] para lhe dotar de uma aura mística. Irmanou-o a outras figuras icônicas arquetípicas, seja na figura do homem "pendente na cruz" ou na "figura sentada serenamente diante de alguns incensos com as palmas das mãos reunidas"[8], para lhe insuflar eternidade. Porém, de fato, Craig possuía informações bastante limitadas não só em relação à Índia, mas também acerca do teatro asiático em geral. Não se pode culpá-lo disso. Devemos lembrar que o teatro asiático era quase totalmente desconhecido na Europa, durante a primeira década do século XX, mesmo nos círculos intelectuais mais "refinados". Um dos primeiros relatos técnicos descritivos editados na Europa foram exatamente os textos de Coomaraswamy publicados por Gordon Craig em *The Mask*. As experimentações cênicas de mescla entre os elementos teatrais asiáticos e europeus eram caracterizadas basicamente por uma busca pela instauração na cena de uma aura de misticismo idealizado, exótico e fetichizado. A esse encanto, Gordon Craig também sucumbiu. No início do século XX, "o universo oriental modificou substancialmente a linguagem do teatro europeu, mas deve-se também apontar que isso ocorre em um clima que admitia e, antes, favorecia grandes confusões, e a mera reprodução de exterioridades levava inevitavelmente a maneirismos e equívocos"[9]. À época, as informações provenientes dessas culturas, além de raras, eram frequentemente "reformatadas" para o gosto europeu.

As aproximações e ilações de Gordon Craig sobre o universo cultural da Índia são pautadas por uma frágil metodologia e

7 E.G. Craig, The Actor and the Über-marionette, *The Mask*, v. 1, n. 2, p. 14.
8 Idem, Gentleman, The Marionette!, *The Mask*, v. 5, n. 2, p. 96.
9 N. Savarese, op. cit., p. 375.

"excessiva desenvoltura"[10]. Craig nunca esteve na Índia, não teve nenhum contato direto com seu teatro, nem sequer conheceu o país. No entanto, esse universo teve enorme impacto em seu pensamento, sendo possível definir o Über-marionette como resultado direto de seu fascínio por essa cultura. O avanço tateante e idealizado de Gordon Craig sobre os ambientes teatrais dos países asiáticos (Índia, Japão, Camboja, Indonésia, China) levou-o a algumas conclusões se não equivocadas, pelo menos incompletas.

Além disso, Craig sempre possuiu a tendência em adaptar qualquer conhecimento às finalidades que lhe fossem mais convenientes. "Craig escreveu favoravelmente sobre todos os livros [de Coomaraswamy], mas quando lida com assuntos nos quais Craig se considera a autoridade, os problemas começam."[11] Em sua resposta a Coomaraswamy, Craig demonstrou inesperada e previsível parcimônia sobre a contribuição que os teatros asiáticos poderiam oferecer ao renascimento do teatro como sonhado por ele. "Inesperada" porque Gordon Craig era um reconhecido "entusiasta" do teatro asiático. E "previsível" por uma razão inconfessável: Craig não possuía, de fato, conhecimento suficiente para manter um diálogo com uma autoridade no assunto, e talvez não soubesse como lidar com essa desvantagem intelectual tão evidente, mas também inédita em sua vida. Fica claro que a argumentação de Coomaraswamy não apenas afetou sua vaidade intelectual, mas de fato o colocou de frente a uma incômoda tarefa de reavaliar seu Über-marionette.

ANANDA COOMARASWAMY

Nascido no Sri Lanka, antigo Ceilão, em 1877, filho de pai indiano e mãe inglesa, Ananda Coomaraswamy considerava a Índia sua verdadeira pátria. Apesar de sua formação em geologia, dedicou--se com grande afinco ao estudo da arte indiana antiga, não só de seus aspectos artísticos, mas também religiosos, mitológicos e filosóficos. Após a segunda década do século XX, o grande desencanto civilizatório europeu fez os olhares da intelectualidade da

---

10 Ibidem, p. 393.
11 O. Taxidou, *The Mask*, p. 91.

época voltarem-se para o Oriente, e Coomaraswamy tornou-se internacionalmente reconhecido como a principal autoridade e fonte de informações sobre a cultura indiana. "Os escritos de Coomaraswamy, com uma considerável base filológica, eram apreciados internacionalmente, e no período entre as duas guerras se tornaram fonte primária para a compreensão da história e da cultura indiana."[12]

Sua compreensão fundamental diante dos aspectos que investigava levaram-no a afirmar: "Os hindus não encaram o religioso, o estético e o científico como pontos de vista necessariamente conflitantes, e em todas as suas obras mais refinadas, seja musical, literária, ou plástica, esses pontos de vista, atualmente tão acentuadamente distintos, estão inseparavelmente reunidos."[13]

Após a Primeira Guerra Mundial, Coomaraswamy se tornou diretor do setor asiático do Boston Museum of Fine Arts, onde trabalhou até sua morte, em 1947.

DIÁLOGOS

Em 1913, quando Gordon Craig decide publicar o artigo de Coomaraswamy em sua revista, talvez tenha percebido o potencial polêmico no debate com Coomaraswamy . Craig já havia aprendido que polêmicas e irascibilidades o ajudavam a criar o estereótipo de gênio incompreendido. Mas com certeza não fazia ideia que iniciaria aí um diálogo espinhoso para si mesmo e para suas ideias. Também não passava pela sua cabeça o fato de que inauguraria um campo reflexivo que se alargaria e sedimentaria suas conquistas, criando um viés de pesquisa singular no âmbito teatral ao longo de todo o século XX: o interculturalismo teatral.

Como poderiam dialogar de forma equânime distintas tradições e culturas teatrais asiáticas? O entusiasmo de Craig pelas culturas teatrais do mundo acompanhou uma onda de encanto europeu sobre o exótico universo oriental. Apesar de seu olhar inegavelmente romântico e idealizado que tinha em relação a essas culturas, ele desenvolveu um parâmetro crítico muito apurado

---

12 N. Savarese, op. cit., p. 393.
13 A. Coomaraswamy, The Arts and Crafts of India and Ceylon, The Mask, v. VI, n. 3, p. 274.

sobre as possibilidades de intercâmbio e assimilação interculturais. Ao longo do século xx, baseado sempre em parâmetros ocidentais, esse "intercâmbio" com os teatros orientais ganhou ares de estilo estético e fundamentação teórica com terminologias como "interculturalismo", "internacionalismo", "transculturalismo" etc. O teatro contemporâneo parece ter incorporado a interculturalidade como fator inerente à sua elaboração. Inúmeros encenadores "visitam" tradições teatrais – e não teatrais também – de países orientais e dialogam com elas de maneiras diversas.

Gordon Craig publicou, em 1913, no volume VI, número 2, de seu periódico florentino *The Mask*, o artigo "Notes on Indian Dramatic Techniques", de Ananda Coomaraswamy. Na página 123 do artigo, Coomaraswamy afirma que: "Os movimentos do ator indiano não são governados acidentalmente por suas emoções pessoais; eles são treinados de maneira por demais perfeita para que isso possa ocorrer."

Gordon Craig, ao criar a figura do Über-marionette em seu artigo "The Actor and the Über-marionette", pretendia fazer uma crítica à atuação dos atores de sua época, afirmando que o trabalho do ator não poderia ser chamado de arte.

> Atuar não é uma arte. É, portanto, incorreto falar do ator como um artista. Pois o acidental é um inimigo do artista. A arte é a antítese absoluta do caos, e o caos é criado por um amontoado de vários acidentes. À arte se atinge unicamente com propósito. Portanto, fica claro que para se produzir qualquer obra de arte devemos trabalhar apenas sobre aqueles materiais que somos capazes de controlar. O homem não é um desses materiais.[14]

Erigindo uma sentença de morte contra o ator, Gordon Craig concluiu que apenas a exclusão do ser humano da cena e sua substituição por bonecos, por marionetes, poderia fazer renascer o teatro: "O ator deve desaparecer e em seu lugar surgir a figura inanimada, o Über-marionette, podemos chamá-lo assim, até que tenha conquistado para si um nome melhor."[15] Por sua vez, Coomaraswamy, em seu artigo, apresentava a Craig a complexa estruturação da tradição milenar indiana de formação do ator: sua rígida pedagogia, a mestria técnica de seus atores e sua

---

14 E.G. Craig, The Actor and the Über-marionette, *The Mask*, v. 1, n. 2, p. 4.
15 Ibidem, p. 11.

comprovada excelência artística. Dessa forma, contrapunha essa estrutura milenar à afirmação de Craig de que o ator não seria o material adequado para a arte.

Gordon Craig havia respondido ao artigo de Coomaraswamy com uma mescla contraditória de sentimentos, demonstrando, em alguns pontos, um vívido interesse pela tradição teatral da Índia: "Se existem livros de instruções técnicas, me indique, eu lhe peço. Ainda poderei um dia possuir um ou dois traduzidos para estudos e consultas particulares."[16] Outras vezes, demonstrava inesperada reticência sobre a possibilidade de intercâmbio: "O senhor sabe o quanto reverencio e amo de todo coração os milagres de sua terra, mas temo por meus colegas, que eles possam ficar subitamente cegos na tentativa de ver a face de Deus."[17] Coomaraswamy publicaria partes da carta enviada por Craig em seu livro *The Mirror of Gesture*, em 1917. E acrescentaria, com uma ponta de soberba: "O sr. Gordon Craig, que compreende tão bem a nobre artificialidade da técnica dramática indiana, tem frequentemente me pedido informações mais detalhadas do que as disponíveis nesse campo tão negligenciado."[18]

"THE MIRROR OF GESTURE"

Em 1915, como vimos, Ananda Coomaraswamy escreveu a Craig anunciando a conclusão de uma tradução sua para um importante texto sobre as tradições cênicas indianas, o *Abhinaya Darpana*, um manual para atores escrito no século XIII cuja autoria é atribuída a Nandikesvara. Coomaraswamy relata sua intenção em publicá-lo sob o título de *The Mirror of Gesture* (1917) uma tradução livre para o inglês do título original em sânscrito. Ele planejava, com essa publicação, provar a Craig a rigorosa tradição de formação dos atores da Índia, que descrevera em seu "Notes on Indian Dramatic Techniques", aprofundando e detalhando a prática. Em uma nota do *The Mirror of Gesture*, Coomaraswamy explica as qualidades esperadas em alguém disposto a tornar-se um ator-dançarino: "O ator não deve estar suscetível a seus impulsos, mas possuir um

---

16 E.G. Craig, em A. Coomaraswamy, *The Mirror of Gesture*, p. I.
17 Ibidem.
18 A. Coomaraswamy, *The Mirror of Gesture*, p. I.

perfeito autocontrole, senhor de uma arte estudada, de acordo com o ditado 'Como se manipulasse os fios de uma marionete'."[19] Gordon Craig parece, de fato, ser o motor por detrás do empreendimento editorial de Coomaraswamy.

A carta enviada por Craig como resposta, e citada por Coomaraswamy na introdução de seu *The Mirror of Gesture*, foi publicada em uma revista[20]. Como vimos, Gordon Craig manteve uma posição reticente, afirmando temer que o irresistível fascínio do Oriente levasse o teatro a uma possível perda da identidade. Na página 31, afirma: "A Índia é perigosa para os incapazes e ignorantes [...], e assim como não existe retorno para um verdadeiro amante, não obstante todas as dores, mesmo aquelas do inferno, assim também não existe retorno da Índia". Nota-se que Craig se esquiva em adentrar tecnicamente na questão do ator, a qual obviamente não dominava, e prefere rejeitar, de maneira quase ingênua, a Índia como um todo. Coomaraswamy, ao contrário de todos os críticos de Craig, não discordava da proposta do Über-marionette, mas apenas do procedimento intelectual de seu engendramento. Mas Coomaraswamy possuía uma outra forte motivação para a publicação de *The Mirror of Gesture*.

LUTAS PELA INDEPENDÊNCIA

Naquela época, a Índia travava sua batalha pela independência. Costumes e valores religiosos e culturais estavam sendo banidos, discriminados pelos dominadores ingleses. Entre as manifestações indianas que sofreram violências restritivas, encontramos todas as formas de dança e teatro tradicionais, principalmente as femininas. O poeta indiano Rabindranath Tagore, em 1917, após ganhar o prêmio Nobel de literatura, sentiu que poderia, mercê de seu prestígio, desafiar os dominadores ingleses e a elite indiana pró-britânica, resgatando essas formas tradicionais de arte. Tagore criou uma escola nos arredores de Kolkata (antiga Calcutá) com uma proposta pedagógica inovadora: ao lado das disciplinas básicas, os alunos teriam aulas de arte indiana como

---

19 Ibidem, p. 16.
20 E.G. Craig, Asia Europe America, *The Mask*, v. VIII, n. 8, Oct. 1918.

pintura, música e, principalmente, dança, todas sob o padrão tradicional indiano. Essa escola não tinha como objetivo formar dançarinas, mas apenas comprovar a importância do fortalecimento da cultura tradicional indiana. Nesse contexto de resgate e desafio ao domínio inglês, Coomaraswamy consegue fazer chegar ao Ocidente as primeiras informações sobre essa tradição milenar e que, aos poucos, buscava revitalização. A publicação em *The Mask*, periódico levado por Gordon Craig, representou uma oportunidade importante de Coomaraswamy fazer sua contribuição para esse resgate.

A FALHA DE CRAIG

A relação entre Coomaraswamy e Craig possui um aspecto dual, pois respondia aos anseios de Craig por informações fidedignas acerca dessa realidade teatral, mas também revelava uma deficiência no engendramento do Über-marionette. Coomaraswamy afirma, de maneira indireta, que Craig foi incapaz de identificar com nitidez os aspectos fundamentais da cultura teatral indiana, apesar de todas as suas leituras. E que, por esse motivo, não soube arregimentar subsídios para o desenvolvimento de sua tese do Über-marionette. Coomaraswamy sugere a Gordon Craig, que se acreditava uma autoridade máxima no assunto, que tomasse seu *The Mirror of Gesture* como uma "introdução" ao universo das artes teatrais indianas. Havia embutido, na argumentação de Coomaraswamy, logicamente, um repúdio sutil à presunção caracteristicamente britânica colonizadora.

Dr. Coomaraswamy fala de mim como alguém "que compreende muito bem a nobre artificialidade da técnica de arte dramática", e menciona, citando parte de uma carta que escrevi a ele, que eu "frequentemente peço por mais informações detalhadas" sobre o assunto. Isso não deve ser mal interpretado por aqueles poucos e bons trabalhadores que me acompanham. Para que sua atenção não possa ser de modo algum atraída para longe do trabalho que temos para fazer, penso ser o momento de olhar para a Índia e dizer uma coisa que há muito tempo desejo. Você não deve ser muito crítico comigo, porque eu admito que para mim, e vou adicionar que para você também, o assunto é estranho.[21]

21 Ibidem, p. 32.

Em seu *A Living Theatre* (Um Teatro Vivo, 1919), Gordon Craig, demonstrando indisfarçável fastio, mandaria um recado enviesado para Coomaraswamy:

> Eu tenho ouvido – desde que escrevi sobre o Über-marionette – sobre uma estirpe de atores que existiu (e alguns ainda nos dias de hoje preservam essa tradição) que se adequaria a fazer parte e parcela do mais durável dos teatros que se pode conceber. [...] Essa estirpe não era inglesa, nem americana, mas sim indiana. Se um ator ocidental puder se tornar o que me disseram que o ator oriental foi e é, eu retiro tudo o que escrevi em meu artigo "Sobre o ator e o Über-marionette".[22]

Gordon Craig reconhecia em Coomaraswamy um profundo conhecedor da tradição teatral indiana. E Coomaraswamy admirava o pensamento de Craig e respeitava a sua reputação. Mas, segundo o historiador, muitos dos questionamentos que o Über--marionette de Craig trazia já haviam sido equacionados dentro da tradição teatral indiana, alguns dos quais há quase dois mil anos. O problema do acaso na obra de arte, por exemplo, é um ponto central dentro da elaboração do Über-marionette.

Quando a cortina sobe, de fato, é tarde demais para iniciar a construção de uma nova obra de arte. Precisamente como um texto de uma peça permanece a mesma, qualquer que seja o ator, precisamente assim a partitura de uma composição musical não varia seja quem for tocá-la, assim também não há razão por que uma linguagem gestual formalizada deva variar sob o argumento de tirar vantagem da personalidade do ator. É a ação, não o ator, o essencial à arte dramática. Sob estas condições, logicamente, não há lugar para amadores no palco; de fato, não existe amadorismo na arte oriental.[23]

Na verdade, Coomaraswamy admirava o intelectual Gordon Craig e não tinha intenção de criticá-lo. De fato, concordava com a crítica embutida no Über-marionette de Craig. Sua intenção, a princípio, era apenas introduzir Gordon Craig, que tanto interesse intelectual demonstrava pela cultura indiana, nesse universo pouco conhecido na Europa.

De maneira bastante didática, Coomaraswamy, em seu "Notes on Indian Dramatic Techniques", descreve o rigor e a severa

---

22 Idem, A Living Theatre. The Gordon Craig School. The Arena Goldoni, *The Mask*, p. 50.
23 A. Coomaraswamy, *The Mirror of Gesture*, p. 3.

disciplina indispensável ao aprendizado da arte teatral na Índia. E relata o grau de excelência que seus artistas atingem após longos anos de treinamento. A primeira reação de Craig foi de admiração e incredulidade, conforme relataria alguns anos mais tarde: "Quando ouvi sobre isso, fiquei pasmo, prazerosamente pasmo. Disseram-me que essa estirpe era nobre, sem autoindulgência quanto a dores e austeramente autodisciplinados, que todas as fraquezas da carne eram erradicadas, e nada restava além de um ser humano perfeito."[24]

Apesar de identificar a provável pertinência da argumentação de Coomaraswamy, Gordon Craig resistiu em concordar tacitamente com ele e admitir sua própria ineficiência conceitual. Em sua reticência, no entanto, se encontra implícito o reconhecimento da inegável propriedade da argumentação de Coomaraswamy. Craig parece ter percebido o problema da aproximação e da apropriação de elementos provenientes da Índia. Porque, de certa forma, admite isso, embora sutilmente, em trecho já citado de sua carta a Coomaraswamy: "Se existem livros de instruções técnicas, me indique eu lhe peço. Ainda poderei um dia possuir um ou dois traduzidos para estudos e consultas particulares."[25]

Craig agora, por experiência própria, parece se dar conta das distâncias culturais, com suas riquezas e limites implícitos.

Apesar de adular o Oriente, no entanto, Craig não era totalmente cínico sobre sua própria tradição. Ao contrário, ele estava muito ciente do que o teatro ocidental era capaz de fazer. E estava convencido de que não seria pelo empréstimo de rituais e convenções teatrais do Oriente (um fenômeno ao qual estamos tão familiarizados atualmente) que o teatro ocidental poderia se desenvolver [...]. Ao contrário de alguns dos nossos estudiosos de teatro contemporâneo e antropólogos (que também buscam ansiosamente por estruturas universais em experiências culturais díspares), Craig respeitou as diferenças que existem entre as culturas. Nesse contexto, é interessante notar que, mesmo obcecado por sua própria imagem – modéstia não era uma virtude de Craig –, ele pôde reconhecer a "superioridade" de artistas de outras culturas.[26]

24   E.G. Craig, A Living Theatre. The Gordon Craig School. The Arena Goldoni, *The Mask*, p. 40.
25   Idem, em A. Coomaraswamy, *The Mirror of Gesture*, p. I.
26   R. Bharucha, A Collision of Cultures, *Asian Theatre Journal*, v. 1, n. 1, p. 7.

GUERRA

Deve-se sublinhar que a maior parte do diálogo entre os dois se dá durante o processo de suspensão das atividades da Escola Para a Arte do Teatro de Gordon Craig, em Florença. E em meio às atribulações sombrias da guerra. Ou seja, em uma situação histórica terrível e que causava enorme abatimento em Gordon Craig, não apenas pela interrupção de seu projeto pedagógico, mas também pelas mortes em combate de vários de seus colaboradores mais próximos. Devemos, portanto, dizer a favor de Gordon Craig que, dada suas conhecidas e crônicas dificuldades de relacionamento, ele, na posição de editor do *The Mask*, e em uma circunstância tão adversa, poderia ter simplesmente se escusado de publicar um texto que nitidamente o colocaria em uma posição difícil. Mas não o fez.

Gordon Craig publicou "Notes on Indian Dramatic Techniques", de Coomaraswamy, em *The Mask*, em 1913, com um subcapítulo, "The Human Actors". Em outubro de 1918 (v. VIII, n. 8), e em abril de 1919 (v. VIII, n. 12), Gordon Craig publicou ainda dois artigos com comentários sobre *The Mirror of Gesture*; e, em maio de 1915, outro artigo sobre outra publicação de Coomaraswamy, *The Arts and Crafts of India and Ceylon* (v. VI, n. 3). Essa frequência de aparições em *The Mask* comprova a forte impressão que Coomaraswamy havia causado em Gordon Craig.

Craig havia identificado de maneira perspicaz o potencial técnico (mais que o estético) que as formas de teatro do Oriente apresentam. E o fez com grande mérito, sem nenhuma referência considerável anterior. Criticou com acuidade as misturas aleatórias entre culturas teatrais distintas. Como no caso da bailarina Sada Yacco, que fazia grande sucesso na Europa com sua mescla de teatro tradicional japonês e europeu. "Ninguém na Europa pensa que a senhora e o seu tipo de recitação refletem minimamente a arte do teatro no Oriente. A senhora não representa o Japão."[27] Craig se demonstrava preocupado com a aproximação passiva a essas tradições e às tendências miméticas ou cleptômanas do Ocidente em relação ao exótico proveniente do Oriente. Ele parecia ter claros todos os "nãos" desse diálogo.

---

27 The History of Japanese Colour Prints, *The Mask*, v. 4, p. 64.

Faltava-lhe o "sim". No entanto, sua abordagem essencialmente romântica do assunto o acorrentou a uma visão idílica desse universo artístico e não permitiu que extraísse dele o instrumental necessário para apropriar-se dele e aprofundar suas investigações. Sua aproximação à Índia (mas também a Java e Japão), situando o nascimento de seu Über-marionette às margens do Ganges, foi extremamente audaz, e até por vezes infundada. Apesar de seus estudos disciplinados, Gordon Craig possuía uma familiaridade limitada com a cultura da Índia e dos outros países que gostava de citar. Mas o país natal de seu Über-marionette permaneceu para sempre como uma terra distante e coberta de misticismo e idealizações.

O diálogo com Coomaraswamy impôs a Craig uma reavaliação de seu Über-marionette. Uma mudança da perspectiva de sua proposta é percebida em seus escritos. A proposta de redimensionamento do ator simbolizada na figura inerte da marionete, e interpretada por muitos como uma utopia, modera lentamente sua acidez. Seu modelo se desloca aos poucos da matéria inerte e, modestamente, se encarna. Craig percebe que, para a evolução de seu projeto radical, necessitaria de um arsenal técnico a fim de metodizar esse desenvolvimento. O diálogo com Coomaraswamy deixa claro que ele não possui esse vocabulário técnico. Por isso, apesar de pedir "mais informações detalhadas" sobre o assunto, Craig prefere afastar a possibilidade de um paralelo concreto entre o Oriente e seu Über-marionette.

Em 1924, em um prefácio para uma nova edição de seu *On the Art of the Theatre* (Sobre a Arte do Teatro), escreverá, por fim, que seu Über-marionette é, na verdade, um ator, apenas com mais fogo e menos egoísmo.

Não é verdade que quando gritamos "Ah, vá para o diabo!" nós, na verdade, não queremos que isso realmente aconteça? O que quero dizer é: "Pegue um pouco de seu fogo e volte curado!" E é isso o que quero que os atores façam, alguns atores, os maus atores, quando eu digo que eles precisam se afastar e que o Über-marionette os substitua. "Então o que, por favor, é esse monstro Über-marionette?" Gritam alguns terrificados. O Über-marionette é o ator mais fogo, menos egoísmo: o fogo dos deuses e dos demônios, sem a fumaça e o vapor da mortalidade.[28]

---

28   *On the Art of the Theatre*, p. XII.

Contraditoriamente, essa humanização representava para Craig um recuo em sua proposta. Talvez pelo desaparecimento da perspectiva da escola de teatro, ou pelo simples entendimento de sua incapacidade, Craig nunca mais se dedicará a desenvolver tecnicamente a proposta do Über-marionette, preferindo mantê-la viva apenas em nível teórico. Estava claro que, nesse viés, ele possuía desenvoltura suficiente para alimentá-la infinitamente, com reflexão, inspiração e poesia.

MAIS FOGO, MENOS EGO

Na verdade, Coomaraswamy não tinha intenção de criticar Gordon Craig, pois, de fato, concordava com sua criação alegórica, além de admirá-lo intelectualmente. Sua intenção, teoricamente, era de introduzir o estudioso inglês, que tanto interesse intelectual demonstrava pela cultura indiana, nesse universo pouco conhecido na Europa. Na prática, Coomaraswamy desencadeou, além de um debate histórico, um movimento de reflexão profunda de Gordon Craig sobre o Über-marionette, sua criação mais emblemática.

Esse diálogo entre o britânico Gordon Craig e o cingalês Coomaraswamy poderia ser descrito como um confronto simbólico entre uma proposta técnica atoral ocidental (de Gordon Craig) e uma tradição clássica oriental (apresentada por Coomaraswamy). Mas Gordon Craig, com suas ideias demolidoras, não era um representante idôneo da tradição do teatro europeu. Era mais um crítico a ele. A dualidade hesitante e precavida de Gordon Craig sobre o assunto inaugura, na figura do Über-marionette, os paradoxos e as contradições das relações propostas no pantanoso terreno do interculturalismo, que se solidificaria ao longo do século xx. O embate de tradições espelhado no diálogo entre Gordon Craig e Ananda Coomaraswamy se tornaria universal. Tornar-se-ia, ainda, mais diverso e mais profundo.

SÍMBOLOS

Contraditórios e provocativos, universais e perenes, alguns símbolos são chave mestra para abrir algumas portas importantes do ser humano, independentemente de seu pano de fundo cultural. Carl Gustav Jung afirma que "o que chamamos símbolo é um termo, um nome ou mesmo uma imagem que nos pode ser familiar na vida diária, embora possua conotações especiais além de seu significado evidente e convencional. Implica alguma coisa vaga, desconhecida ou oculta para nós. [...] Assim, uma palavra ou uma imagem é simbólica quando implica alguma coisa além do seu significado manifesto e imediato"[29].

A partir dessa interface reflexiva com Ananda Coomaraswamy, vários aspectos do Über-marionette de Gordon Craig e, por consequência, de seu pensamento e procedimento intelectual, acabam por ser colocados sob uma lente e redimensionados sob parâmetros mais técnicos e menos idealizados. Craig bebeu nas fontes das tradições indianas de forma idílica e fetichizada, e fez sua criação, o Über-marionette, surgir às margens do rio Ganges, em um templo, e o irmanou a outras imagens divinas. Durante muitos anos, Gordon Craig, ao evocar seu Über-marionette, relembrava não apenas sua origem teatral, mas seu aspecto místico. Em "Gentlemen, the Marionette!", publicado em *The Mask*, em outubro de 1912 (v. V, n. 2), Craig retoma esse discurso, afirmando que convivemos, ainda que inadvertidamente, em nosso cotidiano, com esse ator magnífico e superior, seja na figura do homem "pendente na cruz" ou na "figura sentada serenamente diante de alguns incensos com as palmas das mãos reunidas", e conclui, na página 96 do artigo: "Senhores... eis aí a Marionete!" O Über-marionette, portanto, possui, em sua concepção, laços de parentesco imagéticos e místicos com outras elaborações sagradas. A Índia de Coomaraswamy possuía, em seu arcabouço cultural e religioso, outra elaboração simbólica igualmente relacionada simultaneamente ao teatro e a questões místico-religiosas: o deus hindu Shiva, em sua aparição como Nataraja.

A decisão de Coomaraswamy em responder a Craig especificamente sobre sua proposta de um Über-marionette talvez se explique pelo seu declarado aspecto simbólico. E por se identificar ali um método de pensamento oriental: não analítico, mas sintético – a síntese é uma operação estranha ao pensamento ocidental, pois não prevê a abordagem analítica, base da ciência e de todos os

---

29 *O Homem e Seus Símbolos*, p. 20.

procedimentos investigativos (inclusive deste). A maneira oriental busca o amálgama, a comunhão, a síntese, o ideograma, o koan zen, o simples. Coomaraswamy pode ter identificado o procedimento simplificativo implícito ao Über-marionette, com todos os seus incontáveis alcances e ramificações. A argumentação de Coomaraswamy se encontra apoiada, portanto, no substrato da longa tradição cultural e artística que alicerça a formalização do teatro indiano.

PIOR O ATOR, MELHOR O ARTISTA

A ideia da morte como pressuposto linguístico teatral participa da proposta pedagógica de Gordon Craig. Buscando uma relação de veneração e submissão do aluno em relação ao mestre, o ator Über-marionette seria aquele que teria sua formação a partir de uma disciplina severa e sábia, quando então aprenderia a abdicar de seu ego. Conforme dizia Craig, um treinamento para matar o ator e fazer nascer o artista: "Quanto pior o ator, melhor o artista"[30]. Por isso, a submissão irrestrita, a obediência das marionetes, a busca da mestria absoluta de seus próprios fios.

LIÇÕES PERENES

Em seus escritos, Coomaraswamy nunca fez menção literal a que tradição teatral indiana se referia. Mas a descrição da técnica e da formação de seus atores poderia facilmente indicar a estrutura do teatro kathakali. Regiões vizinhas, o Sri Lanka, país natal de Coomaraswamy, e o sul da Índia, guardam entre elas grandes semelhanças em vários aspectos. Portanto, Coomaraswamy conhece desde a infância o ambiente cultural do sul da Índia e com ele possui natural intimidade.

Podemos nos perguntar se, sendo a hipótese de Coomaraswamy verdadeira – e se, de fato, Gordon Craig tivesse estudado a técnica dos atores da Índia não teria sentido a necessidade de propor seu Über-marionette –, o kathakali se encaixaria

[30] E.G. Craig, *On the Art of the Theatre*, p. 19.

adequadamente no padrão técnico descrito por Coomaraswamy. Uma segunda questão seria como traçar um paralelo entre as necessidades evidenciadas pelo Über-marionette de Craig e a estrutura técnica e linguística do kathakali.

Ao questionar a crítica elaborada pelo Über-marionette, Ananda Coomaraswamy apontou para a tradição teatral indiana como possível resposta à insatisfação em relação ao trabalho do ator ocidental. Ele menciona atores dessa tradição sem obstáculos do ego e donos de uma consciência que privilegia a arte e não a si mesmos. Craig responde que se existissem atores com tal disciplina, ele abdicaria de sua proposta do Über-marionette. Pode-se identificar que o eixo do problema se refere à formação dedicada aos atores, mais do que à sua prática cênica. Gordon Craig possuía uma dimensão pedagógica intrínseca à sua maneira de sistematizar todo seu pensamento. E a tradição na Índia, assim como em geral em todo o Oriente, empresta à rotina pedagógica uma importância não apenas prática, por sua aplicação concreta na vida cotidiana, mas também um sentido simbólico e espiritual de perpetuação.

Eu tenho apenas uma objeção a fazer. Quando falei ao Sr. Craig sobre essa convencional arte indiana de atuar, ele disse que pensava ser um erro que seres humanos fossem submetidos a tão severa disciplina. Mas além de atuar, esses atores indianos eram tão humanos quanto qualquer outro. Que suas atuações necessitem ser tão severamente disciplinadas, não é mais doloroso que o cuidado com a forma em qualquer outra arte. Ao músico se demanda um treinamento pelo menos igualmente rigoroso. A verdade é que o teatro moderno nos tem acostumado tanto com uma forma de atuar que não é mais uma arte, que começamos a pensar que seria demais exigir do ator que ele deva ser novamente um artista.[31]

Nenhum estilo de teatro clássico da Índia prevê uma rotina pedagógica tão minuciosa, severa e complexa como o kathakali. Por isso, é extremamente difícil pensar que Coomaraswamy não estivesse visualizando a estrutura formativa do ator kathakali quando mencionou a eliminação do que é casual e a disciplina com que os atores do teatro clássico indiano "são treinados de maneira por demais perfeita", transformando "o seu corpo em

---

31 A. Coomaraswamy, Notes on Indian Dramatic Technique, *The Mask*, v. VI, n. 2, p. 127-128.

um mecanismo"[32]. Sua árdua rotina de treinamento formativo é exemplar mesmo para os outros estilos de teatro da Índia, com destaque para o intenso treinamento das expressões faciais. Coomaraswamy, ao citar a precisão e contenção do ator durante o "movimento de um único dedo, o alçar de uma sobrancelha, a direção de um único olhar", seguramente tinha em mente a linguagem expressiva e estética construída pela kathakali.

Fica claro, pelos escritos de Gordon Craig, que ele nunca propôs absorver uma técnica estrangeira como solução ao que identificou como a "falência" do teatro europeu de sua época. Ele possuía informações sobre várias técnicas teatrais da Ásia (nô, kabuki, bunraku, wayang etc.) e nunca pareceu identificar nessas tradições uma alternativa ao seu teatro. Craig se mostrou extremamente prudente em reproduzir modelos estrangeiros em sua busca de redefinição da arte teatral. De suas pesquisas – extensas para a época, mas limitadas para nossos padrões –, Craig percebeu que reproduzir alguma forma de teatro oriental demandaria enorme aprofundamento teórico (algo para ele muito possível) e disciplinado método prático que servisse de ferramenta à descoberta de algo culturalmente "orgânico" (algo que as circunstâncias tornaram impossível para ele). Apesar de ter verdadeira paixão por esses teatros, especialmente pelos de bonecos e sombras, como o wayang indonésio, Craig nunca se propôs a reproduzir nenhuma dessas formas teatrais.

Como o sr. Gordon Craig indica, é exatamente sua passividade, obediência e capacidade de responder que torna a marionete um material tão valioso para o artista de teatro, o que torna possível o que com o material vivo do corpo do ator vivo permanece impossível... a criação de uma obra de arte. Numa performance na qual os atores são pessoas vivas é impossível, por mais disciplinadas que elas sejam, que submetam completamente sua própria vontade e personalidade à vontade de seu diretor, e assim a unidade, a expressão de uma única vontade que é uma qualidade necessária para um obra de arte, se torna inatingível.[33]

A relevância da correspondência entre Craig e Coomaraswamy reside em evidenciar a ousadia da aproximação de Gordon Craig ao

---

32   Ibidem, p. 127.
33   J. Furst [Edward Gordon Craig], A Note on Marionettes, em A. Rood (ed.), *Gordon Craig on Movement and Dance*, p. 64.

complexo universo do teatro asiático. O que caracteriza de maneira sombria um prenúncio sobre as futuras aproximações entre esses dois universos. O exemplo não poderia ser mais emblemático: um inglês, cidadão do país colonizador, pretensiosamente proferindo conclusões a partir de suas leituras sobre a cultura do país dominado. E sem o conhecimento adequado para realizar tais inferências sobre uma cultura milenar e altamente estruturada filosófica e artisticamente. Coomaraswamy talvez não tivesse a intenção de atuar como acusador, mas acabou determinando um diálogo interessante e crítico sobre o chamado interculturalismo, a partir de uma argumentação comparativa entre o Über-marionette de Gordon Craig e a técnica e formação do ator da Índia. Podemos então fazer uma rápida análise do Oriente de Gordon Craig que surge a partir desse diálogo. Ou pelo menos dos elementos principais que participaram na construção desse Oriente claramente idealizado.

Coomaraswamy não pretendia propor a Gordon Craig um modelo a ser copiado, está muito claro. Ele não parece ter pretendido mais que divulgar a tradição artística indiana, a qual ele dedicava seus estudos. Adicionava ali uma pitada da característica empáfia indiana, orgulhosos que são da longevidade de sua história cultural, de fato admirável. Coomaraswamy apreciava a inteligência de Craig e talvez lhe interessasse manter um diálogo com um intelectual britânico. Sua intenção não poderia ser, portanto, a de contestar a proposta de Craig, mas sim de contribuir com ela. Coomaraswamy parece, mais sabiamente, estar propondo uma inspiração. Mas uma inspiração a partir de um exemplo concreto, testado e sedimentado ao longo de séculos de testes empíricos de inúmeras gerações de atores que povoaram e escreveram a história do ancestral teatro da Índia. Ele não sugeria práticas, adaptações, mas desvendava alguns processos. Talvez aí resida uma lição perene.

O DIÁLOGO ENTRE O ÜBER-MARIONETTE E O KATHAKALI

Existem tópicos técnicos específicos na estrutura linguística do kathakali que dialogam com o engendramento do Über-marionette de Gordon Craig. E aí residem os maiores dilemas para ele.

O primeiro deles possui paralelo direto com o motivo principal, o motor mais fundamental do Über-marionette: o culto personalista do ator.

Assim como no kathakali, Craig pregava que o ator deveria ser capaz de criar em cena um sentimento por meio da exemplificação e não da emoção. Quando afirmava que o ator em cena deveria "exemplificar", Gordon Craig se aproximava, inadvertidamente, dos conceitos de Rasa e Bhava, como vimos. O ponto de partida para o jogo das emoções do ator, segundo Craig, é seu corpo, sua materialidade. Por isso o apelo de Gordon Craig ao potencial expressivo das marionetes, redimensionando assim a atividade do ator a partir da interação consciente de sua plasticidade com os elementos não mais figurativos, mas sólidos e geométricos colocados em cena. Sem telões ao fundo, o ator se reencontra com a natureza de sua tridimensionalidade, com o espaço e seus desdobramentos temporais. Esse acento no físico encontra paralelo nítido no treinamento e no jogo do ator kathakali.

Gordon Craig havia estabelecido um acento fundamental nos trabalhos corporais em sua escola, e no conhecimento de suas possibilidades a partir das pesquisas com marionetes e máscaras. Embora não vislumbrasse a metodologia desse processo, ele havia compreendido que o alicerce de sua pedagogia seria o corpo do ator. Um ator "über preciso" e consciente de seus meios expressivos é o objetivo das duas propostas pedagógicas: um ator que elabora seu corpo em cena a partir de detalhes. O kathakali demonstra amor pelo detalhamento, e a riqueza de seu refinamento estético e linguístico é algo a ser admirado por aqueles que amam a arte. A tradição de seus atores, com seu treinamento e práxis, constitui um intrigante modelo de abordagem sobre a arte atoral. O treinamento para o detalhamento fazia também parte do projeto pedagógico da escola de Gordon Craig na Arena Goldoni. Estava incluído não apenas na disciplina movimento, onde o emprego de máscaras transformava o corpo do ator em um instrumento simbólico, mas principalmente no contato intenso com as marionetes e suas artesania e utilização.

O amor pelo detalhe fazia parte da personalidade de Gordon Craig, não apenas pelo zelo obsessivo que dedicava a todos os seus empreendimentos, desde minúsculas maquetes até biombos gigantescos, mas também em seu cotidiano. Pudemos atestar esse fato até mesmo nos inúmeros envelopes das cartas enviadas por Gordon Craig, depositadas no acervo do Arquivo Contemporâneo do Gabinetto Scientiffico Letterario G.P. Vieusseux em Florença. Gordon Craig costumava trabalhar em suas correspondências desenhando artisticamente sua letra e por vezes decorando os cantos das páginas das cartas e dos envelopes com arabescos e cuidadosos ornamentos.

A utilização pedagógica de máscaras indicava uma disciplina na construção do rosto do ator. Não mais como uma vitrine de suas emoções, mas como um meio expressivo consciente, uma máscara a ser modelada artisticamente com precisão e artificialidade. Não mais deixadas "à mercê dos ventos de suas emoções"[34], mas a serviço da expressividade cênica, cuja mestria é algo a ser conquistado pelo ator. Gordon Craig previa não apenas o treinamento facial e corporal do ator, mas também o vocal, e mantinha como referência o trabalho de Henry Irving. Gordon Craig afirma que gostaria de ver surgir no rosto dos atores "seis expressões em vez de seiscentas"[35]. Pudemos observar que a obsessão de Gordon Craig com a formalização expressiva do rosto levou-o a recorrer à ideia de máscara em inúmeras ocasiões: em seu amor pelo objeto em si, no título de sua revista, na utilização que fez dela em seu projeto pedagógico florentino como ferramenta para o treinamento do ator.

Gordon Craig previa em sua escola a obrigatoriedade de projetos individuais criados e desenvolvidos pelos alunos não apenas durante seus estudos, mas em seus períodos de férias. Planejava premiar os projetos dos alunos que se sobressaíssem no retorno das férias, uma vez mais reafirmando sua crença em uma fértil combinação entre o tradicional e o novo. O contato com as informações de Coomaraswamy sobre a pedagogia oriental podem ter significado um choque para Craig, pois colocava novos padrões sobre o alcance possível do processo de estruturação técnica e pedagógica do ator e sobre a inadequação da reprodução direta, tomando-a como modelo. E, ainda mais, evidenciava sua incapacidade de recriar esse modelo em padrões próprios.

---

34 E.G. Craig, The Actor and the Über-marionette, *The Mask*, v. 1, n. 2, p. 3.
35 J. Balance [Edward Gordon Craig], A Note on Masks, em A. Rood (ed.), op. cit., p. 5.

Outro aspecto importante que podemos destacar nesse tópico é a questão da desumanização da figura do ator. Como vimos, é absolutamente impossível descobrir a identidade do ator kathakali quando ele está em cena. Até mesmo sua silhueta humana é "borrada". Ele se torna, de fato, uma imensa marionete movida por fios invisíveis, não restando nenhum resquício de identidade nem sequer de humanidade. Gordon Craig talvez encontrasse nesse aspecto uma fonte de inspiração. O ator, preso a seu universo expressivo cotidiano, estaria condenado, segundo Craig, a buscar sua expressividade no espontâneo e no emotivo, supostamente natural, mas ao sabor de seus humores impalpáveis e momentâneos. O boneco, ao contrário, era, a princípio, ostensivamente artificial. Sua expressividade carecia de uma ativação artificial, uma vez que não provinha dele mesmo. O boneco faria assim um elogio explícito à teatralidade aberta, assumida e, ao mesmo tempo, artística e generosa. Similarmente, todos os desenhos de todas as obras projetadas por Craig – realizadas ou não – possuem como traço comum a utilização de figurinos majestosos, em que a figura do ator apresenta-se decomposta. Os atores na cena de Craig sempre são retratados com trajes, mantos ou armaduras em que suas figura e proporções humanas são dissolvidas e dilatadas. O resgate dos coturnos gregos em algumas de suas peças também sublinhava essa busca. Para tal ator, redimensionado, pressupõe um processo artístico aproximado ao do Estranhamento.

É interessante apontar a semelhança com a descrição de Gordon Craig sobre o trabalho de Henry Irving. Quando perguntado por um crítico por que Irving caminhava tão estranhamente, Craig responde indignado: "Não há ninguém que o tenha visto pelas ruas ou em sua vida privada que possa negar que Irving caminhe perfeitamente. [...] Porque ninguém nunca caminhou tão bem. Quando subia ao palco para um ensaio, no entanto, algo era acrescentado a seu caminhar: consciência."[36] Também ao contrapor a atitude física da vida cotidiana à vida no palco, quase nos mesmos termos que o *Natya Shastra*, Craig reiterava: "Ele estava consciente do palco. E isso era correto. A vida cotidiana era colocada de lado. Algo era acrescido a seu sangue. Ele não conseguia sentir-se da mesma maneira de quando caminha

---

36 E.G. Craig, *Henry Irving*, p. 70.

sobre os paralelepípedos da Bond Street."[37] Gordon Craig se aproxima também da noção de natya indiana quando arremata sua discussão com o crítico: "Meu caro, você estava certo. Irving não estava de fato caminhando. Ele estava dançando."[38]

O fato de ser uma arte masculina também agradava a Gordon Craig, ainda que em nosso tempo já existam trupes de kathakali, principalmente em Nova Deli, compostas exclusivamente por mulheres. Também os aspectos de veneração incondicional aos mestres e de autodisciplina e a sacralização do ato teatral são elementos extremamente próximos aos conceitos embutidos na concepção do Über-marionette de Craig. Além disso, o kathakali (assim como a maioria dos outros estilos indianos) possui atores silenciosos, que falam com as mãos, deixando toda a superfície do rosto para compor sua forte e característica expressividade. Gordon Craig sempre prezou o silêncio como um elemento fundamental ao teatro.

O teatro da Índia reclamando uma aproximação desapressada e sacralizada da performance (alguns estilos de teatro somente são executados dentro de templos) é o retrato perfeito daquilo que Gordon Craig esperava do espectador: uma atitude de veneração, respeito e tranquila admiração do sublime em cena, atitude adequada para a revelação que a cena teatral deveria proporcionar.

[Gordon Craig] concebia o silêncio como uma forma de outorgar vida dramática à arquitetura. A ausência da palavra humana serve para ressaltar os valores ambientais, espaciais e envolventes da arquitetura; paradoxalmente lhe traz vida. *Steps*, chamada por ele próprio de "drama de silêncio", é a expressão máxima de suas ideias sobre esse teatro ideal.[39]

A proposta do Über-marionette se define ao longo do caminho de Gordon Craig como uma proposta essencialmente prática, pensada por um ator e para um ator. Ela se desdobrou, de forma natural, em um projeto pedagógico cujas premissas fundamentais foram retiradas justamente da prática de um ator, que Craig realmente foi. Ainda que existam vários aspectos filosóficos, poéticos, estéticos e inclusive espirituais nessa proposição, seu eixo central e de onde partem seus vetores investigativos é o trabalho do ator: suas técnicas e papel. Ainda que tenha se concretizado muito

37 Ibidem.
38 Ibidem, p. 71.
39 A. Herrera (ed.), *Edward Gordon Craig: El Espacio Como Espectáculo*, p. 333.

mais teoricamente do que na prática, o Über-marionette, em mais uma de suas contradições, se caracteriza como um projeto a ser completado no corpo do ator. A virulência e a passionalidade com que Craig trata do assunto inicialmente refletem um ator insatisfeito, cansado das práticas teatrais da época e da alternativa que surgia fortemente, o naturalismo. Uma combinação genial de elementos possibilitou a Gordon Craig engendrar um ideário ao mesmo tempo destrutivo e inspirador. Não lhe bastou que morressem todos os atores. Sua proposta era de ressurreição.

UM LABORATÓRIO DE IMPRATICABILIDADES

O kathakali possui uma encenação surpreendentemente simples: não há cenários, nem um palco específico, nem coxias, nem tipo algum de decoração e apenas alguns pouquíssimos objetos são utilizados pelos atores. Quando o ator deve sentar-se em cena, busca-se um banco qualquer nas instalações do templo ou em alguma casa vizinha. O contraditório e intrigante é a contraposição e a tensão cênica entre essa aridez cenográfica e o fantástico e monumental figurino dos atores. É como se a presença do ator houvesse sugado para si todos os elementos da cena.

Junto ao figurino, o cenário parece também estar "aderido" ao ator. E também a música, sendo os guizos que ele carrega preso em suas pernas parte importante dela, cujo som ele modela ao bater mais ou menos forte seus pés no chão. A iluminação também parece ser elaborada pelo ator em cena: sua coreografia prevê afastamentos e aproximações da única fonte de luz da cena, a enorme lâmpada a óleo que ocupa o centro da divisão entre palco e plateia – o ator faz usos estratégicos desse utensílio durante as partes onde a expressividade do rosto deve ganhar importância (no entanto, hoje em dia, com a luz elétrica, esse efeito já não pode ser mais sentido claramente). A simplificação extrema da cena enaltece o ator. O esvaziamento cênico do kathakali remete ao proposto por Gordon Craig, que afirmou em seu livro *Scene*: "A simplificação da cena tem sido o trabalho ao qual tenho me dedicado durante os últimos vinte e cinco anos."[40]

---

40 E.G. Craig, *Scene*, em A. Herrera (ed.), op. cit., p. 374.

Há, no entanto, outros aspectos em que a comparação entre os dois universos parece completamente inadequada. O kathakali, sendo uma linguagem artística que evoluiu sua estrutura ao longo de séculos, preza enormemente pela perpetuação de sua tradição. Logo, o espaço para improvisação e criatividade é limitado. Contribuições pessoais para qualquer aspecto de sua estrutura são recebidas com enorme parcimônia e muita desconfiança. Durante um dos muitos espetáculos de kathakali que presenciamos na Índia, um dos atores improvisou uma sutilíssima batida de calcanhar em uma sequência de movimentação feita sempre ao final de cada estrofe de um texto em verso. Após o espetáculo, esse ator foi muito condenado por sua iniciativa pouco ortodoxa.

Uma formação técnica do ator que privilegie uma capacidade de aprofundamento técnico infinito bem como uma capacidade de autodisciplina férrea é característica da pedagogia do kathakali. Compatível ao extremo com os ideais de Gordon Craig, a ideia pedagógica do kathakali tem vários pontos em comum com a proposta alegórica do Über-marionette. Mas, ainda que Gordon Craig tivesse grande apreço pela tradição e gostasse de imaginar seu processo pedagógico ideal sendo constituído por uma fusão do que é tradicional com o que é novo, o acento do kathakali é claramente a manutenção da tradição. Na estrutura pedagógica montada por Craig para sua escola, ao contrário, podemos constatar que ele previa procedimentos de pesquisa, de iniciativas pessoais e de recompensa para tais realizações. Existe uma clara incompatibilidade entre os dois métodos, ainda que, pessoalmente, não os avaliamos como antagônicos.

Atualmente, dentro da prática teatral ocidental, o espaço para a investigação recebe enorme importância. Seria quase inconcebível dissociar a criação teatral da pesquisa. Esse espaço é absolutamente inexistente na estrutura do kathakali. Há, no entanto, inúmeras companhias de dança que mesclam elementos coreográficos de danças clássicas indianas com outros estilos, e até mesmo com a dança contemporânea. As experiências adaptativas dramatúrgicas realizadas com a estrutura do kathakali são bem aceitas no Ocidente, mas vistas com relutância pela maioria dos artistas de kathakali.

A FLOR DE GORDON CRAIG

De qualquer forma, é inegável a profundidade do conhecimento de Gordon Craig sobre as tradições teatrais asiáticas e a acuidade de sua percepção sobre seus elementos compositivos. Esses mesmos fatos ajudaram a deixar Craig cada vez mais hesitante sobre a aproximação entre Europa e o teatro asiático. "Dizendo que a tarefa não poderia ser levada a cabo em uma situação como aquela ocidental, Craig havia analisado certo. Quem venceu sem as armas necessárias ali onde Craig quis poder vencer, lhe lance a primeira pedra. Quem o viu correto lhe lance a primeira flor."[41] Mesmo sua imobilidade final, misto de impotência e reverência, é bastante simbólica da dificuldade e complexidade extremas embutidas nesse diálogo intercultural e suas tensões. O Über-marionette cria um eixo de reflexão atemporal e universal sobre a questão da técnica do ator e seus diálogos.

"Essa realidade do ator indiano era tão surpreendente e ao mesmo tempo tão distante da concepção ocidental de ator, que mesmo Gordon Craig não conseguiu acreditar em sua existência em alguma outra parte do mundo."[42] Gordon Craig compreendeu que uma aproximação minimamente consequente ao universo teatral oriental requereria um aprofundamento teórico sim, mas principalmente um simultâneo e metódico desenvolvimento prático. Ele parece ter preferido ligar o "controle de danos", dar um passo atrás e não se mover muito no projeto Über-marionette. Sem a perspectiva da escola, em meio à guerra, Gordon Craig decidiu se dedicar exclusivamente à investigação teórica. Muito a seu caráter, escolheu manter seu Über-marionette em um esquema fetichizante, rondando a esfera da parábola. E sua alegoria, sua über-criatura, permaneceu para sempre imóvel, em um palco a meia luz. Um pouco assombrada, um pouco encantada.

AO FINAL, SILÊNCIO E SOLIDÃO

Relutante até o fim em revelar no que se constituía objetivamente sua proposta de um Über-marionette, Craig conseguiu, como

---

41 É. Decroux, *Parole sul Mimo*, p. 35.
42 N. Savarese, op. cit., p. 392.

desejava, perpetuar uma discussão em torno de seu nome e assim imortalizar-se. Essa utopia grotesca e descabida é, simultaneamente, bela e essencial a todos os questionamentos mais radicais sobre a arte teatral do século XXI, em suas mais variadas vertentes de pesquisa. A proposta do Über-marionette de Craig se perpetua talvez por ter sido concebida intencionalmente como uma ardilosa impossibilidade, como uma charada genial, como um koan zen. Não parece ter sido feita para ser entendida, mas para intrigar e instigar. Não parece que sequer o próprio Gordon Craig a tivesse rígida em mente, adequando-a às diferentes situações, flexível a várias direções, por vezes opostas.

O Über-marionette é uma criação que acompanha toda a trajetória de Gordon Craig, sendo definido no fundo como um ator real, e não como um boneco, como a princípio se era levado a crer. Encontramos, assim, o Über-marionette cumprindo um papel de símbolo não apenas de uma revolução teatral, mas também fazendo-se modelo de reflexão do ator sobre si mesmo. Nessa alegoria de um boneco que representa um ator revolucionário, novo, encontramos o ator Gordon Craig, distanciado de si, dialogando consigo mesmo.

Craig fez de si e de sua vida sua maior performance. A personagem Gordon Craig foi sua maior criação. Suas notórias idiossincrasias, seus galardões. "A sua solidão é recompensada com a presença cada vez maior no momento em que o teatro tradicional entra cada vez mais em crise e se abre sempre mais um espaço para a pesquisa que se coloque de frente a uma realidade, a um modo de ser desse artifício linguístico que é a palavra teatro."[43] Em um prefácio para uma reedição do seu *On the Art of Theatre*, em 1955, Craig conta que ao pedirem sua permissão para essa publicação, ele decidiu fazer algumas alterações no texto original. O editor recusou, afirmando que acreditava que o texto deveria ficar como sempre foi. Craig insistiu, argumentando que "não seriam as ideias que eu modificaria, mas somente a maneira como foram escritas que eu tentaria melhorar"[44]. Nova recusa do editor. Vendo que seria inútil demover seu editor (que havia, de fato, feito a primeira edição desse mesmo livro em 1911), um Gordon Craig em seus 79 anos disparou ao final do prefácio:

---

43 G. Isolla; G. Pedullà, *Gordon Craig in Italia*, p. 35.
44 E.G. Craig, *On the Art of the Theatre*, p. xxv.

"Será que isso significa que eles temem que eu seja ainda um *enfant terrible*, como era em 1911? Se assim for, concedam-me fingir que de fato sou – concedam-me fitar o público, praguejar e enfurecer-me – concedam-me ser um ator até o fim."[45]

A interface entre Gordon Craig e Coomaraswamy é emblemática e marca de maneira simbólica o início de um metódico e reflexivo intercâmbio entre o teatro ocidental e o teatro oriental. "Craig foi o primeiro europeu que teorizou sobre interculturalismo no teatro de uma forma sistemática"[46]. A tradição apresentada por Coomaraswamy e sua interface com o pensamento e as intuições de Gordon Craig são reveladoras e auspiciosas. Uma leitura atenta demonstra os perigos e as riquezas mesclados nessa possibilidade. Assim como um Shiva Nataraja, o Über-marionette mantém seu mistério mitológico de esfinge e sua contemporaneidade atemporal. Proporcionando um estopim para esse debate intercultural e pressagiando suas idiossincrasias, o Über-marionette se torna a figura fundadora e simbólica do chamado interculturalismo, que se solidificará ao longo do século XX em inúmeras pesquisas teatrais.

---

[45] Ibidem.
[46] R. Bharucha, A Collision of Cultures, *Asian Theatre Journal*, v. 1, n. 1, p. 2.

3. Outras Margens: Rustom Bharucha e Richard Schechner

O DIÁLOGO ENTRE RUSTOM BHARUCHA
E RICHARD SCHECHNER.

Em 1984, a contenda intelectual entre o indiano Rustom Bharucha e o estadunidense Richard Schechner, dois expoentes do teatro intercultural, reeditou, de certa maneira, o diálogo entre Gordon Craig e Ananda Coomaraswamy no início do século xx. Bharucha teve publicado na *Asian Theatre Journal* (v. 1, n. 1) o artigo "A Collision of Cultures: Some Western Interpretations of the Indian Theatre", no qual criticava Gordon Craig, Jerzy Grotowski e, principalmente, Richard Schechner. Este retrucou de maneira áspera em outro artigo publicado na edição seguinte da revista, rebatendo as críticas feitas não apenas a ele, mas também a Craig e Grotowski, todos representantes históricos do diálogo entre o teatro europeu e as tradições teatrais clássicas da Índia.

No artigo que dá origem ao debate, Bharucha afirma que pretende ali fazer uma "análise de algumas atitudes exemplares em relação ao teatro indiano assumidas por artistas/pesquisadores tão variados como Gordon Craig, Jerzy Grotowski e Richard Schechner"[1].

---

1 R. Bharucha, A Collision of Cultures, *Asian Theatre Journal*, v. 1, n. 1, p. 1.

Ele enfatiza que, apesar de não generalizar, identifica o que chama de algumas circunstâncias de "imperialismo cultural"[2] nessa relação entre as duas tradições.

Apesar de aparentemente absolver Gordon Craig (bem como Artaud) de suas visões idealizadas sobre o Oriente, Bharucha também admite que Grotowski se dá conta, ao longo de suas pesquisas, de que "incorporar técnicas indianas à sua própria tradição cultural teatral é fútil"[3]. Mas a Schechner, Bharucha dedica a crítica mais severa afirmando que, dentre todos que se dedicaram a essa interface, Schechner era "o único ocidental que, em minha opinião, é irresponsável em sua atitude em relação às tradições teatrais orientais"[4]. Ele acusa Schechner de representar a postura imperialista, de não possuir o devido cuidado ao abordar as diferentes culturas teatrais e de forçar uma leitura dessas diferentes culturas para que se adéquem ao propósito teórico que lhe convém. Uma crítica presente na argumentação de Coomaraswamy sobre a abordagem de Craig e que se repetiu a todos aqueles que, pelo menos em algum momento, buscaram esse tipo de pesquisa, como, por exemplo, Eugenio Barba, Peter Brook e Ariane Mnouchkine.

Bharucha define o debate entre Gordon Craig e Coomaraswamy como emblemático e estruturante do posicionamento prudente de Craig nas possibilidades interculturais entre teatro europeu e indiano, o que Bharucha elogia.

JERZY GROTOWSKI

Mas é ao falar de Grotowski que Bharucha cria uma aresta aguda e emblemática entre ele e Schechner. Ele afirma que Grotowski, ao contrário de Gordon Craig, que nunca conheceu a Índia, visitou aquele país em 1956. Segundo Bharucha, Grotowski teria "estudado kathakali" e, assim como Eugenio Barba, "utilizado algumas de suas técnicas" em seu programa de treinamento nos anos 1960, o que permitiu a Grotowski "desmistificar as associações sagradas do teatro indiano mitificado por Gordon Craig"[5]. Bharucha

---

2   Ibidem.
3   Ibidem, p. 2.
4   Ibidem.
5   Ibidem, p. 7.

menciona então a montagem realizada por Grotowski em 1960 de *Shakuntala*, uma peça escrita por Kalidasa, na Índia, provavelmente no século V. Bharucha afirma que "não é inteiramente coincidência que a montagem de *Shakuntala* de Grotowski [...] possuísse tão ostensiva falta de reverência em relação à Índia"[6]. Ainda conforme Bharucha, a montagem de Grotowski foi definida por um crítico como "uma paródia aos modelos tradicionais indianos". Bharucha analisa que "paródias a convenções estrangeiras frequentemente revelam preconceitos culturais e uma fundamental falta de respeito com a outra cultura"[7]. E ele termina, finalmente, por se voltar contra Schechner, afirmando que a leitura do estadunidense sobre a pesquisa de Grotowski é equivocada, pois identifica sua utilização do kathakali como um "genuíno uso do ritual intercultural"[8]. Bharucha, de fato, ataca toda a análise de Schechner sobre as tradições rituais da Índia, principalmente sobre o kathakali e, colateralmente, faz uma boa comparação entre as duas tradições teatrais:

> Subjacente à defesa do uso de rituais no teatro de Schechner há uma atitude específica para com as diferenças entre as culturas. "A diferença entre 'eles' e 'nós' não é tão grande", ele informou aos participantes de um seminário [...] em Baltimore, em 1978. Enquanto essa atitude parecia à primeira vista aberta e generosa, ficou claro que Schechner não estava realmente interessado em compreender as perspectivas de outras culturas em seus próprios rituais. Em última análise, ele usou a suposta falta de diferenças entre as culturas como uma justificativa para interpretar os rituais de uma maneira pessoal [...]. Ao contrário do que foi afirmado por Schechner, o grau que um bailarino kathakali pode desviar-se das regras é consideravelmente menor do que o de um ator de *Hamlet*. Quais são as regras para interpretar *Hamlet*, afinal? Há uma tradição de desempenho, mas nada tão codificada como o sistema de atuação kathakali prescrito em manuais, onde as minúcias dos mudras, movimentos oculares e estados emocionais a serem retratados estão intrinsecamente documentados. O que Schechner não reconheceu é que há regras em kathakali que permanecem mais ou menos fixas. [...] Certamente, cada grande dançarino vai moldar um mudra subjetivamente, assim como cada ator fala "Ser ou não ser" de forma diferente, mas o dançarino, invariavelmente, tem em mente o mudra como ele aprendeu de seu guru, enquanto o ator

---

6 Ibidem, p. 8.
7 Ibidem.
8 R. Schechner apud R. Bharucha, op. cit., p. 8.

é relativamente livre para interpretar o monólogo de Hamlet de uma maneira que parece apropriado para sua vida interior.[9]

A discussão sobre as consequências dessa interface é o que realmente cria o impasse. Schechner parece, nessa discussão, não ver problema em que algumas manifestações culturais sejam apresentadas com alterações nesse processo de intercâmbio entre culturas. Isso obviamente é uma visão extremamente condicionada pela ideologia da globalização. Não queremos crer que Schechner não se importe com o futuro de alguns rituais tão preciosos. Assim como sabemos que alguns agentes desses rituais não hesitam em abraçar as propostas mais discutíveis seduzidos pelo dinheiro que corre em certas iniciativas, por vezes vinculadas a superproduções da Europa ou dos Estados Unidos. Agentes, deve-se dizer, muitas vezes imersos em realidades muito árduas, em países de economias periféricas, e que se deparam subitamente com uma oportunidade única em suas vidas. Como julgar isso?

RICHARD SCHECHNER

Schechner não vê diferença entre as mudanças nas performances genuínas que resultaram de um comercialismo e pressão do público. Ele pergunta (de maneira bastante inexplicável, em minha opinião), "em que momento é que um show para turistas se transforma em uma arte autêntica?"[10] Essa questão, que parece enxergar a cultura como um produto que pode ser reciclado, somente poderia surgir em uma mente moldada pelas necessidades de uma sociedade tecnológica. Na Índia, assim como a reciclagem de lixo ainda precisa ser mais largamente aceita como prática, da mesma maneira a conversão do espúrio em "autêntico" é um conceito totalmente estrangeiro. Significativamente, quando Schechner foi perguntado uma vez como se pode distinguir entre "um ritual verdadeiro" e um "fabricado", ele respondeu com uma pergunta: "Isso faz alguma diferença?"[11]

---

9   R. Bharucha, op. cit., p. 15.
10 R. Schechner, From Ritual to Theatre. Em R. Bharucha, A Reply to Richard Schechner, *Asian Theatre Journal*, v. 1, n. 2, p. 82.
11 Ibidem, p. 99.

Bharucha replicou com firmeza: "Minha resposta a essa pergunta seria afirmativa."[12]

A presença ostensiva de "dinheiro sobre a mesa" nessas trocas obviamente descaracteriza a ideia muito simples, ao alcance de qualquer criança, de "troca". Está claro que a palavra equânime não pode ser mais usada nessa relação. E mesmo quando o dinheiro não está "sobre a mesa", os encantos de outros benefícios, privilégios ou oportunidades inusitadas, como visitar várias cidades europeias sem gastar absolutamente nada, é ainda um argumento irresistível para um ator de um pequeno vilarejo do interior de Querala, no sul da Índia. Por outro lado, foi um investimento inicial financeiro que propiciou a existência em si dessas trocas, que levaram a todo esse debate e à própria existência deste estudo, por exemplo. Sem o aspecto financeiro, esse âmbito investigativo teatral talvez não existisse.

Schechner defende com firmeza o intercâmbio entre as culturas teatrais, base do teatro intercultural, como um movimento irreversível e característico do mundo moderno. Indo além, descreve uma lista de produções e escritos seus nesse campo investigativo realizados nos Estados Unidos, Índia e em vários países da Ásia, como projetos, segundo ele, extremamente bem-sucedidos. Na página 245 do artigo "A Reply to Rustom Bharucha", publicado na *Asian Theatre Journal*, Schechner rebate as críticas de Bharucha feitas não apenas a ele, mas também a Craig e Grotowski.

O artigo de Rustom Bharucha, "A Collision of Cultures: Some Western Interpretations of the Indian Theatre" (1984), é tão redutivo, incompleto, e impreciso no que se refere a meu trabalho e meu pensamento, que estremeço ao pensar no que Bharucha fez a Gordon Craig, que não está mais vivo para se defender, e a Jerzy Grotowski, que talvez não se importe em fazê-lo.

Para Schechner, Bharucha falhou na coleta dos dados para seu artigo: "Sobre o meu trabalho, Bharucha é igualmente mal informado. Ele simplesmente não pesquisou muito sobre o que eu fiz antes de 1980, e nada do que escrevi ou fiz desde então"[13]. Sche-

---

12 R. Bharucha, A Reply to Richard Schechner, *Asian Theatre Journal*, v. 1, n. 2, p. 16.
13 R. Schechner, A Reply to Rustom Bharucha, *Asian Theatre Journal*, v. 1, n. 2, p. 245.

chner refuta também as colocações de Bharucha em relação a Grotowski e sobre sua montagem de *Shakuntala*, identificando vários erros sobre os fatos citados por Bharucha.

Grotowski fez sua primeira viagem somente em 1968. Eu confirmei esse dado em uma conversa com Grotowski em 7 de fevereiro de 1984. [...] Mas nem Barba nem Grotowski na verdade fizeram o treinamento de kathakali, ambos apenas observaram. E a afirmação de Bharucha de que a montagem de *Shakuntala* foi influenciada pela visita de Grotowski à Índia é absurda. *Shakuntala* foi realizada em 1960, oito anos antes da primeira viagem de Grotowski à Índia (e três anos antes de Barba). Sobre o meu trabalho, Bharucha é igualmente mal informado. Ele simplesmente não pesquisou muito sobre o que eu fiz antes de 1980, e nada do que escrevi ou fiz desde então. [...] Permitam-me citar a mim mesmo para demonstrar que não apenas possuo um senso desenvolvido do que é interculturalismo, mas também uma clara percepção de seus perigos. Se opto por promover o interculturalismo, não é por falta de visão das forças exploradoras das culturas ocidentais. [...] Meus motivos para estudar performances na Índia, Japão, sudeste asiático, entre os indígenas americanos, Europa e América são localizar as particularidades de cada uma e verificar onde elas se sobrepõem, onde elas possuem influências mútuas e onde divergem. O sabor de cada uma é o que me interessa. [...] Novamente, isso não é uma rua de mão única, e enfatizar apenas uma direção é ser profundamente paternalista. Há um "teatro moderno" florescente (euro-americano influenciado) na Índia. Bharucha sabe disso – mas ele escreve com uma falsa ingenuidade, como se a Índia não fosse tanto uma sociedade tradicional quanto uma potência industrial emergente.[14]

Bharucha escreveu uma tréplica no artigo "A Reply to Richard Schechner", publicado na mesma *Asian Theatre Journal*.

Se meu artigo "A Collision of Cultures: Some Western Interpretations of the Indian Theatre" foi tão "redutivo, incompleto, e impreciso" como Schechner afirma, não consigo ver por que ele deveria responder ao que escrevi com tanta paixão e rancor. Algumas linhas teriam sido suficientes para descartar a aparente ignorância de minha parte.[15]

RUSTOM BHARUCHA

E então surge o surpreendente: Bharucha afirma que sua fonte de informação sobre o trabalho de Grotowski foi a própria obra de

---

14 Ibidem, p. 250.
15 Ibidem, p. 254.

Schechner. O tema Grotowski passa a ter maior relevância, não pelo trabalho de Grotowski como pesquisador, teórico e diretor, mas principalmente por sua abordagem específica do universo indiano, pela qual Bharucha busca fazer de *Shakuntala* um exemplo para sua crítica ao teatro intercultural.

Schechner aponta meu "erro decisivo de fato" sobre a visita de Grotowski à escola [de kathakali] Kalamandalam. Ironicamente, o próprio Schechner foi a minha fonte de informação. Em seu ensaio "Do Ritual Para Theatre and Back", ele especifica que "Grotowski já visitou a Índia em várias ocasiões, a primeira em 1956-1957, quando também viajou para a China e Japão". Em sua resposta a meu artigo, Schechner "confirma" que Grotowski não havia visitado a Índia até 1968. Estou confuso com essas informações conflitantes, mas reconheço o meu erro na associação entre a viagem de Grotowski em 1956-1957 à Índia com sua posterior visita ao Kalamandalam.[16]

Nesse ponto do debate, na mesma edição da revista, o editor da publicação se vê obrigado a intervir. E, em uma nota de rodapé, busca resposta a essa contradição de fatos: "Quando informado sobre essa contradição, Richard Schechner novamente entrou em contato com Jerzy Grotowski, e enviou a seguinte declaração":

Grotowski me disse, em abril de 1984, que havia realizado três viagens para a Ásia antes de 1968. Em 1956-1957, para a Ásia Central; em 1962, para a China; em 1967 ou 1968 (ele não se lembrou do ano exato), para a Índia. Eu estava errado quando eu disse no meu artigo de 1974 "From Ritual to Theatre and Back", que Grotowski tinha visitado a Índia, já em 1956-1957. Na verdade, é quase irônico que eu tenha sido a fonte dos erros de interpretação de Bharucha sobre o *Shakuntala* de Grotowski. Mas talvez isso signifique uma fábula de advertência sobre as "influências" do Oriente sobre o Ocidente e vice-versa.[17]

Novamente a polêmica se dirige à dificuldade tão aparente em Gordon Craig simbolizada na própria criação de seu Über-marionette e que foi, acreditamos, desvendada em seu diálogo com Coomaraswamy: a dificuldade inapelável – que afinal é de todo ser humano – de lidar com o que é "Outro", não apenas pessoas,

16 Ibidem.
17 Richard Schechner em nota de rodapé introduzida pelo editor do original na página 254 da réplica de R. Bharucha, A Reply to Richard Schechner, *Asian Theatre Journal*, v. 1, n. 2, p. 254.

mas com tudo o que o cerca. A presunção de ascendência sobre os outros arruína a qualidade do diálogo, com todos e com tudo. Como em Sartre: "O inferno são os outros."

O diálogo entre Bharucha e Schechner é bastante significativo mais pelo simbolismo do que por seu conteúdo, que termina por se enredar em pontos bastante frágeis, uma vez que dependentes de uma visão subjetiva sobre o assunto. Nem sequer parecem se caracterizar como excludentes, formando o corpo desse campo investigativo, como já foi dito aqui, bastante nebuloso e vasto. Mas sua forma retoma a discussão principal aqui sobre o embate a partir do Über-marionette entre Gordon Craig e Coomaraswamy. Esse diálogo, aliás, é citado pelo próprio Bharucha em seu artigo justamente por seu aspecto inaugural. Bharucha identifica em Craig um inesperado "bom senso" no enfrentamento com essa espinhosa questão das trocas interculturais. Logicamente, a prudência de Craig era em muito devido a ser ele o ponto questionável na polêmica. Gordon Craig não demonstrou a mesma prudência em suas críticas sobre Yacco e Hanako.

O debate entre Rustom Bharucha e Richard Schechner, e o outro entre Gordon Craig e Ananda Coomaraswamy, apesar do evidente crepitar das vaidades intelectuais que obscurece muitas vezes a delicadeza, solidariedade e compaixão que deve acompanhar o olhar sobre o Outro, aponta exatamente a dificuldade de um reconhecer no outro um outro válido.

Em conclusão, eu gostaria de acrescentar uma nota de advertência à declaração de Schechner que, quando aprendemos sobre o outro, também aprofundamos nossa compreensão de quem somos nós: o Outro é um outro e um espelho ao mesmo tempo. O perigo, acredito, surge quando o Outro não é um outro, mas apenas a projeção de seu próprio ego. Então tudo que se tem é uma glorificação do Self. Esperemos que interpretando "outra" cultura não simplesmente representemos a nós mesmos.[18]

A falta de informações precisas sobre o Outro e sobre o que o Outro realmente quer dizer parece marcar os dois diálogos. No entanto, nesse caso, mais importante que ouvir o outro parece ter sido a ânsia de fazer ouvir a própria voz. Isso fica muito claro no diálogo entre Bharucha e Schechner. Mas também

---

18 R. Bharucha, A Reply to Richard Schechner, *Asian Theatre Journal*, p. 260.

Coomaraswamy não parece ter analisado muito bem a proposta de Craig, pois caso contrário teria percebido que Craig não falava realmente de um boneco, e talvez não estivesse realmente descartando a presença humana em cena. Por sua vez, Craig, ao avançar sobre o universo teatral da Índia, não procurou compreendê-lo suficientemente.

No melhor dos mundos possíveis, o interculturalismo pode ser visto como uma "via de mão dupla" baseado em uma reciprocidade de necessidades. Mas, na verdade, onde é o Ocidente, que estende sua dominação em questões culturais, essa "via de mão dupla" pode ser descrita com mais exatidão como um "beco sem saída".[19]

Alguns defensores do teatro intercultural argumentam que trocas desse tipo sempre foram feitas e com consequências benéficas, levando a cabo desenvolvimentos importantes na arte teatral. Mas sabemos que as épocas definem a característica e a qualidade dessas trocas. Rustom Bharucha, em *Theatre and the World* (O Teatro e o Mundo), aponta como uma das idiossincrasias do teatro intercultural: o que deveria ser, por definição, um processo de troca, de intercâmbio, se transforma, por vezes, em um triste subproduto da "filosofia" e da "ética" da globalização. E cria uma espécie de aval – uma "carta branca" moral – não para uma relação entre culturas, mas, em última análise, para o avanço de uma economia mais rica sobre uma economia mais pobre.

---

19 Idem, *Theatre and the World*, p. 2.

4. Interculturalismo e Índia

EUGENIO BARBA E ISTA

Uma parte da popularização das formas de teatro da Índia no Ocidente se deve ao trabalho desenvolvido por Eugenio Barba em sua International School of Theatre Anthropology (Ista). Fundada em 1979, ela promove encontros periódicos em diferentes países reunindo artistas de tradições cênicas vindos de todos os continentes. Alguns artistas e teóricos se tornaram parte de um núcleo central de participantes e se reencontram em todas as sessões. Nomes como Nicola Savarese, Franco Ruffini, Thomas Leabhart, Ferdinando Taviani, Ferruccio Marotti, Mirella Schino e artistas como a atriz indiana Sanjukta Panigrahi e atores do Odin como Iben Nagel Rasmussen, Roberta Carrieri, Julia Varley, Torgeir Wethal e outros têm suas imagens intimamente associadas ao trabalho desenvolvido na Ista.

A Ista foi criada dentro do contexto de aprofundamento das pesquisas de Barba com seu grupo Odin Teatret, fundado em 1964, logo após um período de três anos acompanhando o trabalho de Jerzy Grotowski, na Polônia. Desde o começo decidido a investigar a ideia de um treinamento para atores, o elenco do Odin foi estimulado a encontrar seus próprios treinamentos individuais. A partir da observação dessa evolução, Barba percebeu que alguns exercícios se assemelhavam a certos exercícios dos treinamentos dos atores de teatros asiáticos. A partir dessa observação foi estruturada lentamente a ideia da Ista.

O Odin decidiu, no ano de 1978, dispersar seus componentes para que cada um buscasse algum material prático com a finalidade de desenvolver o seu trabalho individual. Os destinos foram os mais diversos: Bali, Índia e até Brasil. Ao retornarem, Barba observou o que seus atores haviam trazido: "Desanimado e cético, observei esses vislumbres de exóticos estilos aprendidos rapidamente. Comecei a notar que, quando um de meus atores executava uma dança balinesa, entrava num outro esqueleto/pele, que condicionava seu modo de erguer-se, deslocar-se, resultar expressivo perante meus olhos"[1].

Eugenio Barba criou a Ista com a singela intenção de compreender a natureza da atuação teatral. Um tópico com um enunciado simples, mas de abrangência vastíssima, de desdobramentos infinitos e conceituação pantanosa. Barba possui o olhar cientista de incrível pertinácia investigativa. Ao longo de quase cinco décadas desenvolveu um, digamos, olhar sobre as técnicas de atuação intercultural que criou um âmbito próprio, singular, de reflexão e pesquisas práticas. Aliado a uma perspicácia e um brilhantismo inédito em sua investigação, Barba integrou em seu trabalho talvez o ingrediente mais importante e pessoal: a poesia. O caráter poético do pensamento de Barba por vezes pode confundir, e em outros momentos pode iluminar seus pontos de vista mais centrais. Todos os seus livros possuem títulos que apelam a imagens de forte caráter metafórico: *A Canoa de Papel*, *Além das Ilhas Flutuantes*, *A Terra de Cinzas e Diamantes* etc. Ao mesmo tempo que suas perambulações por entre as diversas técnicas de todos os cantos do mundo trazem à tona conceitos e conclusões bastante questionáveis por vários críticos também de todos os cantos do mundo, seus escritos sobre a utopia criada pela Ista ainda hoje se mostra tão poderosa quanto inspiradora. Barba mantém-se ativo, girando o mundo em conferências e workshops sobre sua *antropologia teatral*.

A Ista é uma "escola" muito particular. Não possui nenhum dos atributos institucionais de uma escola comum e suas aulas

[1] E. Barba, *A Canoa de Papel*, p. 21.

acontecem em "sessões" esporádicas, em diferentes países que a convidam para celebrar seus encontros. Essas sessões são divididas comumente em duas etapas: uma primeira, que pode durar uma semana ou um pouco mais, fechada para poucos participantes, escolhidos pela organização a partir de suas afinidades com as pesquisas que realiza; e uma segunda etapa, mais curta, aberta para o grande público. A primeira tem uma programação de vivências e experimentações entre os atores asiáticos e os do Odin, demonstrações, seminários e palestras de alguns participantes do *staff* permanente da Ista e workshops de técnicas dos teatros asiáticos. Na segunda etapa, as atividades se concentram mais em palestras e demonstrações de trabalho. A partir da segunda sessão, os encontros passaram a adotar um tema básico, como um eixo reflexivo, em torno do qual todos os trabalhos girarão. Nessa segunda sessão, em Volterra, o tema foi "Improvisação". Na terceira, na França, "A Narração". Outros temas se sucederam: "O Papel da Mulher nos Cenários de Culturas Diferentes"; "O Diálogo Teatral: A Tradição do Ator e a Identidade do Espectador"; "Técnicas de Atuação e Historiografia" etc. A Ista brasileira, a única realizada fora do continente europeu, teve lugar em Londrina, na Estância Aguativa, de 12 a 17 (a sessão fechada) e de 18 a 21 (sessão aberta) de agosto de 1994, e o tema escolhido foi "Tradições e Fundadores de Tradições".

O interculturalismo da pesquisa de Eugenio Barba teve seu prenúncio no que se chamou de "Trocas" do grupo Odin. As Trocas eram ocasiões – que tiveram início durante uma estadia do Odin na Itália – em que o grupo visitava algum vilarejo e, após apresentar seu trabalho, vendo-se numa situação muito mais íntima do que o habitual, recebia uma retribuição dos habitantes do povoado que mostravam suas canções e danças tradicionais. Nesse pequeno – mas bastante legítimo – ambiente de interação, a ideia de um interculturalismo sistemático foi alimentada e se desdobrou em nível mundial. Outros grupos italianos, em sua origem, iniciaram apostando nessas experiências de troca, como, por exemplo, o Teatro Potlach, da cidade de Fara Sabina, e o Teatro Tascabile di Bergamo, do diretor Renzo Vescovi.

Essas interações e debates entre culturas teatrais definem a base dos estudos desenvolvidos no âmbito da Ista e servem de ambiente para a pesquisa sobre os princípios que regem a atividade teatral enquanto manifestação humana, independentemente de sua origem: os "princípios que retornam". Em *A Arte Secreta do Ator*, Barba define que a antropologia teatral possui a "ambição de identificar os conhecimentos úteis à ação do ator-dançarino. Não quer descobrir 'leis', e sim estudar regras de comportamento"[2]. Esses entrelaçamentos entre modelos teatrais tão distintos teriam por objetivo a compreensão da manifestação teatral em seus aspectos mais essenciais, mas que por vezes se veem velados sob camadas de tradições e de culturas.

Barba afirma que a Ista se propõe a analisar os princípios comuns do comportamento em situação teatral. Pensar a respeito da natureza da atuação seria como alguém dizer que anda refletindo sobre a vida. O que a princípio soa como lugar-comum, por fim mostra-se terreno inesperadamente inexplorado. Terreno repleto de ineditismos e surpresas, mas que também se mostra particularmente traiçoeiro. Barba acredita na busca por princípios universais que regem a técnica do ator em cena. Identifica as estruturas da linguagem teatral asiática como superior por causa do seu refinamento. Por esse motivo é possível notar o comparecimento, nos encontros organizados pela Ista, de grande quantidade de grupos de teatro asiáticos em comparação a grupos ocidentais convidados. Isso colocaria, a princípio, as técnicas orientais em certa posição de superioridade ao teatro ocidental. Essa atitude o fragiliza frente a seus muitos críticos ocidentais que não reconhecem tal superioridade, atestando que cada cultura produz o tipo adequado de linguagem teatral para seu local e tempo. Para esses mesmo críticos, valorar comparativamente técnicas de tradições tão díspares não possui valor objetivo. As técnicas são fenomenologicamente diferentes, porque surgidas em circunstâncias distintas e para fins diversos.

Porém, Barba investiga não os atores em si, mas a tradição técnica que ele carrega. São os ideogramas escritos em seu corpo que o fazem criar aquela presença especial para sua atuação. Por isso os atores asiáticos são modelares, pois possuem por trás de si longas e rigorosas tradições técnicas, e uma linguagem cênica esculpida ao longo de árduos treinamentos. "A análise transcultural mostra que, nessas técnicas, é possível individualizar alguns

---

[2] E. Barba; N. Savarese (orgs.), *A Arte Secreta do Ator*, p. 14.

princípios-que-retornam. Esses princípios, aplicados ao peso, ao equilíbrio, ao uso da coluna vertebral e dos olhos, produzem tensões físicas pré-expressivas. [...] A base pré-expressiva constitui o nível de organização elementar do teatro."[3]

Alguns temas de sua pesquisa se mostram vagos, academicamente falando: energia, dilatação, equilíbrios, caminhadas, oposições e pré-expressividade. Parecem divagações sem concretude epistemológica. No entanto, para o ator praticante, são pontos-chave, quando colocados em movimento. São ideias que parecem necessitar estar em movimento para fazer sentido. É possível reconhecer no próprio corpo a efetividade dessas questões em cruzamento com outras técnicas: "A antropologia teatral postula um nível básico de organização que é comum a todos os atores, e o chama de pré-expressivo."[4]

Ela postula que o nível pré-expressivo esteja na raiz de várias técnicas atorais e que, independentemente da cultura tradicional, exista uma "fisiologia" transcultural. De fato, a pré-expressividade utiliza alguns princípios para que o ator-dançarino conquiste presença e vida[5].

Portanto, a antropologia teatral não se resume a um estudo comparativo, mas trata-se também de um levantamento de "pistas" sobre um único segredo: a potencialização máxima da presença do ator em cena. Partindo do pressuposto de que esse segredo não pertence a nenhuma técnica específica, mas sim às artes da cena, Barba intui que várias chaves para esse segredo foram encontradas, sob distintas formas, nas diferentes culturas. Barba deduz ainda que o ator – qualquer ator de qualquer parte do mundo – pode acessar alguns ambientes importantes de seu trabalho com algumas dessas chaves. Porém, para ele, está claro que nem todas as chaves foram encontradas por todas as tradições. E, por outro lado, existe a possibilidade também de algumas chaves já achadas não servirem. Então ele avalia, partindo dessas percepções, que só há uma maneira de saber algo dos segredos da presença do ator em cena, e ela faz parte da própria definição do trabalho do ator: a experimentação.

3   E. Barba, op. cit., p. 25.
4   E. Barba; N. Savarese (orgs.), op. cit., p. 14.
5   Ibidem, p. 228.

Eugenio Barba possui uma sensibilidade singular para esse tipo de observação. No início dos anos 1960, Barba foi à Índia sob a orientação de Grotowski, para conhecer o kathakali de perto, e intuiu, acertadamente, aspectos interessantes a respeito de sua técnica. E, mais importante, o descreveu com grande beleza, convidando a todos a se acercarem desse universo e estimulando a dar um passo adiante nesse tipo de investigação. Eu não teria desenvolvido um estudo tão longo sobre o kathakali se não fosse o encontro com o trabalho de Barba.

Mas o kathakali nunca foi muito dócil nas experimentações conduzidas no âmbito da Ista. Sua estrutura técnica é por demais elaborada e muito resistente a improvisações, ainda mais em diálogo com outras linguagens. Suas partituras rígidas, como partituras de uma música clássica, permitem poucas possibilidades para uma improvisação fora das molduras de sua própria linguagem, ainda mais em se tratando de improvisar um diálogo com um ator ocidental ou de teatro balinês.

O cruzamento investigativo idealizado pela Ista em seus encontros entre teatro asiático e teatro europeu deu origem a um termo muito utilizado na literatura de Barba, que é o teatro euroasiano. Tais nomenclaturas, que permeiam as investigações interculturais de Barba, são sempre muito passíveis de crítica. O teatro eurasiano, estranhamente, exclui, em sua própria nomenclatura, ainda que não na prática, as formas teatrais das Américas, África e Oceania. Assim como em outras situações interculturais, de um modo geral, a Ista padece de ter como ponto de partida o ponto de vista da cultura anfitriã, e o olhar europeu define a qualidade e os tipos de suas interações e de seus debates.

O trabalho investigativo e poético de Barba assume ares utópicos. Uma utopia como a de Gordon Craig e seu Über-marionette: enquanto horizonte não como impossibilidade. E isso é um de seus maiores êxitos. Mas seu caminhar será sempre desbravador. Até mesmo a palavra "antropologia" em si parece não se adequar bem ao estudo que desenvolve, pois se afasta do que conhecemos como antropologia cultural. Contudo o próprio Barba, em *A Canoa de Papel*, busca criar uma distinção entre territórios:

A única afinidade que une a Antropologia Teatral aos métodos e campos de estudo da antropologia cultural é saber que o que pertence à nossa tradição e aparece como uma realidade óbvia pode, em vez disso, revelar-se um nó de problemas inexplorados. [...] O desarraigamento educa o olhar a participar e a distanciar-se dando nova luz a seu "país" profissional.[6]

Phillip Zarrilli é dos críticos mais contundentes de Barba, e sua voz se faz importante por sua propriedade singular no campo do interculturalismo adquirida a partir de uma longa vivência *in loco*, convivendo e experienciando todas as circunstâncias que constroem uma tradição como a do kathakali e do kalarippayattu. Zarrilli é severo:

A visão de Barba acerca do ator oriental é um tipo de combinação que carece de contextualização sociocultural ou histórica. [...] Barba parece desconhecer o árduo processo a que todo artista precisa se submeter para se aperfeiçoar. Tampouco parece levar em conta que, mesmo nas tradições nas quais se inspira, existem muitos artistas que não chegam a atingir esse nível de "presença" que tanto o fascina. Não faz o menor esforço para articular com precisão o que entende como "presença" e define a antropologia teatral como "o estudo do comportamento humano em nível biológico e sociocultural em situação de representação organizada". Ainda assim, ele precisa reconciliar sua definição particular de antropologia teatral com a antropologia acadêmica, seja por escrito ou na prática.[7]

Barba contestou a Zarrilli:

A importância do estudo do contexto sociocultural de um teatro específico é óbvia. Também é óbvio que não se pode entender nada sobre um teatro a menos que o examinemos sob uma luz de seu contexto sociocultural [...] cada objeto, de fato, pode pertencer a inúmeros contextos diferentes, todos eles igualmente pertinentes. Um bom método é aquele que atribui importância ao contexto em relação às perguntas que se formulam ao objeto de estudo.[8]

A Ista já realizou quinze encontros, ou sessões, até o momento em que escrevo: em 1980, em Bonn, Alemanha; 1981, Volterra e Pontedera, Itália; 1985, Blois e Malakoff, França; 1986, Holstelbro, Dinamarca; 1987, Salerno, Itália; 1990, Bolonha, Itália; 1992, Brecon e Cardiff, Reino Unido; 1994, Londrina, Brasil; 1995, Umea, Suécia; 1996, Copenhagen, Dinamarca; 1998, Montemor-o-Novo

6 E. Barba, op. cit., p. 27.
7 P. Zarrilli apud I. Watson, *Hacia Un Tercer Teatro: Eugenio Barba y El Odin Teatret*, p. 15.
8 E. Barba apud I. Watson, op. cit., p. 15.

e Lisboa, Portugal; 2000, Bielefeld, Alemanha; 2004, Sevilha, Espanha; 2005, Wroclaw, Polônia; e 2016, Albino, Itália.

A criação da Ista possui o mérito histórico de posicionar o estudo das tradições asiáticas fora de um contexto fetichizado, a partir de um olhar científico por meio da análise das dinâmicas e expressividades quando em diálogo entre si. A Ista simboliza uma iniciativa essencialmente ocidental de abordar de maneira objetiva e sistemática as interações possíveis entre as tradições, desmistificando as tradições asiáticas e colocando-as em um patamar dialogante com outras técnicas e com artistas oriundos de outros continentes. Assim criou-se um diálogo inédito e uma interação universal sobre a prática teatral.

Eugenio Barba fundou um *tópos* virtual com sua Ista, onde são investigadas e divulgadas tradições teatrais de várias partes do mundo. Se, por um lado, criou uma importante área investigativa sobre o comportamento teatral, adicionando o componente antropológico ao estudo das artes cênicas ao longo da história, por outro deu origem a diversas generalizações, tão semelhantes quanto imprecisas como aquela que reúne em um único verbete os nomes de Appia e Craig. Basta que se abra qualquer um dos livros de Barba para se deparar com citações sobre as formas de teatro indianas, entre elas o kathakali, em meio a longas listas de outras formas teatrais ao redor do mundo. Em seu livro *A Canoa de Papel*, a palavra kathakali é citada onze vezes. Em apenas quatro delas ela surge isoladamente, fora de uma fileira de outras formas de teatro asiáticas.

A bibliografia de Eugenio Barba é extensa e vigorosa, e faz um retrato inspirador não apenas do seu pensamento, mas do percurso traçado pelo interculturalismo teatral em âmbito mundial. Entre suas obras ao nosso dispor, destacamos as seguintes: *Além das Ilhas Flutuantes*, *A Arte Secreta do Ator*, *A Canoa de Papel*, *Terra de Cinzas e Diamantes*, *Queimar a Casa* e *Teatro: Solidão, Ofício, Revolta*.

PHILLIP ZARRILLI E O TEATRO PSICOFÍSICO

Um dos principais nomes representativos desse investimento investigativo sobre as tradições teatrais da Índia é Phillip Zarrilli.

Após um primeiro período de interesse sobre as formas de teatro de Querala, Zarrilli decidiu focar suas pesquisas na arte do kalarippayattu. O kalarippayattu é a arte marcial tradicional de Querala criada e desenvolvida pelos guerreiros da casta Nair, que tinham o dever de proteger os vilarejos, as cidades e os próprios reis de seus inimigos e invasores. Por volta do século XII, toda a formação dos guerreiros de Querala se baseava na técnica marcial do kalarippayattu. Essa tradição atravessou os séculos e ainda hoje faz parte da base de treinamento físico de todo ator de kathakali. Como em geral acontece com as artes marciais, o kalarippayattu possui um viés espiritual, ou mental, que faz parte da formação de seus praticantes. Não é raro que se encontre em muitas das artes marciais ao redor do mundo essa comunhão de formação guerreira com um necessário desenvolvimento espiritual. Phillip Zarrilli descreve o kalarippayattu como uma prática oitenta por cento mental e somente vinte por cento física: "Os oitenta por cento mentais são desenvolvidos não apenas por exercícios marciais neurofisiológicos, quando o foco em um único ponto é primeiramente abordado, mas também pela manutenção de uma rotina severa de disciplinas."[9] Zarrilli dedicou grande parte de sua vida à investigação, teórica e prática, sobre o treinamento do ator no kathakali e, posteriormente, sobre a técnica do kalarippayattu. Zarrilli traduziu essa longa e intensa experiência em uma bibliografia que abrange desde os princípios técnicos do kalaryppayattu até considerações acerca do teatro contemporâneo. Como encenador, desenvolveu com seu grupo um treinamento para atores em que associou sua experiência com o kalarippayattu às técnicas do ioga e do tai-chi-chuan. Zarrilli observou que o treinamento para o kathakali passava pela construção de uma ética e de um comportamento psicofísico redimensionado sobre a cena.

A visão de uma preparação psicofísica voltada ao ator foi desenvolvida por Stanislávski. Dando-se conta de que os aspectos emotivos e psicológicos não bastariam para dar vida à personagem em cena, Stanislávski intuiu que a elaboração interna deveria criar um diálogo com a construção externa, em um processo de retroalimentação: "Assim o ator volta-se para seu instrumento criador, espiritual e físico."[10] Stanislávski forjou essa aborda-

9 P. Zarrilli, *Kathakali Dance-Drama*, p. 173.
10 C. Stanislávski, *A Preparação do Ator*, p. 311.

gem – inédita em sua época – em que reúne, indissoluvelmente, a ação física e a mental para o ator dela utilizar-se em cena. Isso requereria um novo e mais árduo tipo de trabalho. Zarrilli parte desse núcleo experimental intuído por Stanislávski: "Talvez a maior contribuição e legado de Constatin Stanislávski tenha sido a noção de que o fazer teatro é melhor quando é realizado como um processo de contínua evolução em uma prática constante de investigação e reflexão."[11]

Na época de Stanislávski, tal constatação foi uma aquisição fundamental para o desenvolvimento de seu sistema. A concepção de integração entre os procedimentos internos e externos do ator é fundamental até mesmo para compreender, por exemplo, as novas abordagens performativas surgidas ao longo do século XX e que se abrigam sob a denominação criada por Lehmann (2007) de "Teatro Pós-Dramático". A construção fundamentalmente psicológica deixou de ser o eixo central da composição do ator, abrindo um leque infinito de novas possibilidades de atuação em cena. Algumas dramaturgias, atualmente célebres, não suportariam a abordagem unicamente psicológica, como as obras de Samuel Beckett, Heiner Müller, Sarah Kane, Robert Wilson ou até mesmo Alfred Jarry e Fernando Arrabal. A crise do drama, intuída já por Stanislávski e descrita por Peter Szondi em seu *Teoria do Drama Moderno* (2003), direcionou muitas pesquisas cênicas do último século para uma abordagem fisicalizada da atuação do ator. Essa fisicalização levou também a um redimensionamento da relação entre o "eu" do ator e sua construção sobre a cena, ora diminuindo essa distância até quase se confundirem, outras vezes as distanciando até a formalização total. O próprio conceito de personagem foi questionado, não necessariamente constituindo uma composição desprendida de seu autor, mas muitas vezes utilizando elementos subjetivos do próprio ator. Essa "co[n]fusão", no fundo, enriqueceu extraordinariamente a linguagem teatral, descortinando um novo e enorme espectro de possibilidades linguísticas para o ator e para a arte cênica em geral.

A terminologia "psicofísico" se refere obviamente aos processos da mente e do corpo e suas relações. Porém, Stanislávski

---

11 P. Zarrilli, *Psychophysical Acting*, p. 5.

não chegou a abordar os processos que poderiam exercitar e potencializar essa qualidade. Zarrilli investiga exatamente essas possibilidades. Ele parte da herança deixada não apenas por Stanislávski, mas também por Meierhold, Grotowski e Eugenio Barba. Meierhold, por exemplo, se preocupou em descobrir a mecânica que tornaria o corpo do ator em cena um fenômeno holístico. A ideia de buscar essa totalidade por meio de um treinamento repercutirá no próprio conjunto de exercícios desenvolvido por Grotowski, que se alimentará muito nos procedimentos formativos, técnicos e éticos dos atores asiáticos, em especial das formas de teatro clássico da Índia. Seu interesse o levou a indicar que Eugenio Barba buscasse na Índia elementos técnicos mais precisos sobre tais procedimentos.

Eugenio Barba adota um ponto de partida fundamental sobre a investigação psicofísica ao definir o que ele chamou de pré--expressividade. Todas as formas cênicas clássicas do mundo, inclusive o balé ocidental, criaram uma posição básica, um ponto inicial para todas as suas dinâmicas, a partir do entendimento de que o "imediatamente antes" da atuação do ator define a qualidade de sua atuação na cena. Essa posição básica inicial é a etapa final (e simbólica) de um trabalho vital de preparação do ator, anterior à cena e aos ensaios em si. Trata-se de um estágio de pesquisa em que se observam características orgânicas, potencialização de possibilidades expressivas, a natureza dos impulsos vitais que regem as ações do ator e a consciência das relações entre corpo e mente durante a ação.

Zarrilli decidiu viajar à Índia para conhecer o teatro de Querala em meados dos anos 1960. Poucos anos antes, Eugenio Barba havia estado no pequeno vilarejo de Cheruthuruthy, Querala, onde fica a Kalamandalam School of Arts, recolhendo material sobre a técnica do kathakali para seu trabalho em conjunto com Grotowski. Foi nesse mesmo vilarejo que, no final dos anos 1980, tive meus primeiros dois anos de intenso treinamento de kathakali. Zarrilli terminou por dedicar quase toda sua vida a um intenso estudo prático e teórico das técnicas teatrais desenvolvidas em Querala. Detendo-se primeiramente sobre o universo do kathakali, logo encontrou a técnica do kalarippayattu, que compõe a base de treinamento do ator no kathakali. Zarrilli decidiu, a partir de 1976, ir ainda mais fundo, dedicando-se com enorme afinco ao aprendizado exclusivo do kalarippayattu. Em Thiruvananthapuram, capital de Querala, estudou na CVN Kalari, conhecida academia de treinamento de kalarippayattu, sob a orientação do guru Govindankutty Nair.

Nunca esquecerei o momento em que meu professor [...] gritou para mim: "Use seu corpo inteiro!" Foi um momento de completa e profunda humilhação – e, mais tarde, de realização. Eu suspeito que qualquer um que tenha se submetido em profundidade a um treinamento e atuado no palco experimentou momentos como este – a humilhação pode ser uma grande amiga do ator. [...] Obviamente, naquele momento pensei que *estava* usando meu corpo inteiro. Como eu poderia não estar quando um rio de suor escorria de meu corpo até o chão, e interiormente eu estava fazendo um enorme esforço. Eu *sentia* que estava realizando o exercício completamente e bem. O que era esse "corpo inteiro" que eu não estava usando?[12]

Zarrilli mais tarde compreenderia que seu guru se referia exatamente à comunhão entre corpo e mente, ao corpo-mente, entendido como uma dimensão alternativa do "estar", onde mente e corpo já não mais se identificam como coisas separadas.

Portanto, um questionamento concebido com Stanislávski foi fermentado pelas pesquisas de Meierhold e Grotowski, e encontraria sua expressão mais plena a partir de um viés intercultural, comumente identificado com Eugenio Barba. Phillip Zarrilli é aquele que fez esse caminho com maior propriedade e construiu um território particular de pesquisa e criação cênica singular, onde o kathakali e o kalarippayattu ocupam lugar central, sem reproduzir em nenhum momento suas formas. Zarrilli possui um trabalho único no mundo. E é resultado de um arrojado e disciplinado investimento de quase quarenta anos de intensa dedicação a esse árduo e rico universo do teatro clássico de Querala e suas técnicas ancestrais.

Suas publicações refletem e documentam uma trajetória muito rica e íntegra, de descobertas e criações, como, por exemplo: *Acting: Psychophysical Phenomenon and Process* (Atuação: Fenômeno e Processo Psicofísico, 2013); *Acting (Re)Considered* (Atuação [Re]Considerada, 2011); *Psychophysical Acting: An Intercultural Approach After Stanislavski* (Atuação Psicofísica: Uma Abordagem Intercultural Após Stanislavski, 2009); *When the*

12 Ibidem, p. 4.

Body Becomes All Eyes (Quando o Corpo se Torna Todo Olhos, 2001); *Kathakali Dance-Drama* (Dança-Drama Kathakali, 2000); e *The Kathakali Complex* (1984).

OS AFLUENTES DO GANGES

Diversos pesquisadores importantes do século XX tiveram sua porção de encantamento e revelação ao entrar em contato com as formas de teatro asiático. Essa interface, que delimita o que se convencionou chamar de interculturalismo teatral, como já dissemos, teve seu episódio inaugural no diálogo entre Gordon Craig e Ananda Coomaraswamy. Foi aí que pela primeira vez os elementos de duas tradições teatrais, uma do Ocidente e outra do Oriente, passaram a ser analisados e confrontados em seus aspectos técnicos por dois estudiosos de suas próprias linguagens, mas que possuíam grande conhecimento também sobre a tradição do outro, o que proporcionou um inédito e fundamentado debate teórico entre técnicas e tradições, criando esse inédito "cruzamento de culturas", como define Patrice Pavis, em *O Teatro no Cruzamento de Culturas*.

Alguns desses estudiosos seminais do teatro do século XX possuem, em sua trajetória, a marca indelével do contato com a Índia. A Índia é um ponto de passagem inevitável na direção dos teatros asiáticos. Alguns desses pensadores teatrais terminaram por influenciar, com seu fascínio e amor pela Índia, outros artistas e trabalhos. Um dos "desdobramentos" da relação entre Grotowski e Barba com a Índia é o trabalho desenvolvido pelo Teatro Tascabile di Bergamo, da Itália. O TTB foi criado por Renzo Vescovi e dirigido por ele até seu falecimento, em 1997. Vescovi "descobriu", com Ferdinando Taviani, o teatro clássico da Índia ao assistir à atriz de odissi Aloka Panikar. A descoberta das formas clássicas de teatro da Índia apontou um caminho para Vescovi e fundamentou o trabalho técnico do TTB. Por fim, foi com o TTB e com Vescovi que descobri o teatro kathakali e a Índia. Atualmente, alguns alunos meus se dedicam exclusivamente à dança clássica da Índia. Os desdobramentos não cessam.

Entre os anos de 1988 e 1991, fiz algumas visitas ao Teatro Tascabile di Bergamo, dirigido então por Renzo Vescovi. O grupo já utilizava há muitos anos, como base técnica para seu treinamento de atores, alguns estilos de teatro clássico da Índia e de Bali, entre outras técnicas. Bastaria um curto período de tempo e poucos encontros com Renzo para identificar a paixão pela Índia, seu teatro e sua cultura de um modo geral. Após inúmeras viagens à Índia e intercâmbios com muitíssimos mestres indianos que eram convidados a Bergamo, o TTB e Renzo conseguiram rara familiaridade com esse universo. Minha primeira viagem à Índia foi cuidada por ele, que me doou, poucos dias antes de minha partida, alguns mapas e guias que possuía sobre a Índia. E ali, em Bergamo, conheci alguns mestres do grupo, como Aloka Panikar, do estilo odissi, e Kalamandalam John, do estilo kathakali.

RENZO VESCOVI E O TEATRO TASCABILE DI BERGAMO

A descoberta do kathakali em Bergamo para mim foi, literalmente, o ponto de partida do meu envolvimento com essa tradição. Renzo permitiu que eu tivesse algumas aulas introdutórias com o professor do grupo, Kalamandalam John. Utilizamos, nas primeiras aulas, a nave central de uma grande e antiga igreja esvaziada para o festival de teatro anual organizado pelo grupo. Essa curta e introdutória experiência, de poucos encontros práticos com o kathakali, deixou em mim uma marca profunda e alimentou a decisão de partir para a Índia e aprender com mais intensidade, e em local mais apropriado, aquela técnica que se revelava tão central no trabalho de Renzo e de seus atores.

O grupo já era bastante conhecido por seu trabalho com o teatro da Índia. Tornou-se um consenso entre os pesquisadores do assunto – e eu não tinha elementos para duvidar – que os integrantes do Teatro Tascabile di Bergamo eram legítimos representantes do teatro da Índia no Ocidente. Eugenio Barba, por exemplo, descreve em seu *A Canoa de Papel* o trabalho do grupo com o kathakali: "São peritos em dançar o kathakali com uma mestria que os faz ser aceitos como especialistas até na Índia. Dançavam com o seu mestre indiano acompanhado pelos seus músicos."[13]

---

13 E. Barba, *A Canoa de Papel*, p. 230.

Após todos esses muitos anos dedicados ao treinamento do kathakali, uma das primeiras conclusões a que cheguei, e que atualmente se transformou em certeza, é que é praticamente impossível para um estrangeiro aprender o kathakali. A menos que se dedique a estar na Índia por um longo tempo. Além do difícil processo de aprendizado, do severo treinamento físico, existe ainda uma distância cultural que precisa ser transposta. Essa distância, mais que vencida, precisa ser experienciada. E isso leva tempo.

Encontrei muitos exemplos de excelentes dançarinas estrangeiras de outros estilos, como odissi, bharata natya, mohiniyattam, kuchipudi, kathak. Porém nunca conheci um estrangeiro que tivesse grau técnico compatível ao mínimo básico encontrado em qualquer ator indiano recém-formado. O kathakali possui uma estrutura de uma complexidade absolutamente incomparável. Não apenas dentro dos padrões clássicos da Índia, mas de qualquer outra forma de teatro do mundo. O aprendizado do kathakali é algo demasiadamente árduo. E os resultados surgem de maneira extremamente lenta. Sua virtual inacessibilidade é, no entanto, sua maior qualidade. Trata-se de uma sabedoria. Aquele que deseja se aproximar deve se despir de qualquer açodamento pelo resultado, pela apropriação de uma técnica com a qual ministrará cursos e workshops, ou coisas do gênero. O kathakali demanda tempo. Um tempo absolutamente fora dos padrões ocidentais. Daí sua sabedoria. Não por criar uma fortaleza contra intrusos, mas pela generosidade que tem com aqueles que se dispõem a verdadeiramente abordá-lo. Seus segredos são preciosos e se revelam no corpo. Essas inscrições demandam tempo e litigam com a mente ocidental a todo o momento. Ela corre atrás de significados, de análises, de regras, de entendimento. O kathakali inscreve, desapressado, nos músculos e tendões do corpo as suas mensagens. Deve-se aprender a ler no corpo essas novas dinâmicas e tensões instauradas, essa nova combinação de elementos corporais atuando sinfonicamente. A linguagem do kathakali apresenta uma complexidade inesperada, cuja abordagem não se dobra à abordagem analítica, sob a qual o Ocidente constrói comumente sua cognição. Para abordar tal síntese, deve-se descascar sua própria cultura e se deixar, conscientemente, cair nesse precipício confiante de que a tradição de quase quatro séculos o acolherá em suas mãos. Essa tradição o conduzirá por um caminho novo e estranho ao espírito ocidental, mas que ela conhece bem, pois construiu esse caminho empiricamente ao longo de muitas gerações, que percorreram suas veredas sem nunca se perderem e encontraram tesouros ao longo da jornada. Evito a tentação de mencionar o "fim do caminho". A própria tradição ensina – e Ramakutty Nair repetiu isso a mim – que esse é um daqueles caminhos que não têm fim, desde que se queira caminhar. E aí, também, o que poderia parecer uma utopia inócua, um objetivo impossível para a mente ocidental – afinal "se não se consegue chegar ao fim, para que me dedicar a isso?" –, se torna uma proposta de um caminho de onde eternamente se poderá recolher tesouros. Contudo, isso será possível apenas para aqueles que se dispõem a caminhar.

O FÁCIL E O DIFÍCIL

Assisti a estudantes de odissi e mohiniyattam, quando estive na Índia treinando de maneira mais árdua, se tornarem excelentes dançarinas e executarem, com grande habilidade, suas técnicas. O mesmo não posso dizer em relação aos que vi exercitando o kathakali. Em todas as ocasiões que tive a oportunidade de me apresentar – sempre ao lado de Kottakkal Nanda Kumaran e Aglaia Azevedo –, intensificávamos ainda mais os períodos de treinamento. E mesmo após uma década de treinamentos, meu esforço em cena se resumia a um simples não cometer nenhum equívoco grave. Em simultâneo, podíamos testemunhar Kottakkal Nanda Kumaran movendo-se de forma absolutamente livre em cena, construindo com naturalidade e beleza suas atuações.

A refinadíssima estrutura técnica, linguística e pedagógica do kathakali nos oferece uma experiência única. Uma experiência cênica, técnica, física, ética e até mesmo investigativa, que, com sua sabedoria sedimentada ao longo dos séculos, pode ser reveladora para o ofício do ator. Mas, como em tudo, a chave parece ser não se deter na aparência, como Gordon Craig já alertava. O kathakali sempre se ofereceu como uma passagem, um meio, algo a ser estudado "por dentro", compreendido em seus motores, não em sua formalização, e que só encontra seu sentido pleno na

Índia, em Querala. A urgência ocidental comumente nos insta a buscar, em todas as atividades a que nos dedicamos, resultados rápidos, consistentes, recompensadores e abundantes. Em se tratando do kathakali, se o visitamos com tal urgência, encontramos apenas sua aparência imediata, bela e exótica, passível de apropriação, é bem verdade, mas dificilmente compreendida em profundidade e inevitavelmente irreproduzível. Reiterando Gordon Craig em seu diálogo com Coomaraswamy, o kathakali pode ser infinitamente mais útil para um ocidental como um "meio" do que como um "fim".

O kathakali ainda mantém uma aura de "sagrado", que nos lembra da nostalgia teatral de suas próprias origens a que se refere Nicola Savarese. No entanto, minha experiência me induz a crer que não há coisas sagradas por si só. Muitas pessoas questionam a "sacralidade" do kathakali. Obviamente existem componentes ritualísticos no evento cênico do kathakali, mas ele não é em si um teatro sagrado. O que torna uma coisa sagrada é o gesto, a atitude que escolhemos para nos relacionarmos com determinado objeto em questão. Cada um possui em suas mãos a possibilidade de tornar uma ação, um objeto, um ambiente sagrado. Ao mesmo tempo, cada um de nós tem o poder de dessacralizar tudo, até mesmo o kathakali. É uma questão de escolha. Depende apenas daquele que o aborda, para que o kathakali cumpra um sentido interno à prática ou apenas exterior a ela. Por isso, não se pode avaliar a "viabilidade ocidental" do kathakali. A existência da arte do kathakali ao longo dos séculos é a prova indiscutível de sua viabilidade universal. Minha avaliação pessoal é que o kathakali não é algo que possa ser fechado em uma "avaliação" rígida. O que sempre estará em questão é a abordagem em relação a ele, como, por exemplo, aquele que se aproxima dele e decide "ouvi--lo", como a uma marionete da escola de Gordon Craig.

O kathakali não se propõe a criar uma ordem monástica, e a vaidade existe em todos os lugares. Porém, o treinamento necessariamente árduo, longo e submisso ao qual todo ator de kathakali deve submeter-se, busca, durante seu processo, obscurecer as tentações do ego do ator, tão vulnerável aos aplausos e às luzes. O ego do ator é um tema presente nos questionamentos de inovadores da cena ocidental como Gordon Craig e Stanislávski. Talvez por esse motivo Craig, ao tomar conhecimento da rígida disciplina a que os atores indianos se submetem e terminam por aprender a exibir sua arte exatamente ao ocultar seu "eu", tenha ficado admirado. Contudo, apesar de reconhecer o extraordinário da técnica teatral indiana, Gordon Craig percebeu que uma transposição mera e simples desse conhecimento ao teatro ocidental não seria apenas inadequada, mas desaconselhável. Para ele, não bastava saber que um ator indiano era capaz de realizar esse caminho técnico e, mais ainda, espiritual. Sua ambição era avaliar até onde um ator europeu poderia chegar num desejável ocultamento do ego em prol da arte tão significativa para Craig. Seu desejo de que isso pudesse ser realizado de alguma forma e em algum grau fazia com que afirmasse reavaliar parte do seu sistema de pensamento a respeito do ator europeu em cena.

De volta ao Brasil, ao visitar um renomado coreógrafo de São Paulo, que também utilizava em suas coreografias a dança indiana, perguntei por que não trabalhava com o kathakali. Ele me respondeu, com muita sinceridade e certa impolidez: "Para dançar kathakali tem que ter muito 'colhão'." Logicamente, uma afirmação pouco ortodoxa como essa só pode ser entendida na medida em que se avalie que uma técnica assim tão complexa e cujo aprendizado se apresenta tão árduo não vale a pena receber a grande dedicação de tempo de prática necessária, pois seus "resultados objetivos" (ou seja, sua aplicabilidade cênica, espetacular) serão escassos. A questão que fica é por que, afinal, se prefere buscar o mais fácil entre as coisas difíceis.

POEIRA NOS OLHOS

O exotismo estético dos teatros asiáticos inspirou várias pesquisas cênicas em que elementos visuais eram "combinados" à estética ocidental. Essa mescla, por vezes indiscriminada, de elementos culturais de distintas origens, para criar um produto cênico, se revelou muito bem aceita por crítica e público. Baseado em parâmetros teatrais ocidentais, o "intercâmbio" com os teatros asiáticos ganhou ares de estilo estético e fundamentação teórica. Existe a óptica segundo a qual o sentido intrínseco da performance pode ser supostamente mantido, independentemente do contexto ou da circunstância. Mas após conviver tão intimamente com a prática da técnica e, indo além, com seus significados culturais mais profundos, é difícil apaziguar-me com essas fricções.

Tendo estado na Índia por tanto tempo, tive a oportunidade de testemunhar *in loco* as consequências para o artista indiano que se dispõe a se comprometer com algumas dessas experiências de ensino voltadas a apresentações. Pude constatar que o mestre de kathakali do Teatro Tascabile di Bergamo não goza de uma reputação muito positiva em Querala justamente por se dispor a essas "facilitações", não apenas no treinamento dos atores do grupo, mas também em aceitar certas mesclas com elementos ocidentais. O Teatro Tascabile di Bergamo, por exemplo, mantém há décadas em seu repertório um espetáculo itinerante em que atores desfilam pelas ruas da cidade, com o figurino de kathakali, mas sobre pernas-de-pau. Posso atestar o que estou chamando aqui de "facilitações" (alterações, ainda que pequenas, na técnica e na pedagogia, visando acelerar e amenizar o caminho do aluno estrangeiro para que obtenha uma quantidade de "material" que ele possa apresentar, ou ministrar aulas, ao retornar a seu país), pois eu mesmo passei por esse processo. O falecido Kalamandalam Ramakutty Nair, um dos maiores atores de kathakali, disse a mim que, em sua opinião, o mestre do Teatro Tascabile di Bergamo simplesmente jogava poeira nos olhos dos estrangeiros: um kathakali apenas para estrangeiros.

Eugenio Barba não conseguiu identificar, tanto na técnica quanto na pedagogia, as alterações que o ator Kalamandalam John havia se permitido fazer na estrutura do kathakali para que se adequasse ao trabalho do Teatro Tascabile de Bergamo. A urgência de se chegar a um resultado determina um procedimento formativo alterado, e, consequentemente, leva a uma experiência alterada do que seja o treinamento físico do ator, portanto, a uma experiência alterada do processo pedagógico e do que a pedagogia do kathakali preconiza como excelente para a absorção de sua técnica. John teve que abrir mão de alguns princípios dentro dos quais ele foi formado para que mantivesse sua relação com o grupo italiano. Suas motivações não importam, mas explicam a impressão de Ramakutty Nair ao afirmar que John jogava poeira nos olhos de estrangeiros.

A MODA DO INTERCULTURALISMO

Durante todo o século xx, o "intercâmbio" com os teatros asiáticos abriu novo campo de investigação no âmbito do teatro definido em terminologias como interculturalismo, internacionalismo, transculturalismo etc. O intercâmbio não apenas com a Ásia, mas com outras culturas do mundo, inclusive do Brasil, era – e ainda é – objeto de polêmicas e debates. Um dos polos dessa polêmica é determinar minimamente onde termina a pesquisa dialética entre estilos linguísticos distintos e onde começa a mera e indiscriminada apropriação de elementos exóticos: visuais e/ou sonoros. Rustom Bharucha, em entrevista especialmente concedida a este autor, afirma que o centro da questão dos projetos interculturais sempre esteve em criar uma "linguagem própria da obra" a partir da interação entre os elementos. Bharucha não esconde suas reticências, sob esse aspecto, quanto ao trabalho desenvolvido por Ariane Mnouchkine em suas montagens sobre a Índia no Théâtre du Soleil, mas aponta *Mahabharata*, de Peter Brook, como um dos projetos que, apesar de polêmico, logrou encontrar uma linguagem que o defina.

Há alguns anos ouvi de um professor de teatro que o tema de interculturalismo já está "fora de moda". O fato de essas questões não estarem mais no centro dos debates teatrais atuais talvez possa indicar um esgotamento do assunto. Creio que esse fato apenas reflita o apreço insofismável de artistas e acadêmicos ao que surge com o rótulo de "inovador", aceitando-se a novidade como um valor em si. O assunto do interculturalismo, obviamente, está longe de ser esgotado. Por outro lado, indica a tendência a uma assimilação apressada de pesquisas complexas a partir de jargões superficiais. É comum que se tenha uma frase pronta, ou duas, de opinião sobre o Teatro Antropológico, sobre o interculturalismo, sobre o teatro da Índia, sobre o teatro pós-dramático. Comumente as opiniões sobre o interculturalismo são um acúmulo de frases feitas com pouca, ou nenhuma, base experimental. Ou seja, muito pouco se fez de concreto nesse campo, mesmo após todas essas décadas. E, ainda assim, segundo o professor, já "saiu de moda".

A partir de que ponto uma idiossincrasia que se repete insistentemente passa a ser considerada o normal? Gostaria de tomar como exemplo um tema que caminha em paralelo ao eixo do interculturalismo: a globalização. O fenômeno da globalização não parece mais passível de discussão; ele é uma realidade e ponto. O teatro contemporâneo parece ter incorporado a interculturalidade como fator natural à sua elaboração, assim como, por exemplo, a participação de grandes empresas na produção de suas obras. O fato de termos uma relação simbiótica entre uma obra artística e uma megaempresa multinacional, ou uma grande instituição financeira, não oferece mais polêmica, mesmo sendo reconhecido o papel social perverso das megaempresas – uma vez que aceitamos a palavra "perversa", apenas polida, para definir a desproporcional concentração de renda efetuada no mundo pela hegemonia das empresas sobre todos os outros poderes. Assim como na questão da globalização, aceitam-se aqui padrões questionáveis, quando eles são convenientes, desde que proporcione o dinheiro que se necessita para realizar a montagem ou projeto de pesquisa desejados.

O que me interessa é a ética da representação subjacente em toda troca entre culturas, e as relações sociais que as constituem. São essas relações (frequentemente ignoradas pela crítica teatral) que fornecem o impulso básico para minha análise do *Mahabharata* de Peter Brook. Essa produção não apenas, em minha opinião, flagrantemente banaliza a cultura indiana em suas nove horas de condensação do épico e redução da filosofia hindu em trivialidades, mas também mantém a estrutura de ação e performance eurocêntricas desenhadas especificamente para audiências internacionais.[14]

Quanto ao interculturalismo, nos acostumamos a ver inúmeros encenadores "visitarem" tradições teatrais – e não teatrais também – de países orientais e "dialogarem" com elas, de maneiras muito diversas. Ainda que outras questões teatrais tenham surgido após o auge dessa discussão nos anos 1980 e 1990, o interculturalismo ainda é um questionamento pulsante, um território de difícil emolduramento, mas bastante vivo e presente. O problema se faz profundo por não circular unicamente em um patamar estético, mas comprometer também aspectos culturais delicados, sensíveis, de ambos os lados envolvidos nesse tipo de "intercâmbio". Além disso, o interculturalismo se faz urgente por se desdobrar em um ambiente especialmente espinhoso para o

14 R. Bharucha, *Theatre and the World*, p. 4.

teatro: a ética. O tema do interculturalismo não sairá "de moda", pois traduz um eixo de reflexão sobre nossa convivência comunal, portanto, uma discussão profundamente ética, necessária e urgente.

5. Índia e O Mahabharata de Peter Brook

> *Inevitavelmente, a montagem levanta questões éticas, não apenas sobre a ética da representação, que se relaciona à descontextualização de um épico de sua história e cultura, mas a ética da interação com outras pessoas, outros povos (marcadamente o indiano) no processo de criação do próprio trabalho. Para mim, o processo do método intercultural de pesquisa de Brook não pode ser separado da produção, ainda que suas conexões possam não ser imediatamente aparentes.*
>
> R., Theatre and the World, p. 84.

PETER BROOK

O Mahabharata é um poema que em nenhum momento esconde sua ambição. Ao contrário, ele a reivindica. Ele não só se apresenta como o grande poema do mundo, não só garante a qualquer um que o leia, o recite, ou o ouça, que ao final será transformado, irá tornar-se um "outro", como também acusa de antemão qualquer literatura posterior de ser repetição ou plágio: "Tudo o que está no Mahabharata encontra-se em outro lugar. Tudo o que não está no Mahabharata não se encontra em lugar algum."[15]

Peter Brook talvez seja o diretor teatral mais conhecido e festejado do mundo. Sua trajetória como encenador, iniciada em 1945, com vinte anos de idade, inclui montagens célebres como *Battlefield* (2015), *A Flauta Mágica* (2011), *Warum Warum* (2010), *Tierno Bokar* (2004), *La Mort de Krishna* (2002), *Hamlet* (2000), *Oh, Que Belos Dias* (1995), *A Tempestade* (1990), *O Jardim das Cerejeiras* (1988), *O Mahabharata* (1985), *A Conferência dos Pássaros* (1978) e *The Iks* (1975). Paralelamente à sua carreira teatral,

---

15 J.-C. Carrière, *O Mahabharata*, p. 269.

Brook construiu uma cinematografia que acompanha e dialoga com suas pesquisas cênicas.

Uma das mais célebres montagens de Brook é O *Mahabharata*, cuja estreia ocorreu em 1985, em Paris e no Festival de Avignon. Uma megaprodução para sua época, a realização de O *Mahabharata* envolveu uma quantidade extraordinária de aporte financeiro, vindo de patrocínio de grandes empresas, governos de países (França e Índia), instituições financeiras e grandes mecenas. Além de uma quantidade enorme de técnicos, o elenco reuniu aproximadamente quarenta atores de dezoito países diferentes, sendo que nenhum da América Latina e, curiosamente, apenas uma representante da Índia, Mallika Sarabhai. Essa multiculturalidade entre os atores reflete uma singular leitura de Brook sobre o *Mahabharata* como epopeia universal, que transborda de sua circunstância cultural original. Peter Brook afirma que "as multinacionalidades que se juntaram estão buscando refletir o *Mahabharata*"[16]. Ele provavelmente se referia à multiplicidade cultural na base mitológica do *Mahabharata*, que reflete a própria diversidade na formação e na atual composição da cultura da Índia, cujas origens míticas o *Mahabharata* simbolicamente retrata.

Não se pode pegar um pouco de Bali e um pouco de Japão e um pouco de África e chegar a uma síntese. Eu acredito no oposto: fundamentalmente, todos os seres humanos são iguais, e se fôssemos um pouco mais desenvolvidos, teríamos dentro de nós o que pertence a todas as culturas. Nossa desgraça é estarmos trancados nessas pequeninas coisas chamadas culturas.[17]

O *Mahabharata* foi concebido como espetáculo teatral com nove horas de duração, ou onze horas se incluirmos os três intervalos. A versão cinematográfica surgiria apenas quatro anos mais tarde. As primeiras apresentações do *Mahabharata* mantiveram sua forma original de onze horas de duração. Assim ocorreu nas apresentações iniciais na França. Em Avignon, foi utilizado como cenário uma pedreira desativada, nos arredores da cidade. A peça também oferecia a possibilidade de ser dividida em três

---

16 *Ponto de Mudança*, p. 219.
17 P. Brook em G. O'Connor, *The Mahabharata: Peter Brook's Epic in the Making*, p. 68.

partes apresentadas em três dias sucessivos. A apresentação integral previa seu início ao anoitecer e terminava apenas na manhã seguinte. Esse formato repete, creio que não por acaso, o modelo tradicional da performance de kathakali, que ritualisticamente tem início no crepúsculo e termina com a chegada do novo dia.

Durante dois anos, entre 1985 e 1987, a peça excursionou pela Europa, sendo apresentada em francês. A partir de 1987, com a versão em inglês, o *Mahabharata* viajou para os Estados Unidos, Reino Unido, Austrália, Dinamarca e Japão. Depois disso, a obra recebeu uma versão cinematográfica (em inglês) de "apenas" seis horas de duração, sendo depois ainda mais resumida para uma versão de três horas e meia.

A FONTE

O autor mitológico do *Mahabharata*, Vyasa, é também personagem da história que ele mesmo criou. Vyasa concebeu a história inteira em sua mente, como uma visão, mas encontrou um problema: ele não sabia escrever e, portanto, não tinha ideia de como registrar para a posteridade sua criação. Repetindo um padrão encontrado comumente nas tradições das grandes religiões, aquele a quem foi dada a revelação não possui condição "natural" de divulgá-la ao mundo, de trazê-la à luz. Por isso, Brahma envia o deus Ganesha para auxiliá-lo nessa escrita do grande poema. Ganesha impõe a condição – que é também um teste de legitimidade – de que Vyasa não poderia hesitar enquanto ditasse o que compôs. Vyasa aceita, com a ressalva de que Ganesha deve entender perfeitamente tudo o que for dito; do contrário, deverá parar e tirar sua dúvida. Vyasa, assim, garantia a possibilidade de que, em lhe falhando a memória, pudesse dizer uma palavra incompreensível qualquer e, enquanto Ganesha lhe questionasse, ele poderia relembrar a continuação perfeita de sua história. O texto ditado por Vyasa, no entanto, se revela de uma fluência exasperante e Ganesha abandona sua pena e quebra uma de suas presas para que, com seu poder místico, possa acompanhar a agilidade do relato. Por isso, a imagem de Ganesha em que ele aparece com uma de suas presas quebrada é a imagem de um Ganesha escriba, o escrevente do *Mahabharata*.

O *Mahabharata* é conhecido como a mais longa obra literária construída pelo homem. Sua extensão é frequentemente comparada à justaposição de quinze livros da *Bíblia*, segundo Rustom Bharucha. A palavra "mahabharata" pode ter vários significados. O prefixo "maha" significa, literalmente, "grande" e é encontrado em algumas palavras mais conhecidas por nós, como "maha raja", ou grande rei (raja), que em português terminou por ser abreviado como "marajá". Ou então na alcunha criada pelo poeta Rabindranath Tagore para Mohandas Gandhi, o mahatma, ou a grande (maha) alma (atma). A palavra "bharata" é mais complexa, podendo significar o nome tradicional do país, Bharata, de onde se origina a expressão *Bharata Matha* (Mãe Índia). Mas também indica o nome de uma tribo milenar da era védica, associada aos primeiros grupos originalmente ocupantes do subcontinente indiano. Numa aglutinação de significados, encontramos *Mahabharata* significando a grande história da Índia, ou dos hindus, ou até mesmo, em um sentido mais amplo, como a história de toda a humanidade.

A história se passa em um tempo fora de nossa cronologia, em uma temporalidade alternativa, quando homens e deuses ainda conviviam sobre a Terra. É a história de uma guerra sangrenta entre dois lados de uma mesma família. Três irmãos, Dhritharashtra, Pandu e Vidura, são herdeiros do reino de Indraprastha. Na verdade, os três são filhos de Vyasa (sim, o próprio autor do livro), mas de mães diferentes. Dhritharashtra não pôde assumir o trono, pois nasceu cego. Vidura, o mais sábio dos três, é filho de Vyasa com uma criada, portanto, possuindo a ascendência de uma casta inferior, também não pôde assumir o trono. Pandu, o novo rei, possui duas esposas: Kunti e Madri. Com elas, Pandu tem cinco filhos, chamados Pandavas: Yudishtira, Bhima, Arjuna, Nakula e Sahadeva. Por conta de uma maldição, Pandu morre ao voltar a fazer amor com sua esposa Madri. Dhritharashtra é obrigado a assumir o trono. Sua esposa, Gandhari, quando soube que seu marido era cego, vendou seus próprios olhos para sempre, compartilhando assim do fado de seu esposo. Gandhari dá à luz, de uma única vez, a cem filhos; seu primogênito, Duryodhana, desempenhará papel central na história.

De todos os netos de Vyasa, Yudishtira, filho de Pandu, é o mais velho. Mas Duryodhana é o príncipe herdeiro direto, pois seu pai, cego, reina. O conflito se estabelece. Os primos foram criados todos juntos e treinados nas artes da guerra sob os cuidados dos mesmos mestres. A guerra é inevitável e os membros da família e preceptores são chamados a escolher um dos lados. Os Pandavas são apresentados como os heróis da epopeia e os Kauravas, filhos do rei cego, como os vilões. Mas essa não é uma batalha do bem contra o mal, mas sim uma batalha a favor do dharma, e as fronteiras não são nítidas para o olhar ocidental cristão.

Milhares de soldados a pé, em carruagens, sobre centenas de elefantes, se enfrentam no local chamado Kurukshetra. Longas batalhas se sucedem, por muitos dias. A morte de cada personagem, o extermínio de cada exército, vai transformando a epopeia num relato sangrento de um enorme massacre. Ao final da guerra, restam apenas os cinco Pandavas, heróis da saga, sua esposa comum, Draupadi, e alguns poucos parentes. Nessa terra devastada e coberta de sangue, os Pandavas devem construir o novo reino de Bharata. Ao final do livro, os Pandavas também morrem. O último capítulo da história é o caminhar do primogênito, Yudishtira, em direção ao "Paraíso". Ele se deixa acompanhar por um cão. Seu gesto se cobre de profunda humanidade. O cão era um animal considerado impuro. Ao acolher um animal "repugnante" em seu caminho para o "Paraíso", Yudishtira demonstra uma compaixão modelo, comprovando sua condição de filho do dharma.

UM TECIDO DELICADO

Com esse desfecho trágico e simbólico, a humanidade faz seu rito de passagem para a maturidade. A sentença do dharma se impõe: o dharma do ser humano é cuidar do ser humano, do mundo e do próprio dharma. Um ditado indiano define a moral: "Quando o dharma é protegido, ele protege; quando ele é destruído, ele destrói."

Ainda que haja embasamento histórico – atestado por alguns achados arqueológicos – para o evento de uma grande guerra no local conhecido como Kurukshetra, está comprovado que o livro foi composto ao longo de séculos pela coleta, adaptação e mistura de diversos episódios mitológicos e históricos. Sua forma final foi atingida entre os séculos II a.C. e II d.C. História e mitologia se mesclam e se intercomunicam de tal forma que é difícil distinguir um do outro.

O ponto central é delimitar o *Mahabharata* como a fonte principal da grande maioria dos preceitos que regem não apenas a religião, mas a organização social, a cultura, as artes, a política e a economia da Índia há quase vinte séculos. Portanto, o *Mahabharata* é um diamante incrustado no coração da Índia, de cada um de seus habitantes, hindus e não hindus. Trata-se de um tecido extremamente delicado, trespassado por fortes tensões e paixões.

A miríade de personagens, paixões e conflitos, e a trama caleidoscópica do *Mahabharata*, parecem abarcar cada aspecto da existência humana. Sua abrangência e profundidade são universalmente apreciadas e a obra faz parte daquela estirpe de livros que gostamos de pensar que não possui fronteiras. Peter Brook afirma que o *Mahabharata* é indiano, mas é universal. No entanto, Rustom Bharucha retruca que "o 'mas' é enganoso. O *Mahabharata*, eu diria, é universal *porque* é indiano. Não se pode separar a cultura do texto"[18].

Uma das críticas sobre a montagem de Brook é que, para os hindus, o "mal" seria o contrário do dharma (ou adharma). E o que está com o dharma é sempre o "bem", ainda que talvez possa aparentar ser o "mal". Portanto, nem sempre o vilão está contra o dharma, o que subverte as noções de bem e de mal cristãs e "dá um nó" na linha dramática de qualquer narrativa. Relevar tal sutileza, enquadrando os vilões como maus, é uma má compreensão imperdoável, pois perverte o sentido de dharma, que é o coração da filosofia hindu.

GITA

O trecho mais conhecido e o verdadeiro "coração" do *Mahabharata* é o *Bhagavad Gita* (Canção do Senhor), onde se concentra uma importante mostra da filosofia indiana e os principais fundamentos da doutrina hindu. O *Bhagavad Gita* se inicia no momento em que Arjuna, em sua carruagem, chega à frente de batalha e vê pela primeira vez o exército inimigo, que se levanta contra ele. Ele reconhece, no meio do exército inimigo, seus professores, tios, avôs e vários outros entes queridos aos quais deve agora enfrentar em batalha:

[18] *Theatre and the World*, p. 70.

Meu querido Krishna, vendo meus amigos e parentes presentes diante de mim com tal ânimo para lutar, sinto os membros de meu corpo tremer e minha boca secar. [...] Todo o meu corpo está tremendo e meu cabelo está arrepiado. Meu arco está escorregando de minha mão, e minha pele está ardendo. [...] Sinto-me incapaz de permanecer aqui por mais tempo. Estou me esquecendo de mim e minha mente está girando. Prevejo só o mal. Não vejo como pode resultar algo de bom se mato meus próprios parentes nesta batalha, nem posso, meu querido Krishna, desejar qualquer vitória, reino ou felicidade subsequentes.[19]

Enfraquecido pelo pensamento de guerrear contra parentes seus, o bravo Arjuna pergunta ao deus Krishna que vitória pode valer a pena, se conseguida sobre os cadáveres de amigos, parentes e preceptores. Ele abandona suas armas, aos pés de Krishna, seu cocheiro na guerra, e decide esperar pela morte. Krishna expressa sua surpresa com a vergonhosa conduta de Arjuna. O Senhor Krishna revela então a Arjuna a real natureza do dharma, a ordem divina do Universo, onde o homem deve dirigir as suas ações de acordo com seu dharma e manter o desapego de suas próprias ações.

Meu querido Arjuna, como é que tais impurezas se desenvolveram com você? Elas não são próprias de um homem que conhece os valores progressivos da vida. Elas não conduzem aos planetas superiores, mas à infâmia. [...] Não se entregue a essa impotência degradante. Ela não condiz com você. Largue tal fraqueza mesquinha de coração e levante-se. [...] Ó filho de Kunti, o aparecimento temporário de felicidade e sofrimento e seu desaparecimento no devido curso são como o aparecimento e desaparecimento das estações de inverno e verão. Surgem da percepção sensorial, ó descendente de Bharata, e é preciso aprender a tolerá-los sem se perturbar. [...] Saiba que o que penetra todo o corpo é indestrutível. Ninguém é capaz de destruir a alma imperecível.[20]

Após um longo diálogo, Krishna assume sua forma cósmica. Arjuna atinge a compreensão. Revigorado e cheio da energia inspiradora do deus Krishna, Arjuna se lança na batalha com coragem e determinação: "Meu querido Krishna, ó pessoa infalível, agora minha ilusão se foi. Recobrei minha memória por Sua misericórdia, e agora estou firme e livre de dúvidas e estou preparado para agir de acordo com Suas instruções."[21]

---

19 S.A.C.B. Prabhupada, *O Bhagavad Gita Como Ele É*, p. 21.
20 Ibidem, p. 38.
21 Ibidem, p. 717.

Krishna é o deus mais amado da Índia. Existem templos de Krishna em cada recanto do país. Em suas várias representações, podemos vê-lo criança, a roubar manteiga de um pote e se lambuzar. Ou como um jovem de pele azul, que em um jogo erótico, se refugia em uma árvore com as roupas de suas amigas pastoras, gopis, que se banhavam no rio. Ou ainda, em sua maturidade, guiando a carruagem do herói Arjuna, seu melhor amigo, durante a grande guerra do *Mahabharata*. No entanto, sua forma mais querida é a do belo jovem sedutor, ricamente vestido em seda amarela, adornado de joias, guirlandas e penas de pavão, que, com sua flauta, encanta a sua esposa preferida, Radha. Nesse momento, sua relação amorosa é interpretada simbolicamente como a relação entre a alma humana e o Espírito absoluto.

Toda a cultura indiana é pródiga em alegorias, e o *Bhagavad Gita* é a representação poética da busca do ser humano por descobrir-se a si mesmo, sua própria verdade, por meio da luta para se libertar de seu ego. Gandhi afirmou que o *Bhagavad Gita* foi sua fonte de força e inspiração para a luta pacífica pela libertação da Índia.

O DHARMA DA ESCRITA

Ao contrário da Europa, nos jornais dos Estados Unidos, nem toda crítica foi favorável ao *Mahabharata* de Brook. Alguns compararam desfavoravelmente o trabalho de Brook ao de Ariane Mnouchkine no Theatre du Soleil, onde os textos de Shakespeare emprestam a "solidez artística" que a crítica tradicional adora encontrar: "Os críticos reagiram classificando o *Mahabharata* como 'uma novela dos tempos pré-cristãos' ou dizendo que 'às vezes a sinfonia de sotaques do grupo soava como a convenção dos motoristas de táxi de Nova York.'"[22] Muitos atores do grupo ficaram abatidos e desestimulados com essa reação.

A montagem de Brook recebeu muitas críticas também na Índia. Além do dharma, outros dois princípios são fundamentais para a filosofia hindu: carma e reencarnação. A suposta ausência desses três fatores como motores do enredo e de suas personagens é uma das críticas comuns que o *Mahabharata* de Peter Brook e

---

22 G. O'Connor, op. cit., p. 69.

Jean-Claude Carrière recebem. Na adaptação de Brook, o conceito de reencarnação, por exemplo, somente se concretiza em relação a uma única personagem, Amba.

A aparente liberdade com que Carrière criou o texto a partir do original, apesar de afirmar ter buscado apoio em estudiosos indianos, não dirimiu as questões sobre o entendimento de temas centrais do hinduísmo. O autor se permitiu a liberdade de criar algumas cenas que não estão presentes no texto original. Carrière afirmou que "perto de metade das cenas da peça não existia no original"[23]. Uma delas é onde Krishna explicita para Bhishma o conceito de dharma, pedindo que não intervenha no jogo de dados entre Pandavas e Kauravas. A ideia surge um pouco absurda, pois pressupõe que essa noção não fosse clara para uma personagem como Bhishma, que havia feito um voto de celibato eterno apenas para que seu irmão assumisse o trono de seu reino. O ponto é que as personagens centrais não atuam como se o dharma fosse um motor natural, e sim como imperativo subjetivo de honra, glória ou vingança. "Brook, contudo, nunca admitiu, em suas numerosas entrevistas e comentários sobre o *Mahabharata*, que o contexto do épico configurou um problema. De fato, o contexto nunca foi uma questão para ele. O que importava era o 'sabor da Índia' sugerido pela *mise-en-scène*."[24]

Entre os atores e atrizes do *Mahabharata* de Peter Brook, Mallika Sarabhai (Draupadi) era a única pessoa de origem indiana dentro de um elenco de mais de quarenta atores. O fato de haver apenas um representante da Índia em uma produção teatral baseada em uma obra tão central na cultura indiana é, no mínimo, estranho. É difícil conceber que não se tenha pensado que a presença de mais indianos na produção garantiria não uma legitimidade, mas o aporte de valiosas experiências pessoais, vindas de diferentes culturas da Índia, para cada fala, cada gesto, cada conflito da cena, o que enriqueceria exponencialmente a montagem. Fica a pergunta se isso seria realmente bem-vindo dentro da produção da obra.

Por tradição de família, Sarabhai sempre cultivou um olhar crítico e uma postura muito ativa politicamente. Sua mãe, Mrinalini, foi a primeira mulher na Índia a combinar uma carreira

---

23 Ibidem, p. 59.
24 R. Bharucha, op. cit., p. 70.

artística de excelência com importante ativismo político e social. Mallika não se furtou a questionar alguns pontos da montagem. Sarabhai discordava, por exemplo, da visão do papel da mulher no M*ahabharata* e da ausência do elemento Shakti, o princípio criador feminino, fundamental para o funcionamento do mundo em que vivemos: "Ela questionou com grande veemência por que Draupadi tinha tão poucas ações, por que muitas das cenas de sua personagem haviam sido omitidas em prol da dramatização do 'lado guerreiro masculino.'"[25] Por outro lado, Sarabhai era grande admiradora do trabalho de Brook: "Se eu não achasse que seria uma representação adequada do M*ahabharata*, resultado de uma atitude verdadeira e amorosa, eu não teria participado dessa produção"[26].

A compreensão das ações da personagem Draupadi e de sua relação com os costumes da época apresenta grande dificuldade: "Ao contrário do que alguns espectadores ocidentais possam pensar, a poliandria não é uma prática comum na Índia. O casamento de Draupadi levanta problemas mesmo dentro do contexto indiano."[27] Esses problemas ficam evidentes no texto original. Por exemplo, o pai de Draupadi, Drupad, critica a decisão de ela se casar com mais de um marido, pois os livros tradicionais aprovam que um homem tenha várias mulheres, mas não o contrário. Além disso, Kunti, a mãe de seus cinco maridos que, desavisadamente, dá sua bênção para o casamento e depois disso não pode retirar sua palavra, sabe que essa sua atitude vai contra o costume. Também Yudishtira, o irmão mais velho, ao encorajar Arjuna a aceitar o casamento, também age contrário ao dharma, pois ele sabe que, tradicionalmente, o irmão mais novo não pode se casar antes do mais velho. Portanto, esse episódio é exemplar dos profundos conflitos individuais, de contradições importantes a costumes sociais fortemente estabelecidos. Essas rupturas conscientes e trágicas são momentos de corte importante que, dentro do contexto indiano, fazem parte da construção da inevitabilidade do sangrento conflito, que é o eixo central de toda a história. Essas questões não estão presentes na montagem, fazendo parecer que essas ações são hábitos comuns na Índia, ou pelo menos foram em tempos antigos.

25 G. O'Connor, op. cit., p. 91.
26 Mallika Sarabhai apud ibidem, p. 92.
27 R. Bharucha, op. cit., p. 78.

EUROCENTRISMO

Acreditando-se coração da cultura mundial, a Europa sempre lidou com o resto do mundo não apenas como periférico geográfica e culturalmente, mas também intitulando-se grande benfeitora, depositária do direito e dever de levar seus valores a outras culturas. Essa postura revela uma filosofia colonialista, que se repetiu em vários momentos da história mundial, sempre com consequências desastrosas. Tal espírito se encontra nas entrelinhas de várias iniciativas do interculturalismo. Brook relata, por exemplo, a experiência de seu grupo de atores, em 1972, na África, com os nativos de tribos perdidas no coração do continente como se ele tivesse brindando essas pessoas com algo especial: "Nunca havia surgido por lá um ator mambembe nem uma mera improvisação. Não existia nenhum precedente. Havia uma sensação de singela e total atenção, absoluta participação e provação fulminante"[28].

Pode-se perguntar a essa altura se Brook tem absoluta certeza de que não existe, nessas culturas que ele visita e se mantêm ocultas, nada parecido com as experiências cênicas que ele leva a elas. Tendo ficado um ou dois dias em cada local, como ele mesmo afirma em sua descrição em seu *Ponto de Mudança*, como pode realmente ter certeza de que não existe nada parecido nessas tribos? É muito difícil imaginar que esses povos não possuam nenhum tipo de ritual ou cerimônia. Será que houve ocasião para que esses eventos viessem à tona durante as breves visitas de Brook e sua trupe? Brook e seu grupo não se permitiram ficar em cada lugar durante tempo suficiente para que essas possíveis manifestações culturais surgissem de maneira espontânea, por ocasião, por exemplo, de um casamento ou de um ritual de passagem ou de um procedimento de caça. Sua experiência na Índia, preparatória para a montagem de seu M*ahabharata*, possui esses mesmos traços.

EXPERIÊNCIAS

É particularmente simbólico que a primeira vez que Brook ouviu a palavra M*ahabharata* tenha sido em uma demonstração de

---

28 P. Brook, *Ponto de Mudança*, p. 158.

kathakali. Ao se explicar a tradição do kathakali, é inevitável que as fontes literárias mais tradicionais precisem ser mencionadas e esclarecidas. Brook, em seu *Ponto de Mudança*, admite um dos aspectos frágeis do ponto de vista ocidental sobre as formas de teatro asiático: "É que o admiramos sem compreendê-lo"[29]. Brook parece indicar um paradoxo. Creio que cabe ressaltar que compreender não deveria significar conseguir acompanhar o enredo daquilo que se vê. A menos que se julgue a arte teatral uma categoria essencialmente distinta de outras linguagens, pois, se essa assertiva fosse válida, não poderíamos, por exemplo, admirar uma obra de Lygia Clark, Deborah Colker, Egberto Gismonti ou Tomie Othake.

Desde o início de minha experiência com apresentações de kathakali, em que eu organizava e participava como ator, o problema da "compreensão da história" sempre foi um contratempo. Não apenas entre o grupo envolvido na produção do espetáculo, mas também para os organizadores dos festivais e eventos dos quais participávamos. Parecia que uma vez que não fosse possível entender o enredo da peça, não seria possível apreciá-la. Por isso, muitas vezes, à época, cedíamos em produzir programas explicativos para serem lidos pelo público antes da apresentação, ou preparávamos algum orador que fornecesse algumas noções introdutórias antes do espetáculo. Agora fica claro que isso tudo era absolutamente desnecessário. O processo, no fundo, é o mesmo de quando vamos assistir a um concerto de sonatas de Beethoven, por exemplo, ou a uma exposição com obras de Kandinski. Não se discute, na saída, qual o tema abordado em cada peça. Peter Brook relata assim sua primeira experiência com o kathakali: "Podia perceber [...] que uma história estava se desenrolando. Contudo, qual história? Podia apenas adivinhar tratar-se de algo mítico e remoto, proveniente de outra cultura e que nada tinha a ver com minha vida."[30]

O paradigma da experiência teatral ocidental a partir da racionalidade talvez nos faça adentrar nessas outras formas teatrais como obras a serem abordadas de maneira analítica. Há uma tendência, nesse movimento, em se subvalorizar exatamente as maiores potencialidades desses fenômenos: a *experiência* de sua

[29] Ibidem, p. 215.
[30] Ibidem.

teatralidade e a importância milenar de seu acontecimento para a vida das comunidades. Esses eventos não têm seu valor medido pelo grau de compreensão epistemológica de sua performance, mas pelo próprio universo de experiências criado pelo evento em si, da mesma forma que ocorre com uma cerimônia. Não se pede, por exemplo, que se "compreenda" um ritual religioso, apenas que se o experiencie. Esse universo de experiência é que leva os espectadores de um espetáculo de kathakali na Índia a se reunirem por longas horas, uma noite inteira, para assistir a peças que eles já viram inúmeras vezes e que são baseadas em histórias que eles já ouviram centenas de vezes, praticamente desde que nasceram. O kathakali é um teatro que não é feito para "surpreender", mas para acolher. Por isso, quando se cansam, ao longo das muitas horas de espetáculo, alguns integrantes do público se esticam no chão em que se sentam e dormem, aconchegados pelo palco, acolhidos pelo evento ancestral do teatro, como um avô recebe o neto em seu colo.

TEATRO E PODER

Apropriações não desaparecerão de um dia para o outro, mas devemos todos ser mais vigilantes sobre elas. Essa vigilância, no entanto, só se tornará real se começarmos a ter em mente a necessidade de encorajar nosso autorrespeito. Apropriações culturais, afinal de contas, se tornam possíveis não apenas por meio da coerção, mas também da cumplicidade. [...] o que a Índia recebeu em troca do *Mahabharata* de Brook? O que foi "trocado"? E por que o governo da Índia patrocinou uma produção que nunca foi apresentada no país com uma generosidade financeira que nunca foi vista com nenhum outro empreendimento dentro do próprio país? Parece que além de questionar as apropriações culturais do tipo realizada pela produção de Brook, precisamos abordar, antes de tudo, o enorme sistema de poder que permite essas apropriações serem possíveis.[31]

Apesar da enorme quantidade de pesquisas visuais feitas para a produção do *Mahabharata*, não apenas por cenógrafos e figurinistas, mas também por Jean-Claude Carrière, que escreveu o texto para a montagem e o roteiro do filme, Brook rejeitou a utilização da influência visual do kathakali. Gary O'Connor, que

---

31 R. Bharucha, op. cit., p. 86.

acompanhou a filmagem do épico, afirma que Brook explicou sua rejeição afirmando que o kathakali seria "visualmente muito fechado e finito, muito estilizado"[32].

Quando se busca traços do kathakali na montagem de *O Mahabharata*, não é visível nenhuma influência direta dele na encenação, tanto no que diz respeito à sua técnica quanto à sua estética. Presente em vários pontos do cenário da montagem da nilavilakku, a lâmpada a óleo colocada entre a plateia e o palco do kathakali não representa necessariamente um "empréstimo". Apesar de existirem vários modelos desse tipo de lâmpada, aquele com o prato superior completamente redondo, sem apoio para os pavios, é característico de Querala e não específico do kathakali.

Na história original do Mahabharata, um guerreiro ainda aprendiz, chamado Ekalavya, busca a tutoria de Drona, um dos mais importantes guerreiros da história mitológica e preceptor dos Pandavas e dos Kauravas. Ekalavya anseia ser treinado por Drona na arte da arqueria e se oferece a ele como shishya (aprendiz dentro do sistema gurukulam). Drona recusa seu pedido alegando já possuir pupilos suficientes. Na produção de Brook, ele aparece na floresta treinando artes marciais, após não ser aceito por Drona. Os movimentos que Ekalavya executa, na versão cinematográfica, são retirados da arte marcial do kalarippayattu.

Por mais paradoxal que pareça, torna-se importante a ausência de elementos visuais retirados diretamente das culturas teatrais da Índia em *O Mahabharata* de Peter Brook. Pode parecer pouco, mas não é. É tentadora a possibilidade de utilizar algum elemento dentro da miríade de detalhes que compõe cada figurino ou cena de cada tradição teatral da Índia. Diretores, como Ariane Mnouchkine e outros, não resistiram a essa tentação e pode-se ver, em suas montagens, elementos específicos de formas teatrais da Índia sendo misturados com toda sorte de outros elementos para compor esteticamente um figurino ou a cena em geral. Prefiro pensar que o que os leva a esse movimento é o amor à visualidade exuberante e a busca de encontrar algo "novo" a partir dessa "ética de mescla". Seria lamentável imaginar que com tal atitude podem estar apostando na ignorância do público que, de modo geral, não saberia identificar uma utilização imprópria de algum elemento.

---

32   G. O'Connor, op. cit., p. 55.

Poder-se-ia perguntar o que significa, afinal, o que estou designando aqui como utilização "imprópria" de algum elemento teatral. É bastante evidente que alguns elementos de danças clássicas e semiclássicas de Querala, claramente distinguíveis nos figurinos, por exemplo, de *L'Indiade*, de Mnouchkine, são peças com significado cerimonial em seus teatros originais que, em espetáculos para os quais são transpostos, assumem função puramente estética. Como é inadmissível imaginar que as pessoas que recolheram esses elementos em suas tradições locais, nos rincões da Querala profunda, não soubessem da relevância deles, estamos nitidamente diante de um dilema sobre a fronteira entre o ético e o estético. No problema ético, a pergunta chave a ser feita é bastante básica: se algo extremamente importante e simbólico de minha cultura, de minha religiosidade, de minha família, da tradição de meus pais, fosse retalhado e reagrupado para atender a uma finalidade puramente estética, essa atitude receberia minha aprovação?

Deve-se ressaltar que há uma diferença entre trocar um ritual por uma canção ou uma performance (como as "culturas negociadas" de Peter Brook com os africanos) e a troca de um ritual por dinheiro. Em muitas situações em que o dinheiro é usado, o "intercâmbio cultural" torna-se um pretexto para uma troca econômica, uma transação comercial. E o dinheiro, que constitutivamente significa poder, é muito poderoso em um país empobrecido como a Índia. Os forasteiros que o possuem são os que controlam o "intercâmbio cultural" e, por mais cosmopolitas ou altruístas que sejam, eles ainda são figuras de autoridade. Eles dominam pela sua simples presença nas aldeias e áreas rurais da Índia, onde a maioria das danças tradicionais e dramas são encontrados.[33]

Não importa muito se foi um cidadão indiano que orientou essas práticas, se um ator indiano estava presente ou não. Essas abordagens tendem a não ser equânimes, pois estamos falando, em ambos os casos, de Brook e de Mnouchkine, de um gigantesco poder econômico por detrás dessas iniciativas. O impacto da chegada de uma pessoa de uma dessas mega produções, um superprodutor, em um vilarejo no interior de Querala é muito desigual, em muitos sentidos. Fui testemunha desse tipo de negociação em Querala. Torna-se quase covarde abordar artesãos

---

[33] R. Bharucha, A Collision of Cultures, *Asian Theatre Journal*, v. 1, n. 1, p. 17.

locais com uma quantidade de dinheiro impensável e depois ainda afirmar, orgulhosamente, que a produção teve a participação de artesãos locais, como se tivessem obtido, e não comprado, seu apoio. "Promover o cruzamento de culturas e influências é sublinhar o que é necessariamente benéfico para o artista, é expandir seu campo de referências e tomar consciência da diferença do outro. Quem poderia negá-lo? É uma forma de enriquecimento recíproco que torna vivo o teatro e toda a prática artística."[34]

Essa afirmação de Josette Féral desvenda toda a maneira unilateral com que comumente se vê o processo intercultural. A questão intrigante é se perguntar se o que é benéfico para o artista independe de ser benéfico para o outro de quem ele tomou "emprestado" o material para "expandir seu campo de referências". Ora, comumente a moeda de troca nesses casos é a moeda. Portanto, afirmar que esse processo é uma forma de "enriquecimento recíproco" soa quase cínico. Isso seria realmente levar em conta o "outro"?

LINGUAGEM DE BROOK

O professor Rustom Bharucha, da Universidade de Nova Deli, é, de modo geral, um severo crítico do interculturalismo teatral, não apenas no trabalho de Peter Brook, mas no de Eugenio Barba e de Ariane Mnouchkine. Bharucha fez um julgamento rigoroso à montagem do *Mahabharata* de Brook. Em um artigo dos anos 1990 sobre os problemas no processo de apropriação de Brook, ele afirma que o termo "apropriação", nesse caso, é bastante adequado. Bharucha relaciona algumas ineficiências, indelicadezas e outras leviandades fatais nesse procedimento. E argumenta que a deficiência da maneira de aproximação entre culturas nesse caso prejudicou o potencial de interface legítima entre as partes e levou a uma verdadeira produção de "apropriações". Uma vez que o território investigativo, definido exatamente pela natureza do projeto, é o interculturalismo, o processo de montagem deveria prever a reflexão sobre a natureza dessas "trocas" e a melhor maneira de fazê-las. Bharucha cita como Brook e "seus atores

---

34 J. Féral, *Encuentros con el Teatro Del Sol y Ariane Mnouchkine*, p. 105.

invariavelmente não respeitaram os distintos contextos ritualísticos de algumas tradições performáticas e como se apresentavam tão completamente preocupados com suas próprias prioridades e cronogramas que raramente encontravam tempo para interagir com as pessoas da Índia"[35].

Por outro lado, ao mesmo tempo devemos apontar que Bharucha mostra uma emotividade excessiva ao analisar a obra de Brook, e termina por enveredar em críticas não apenas desnecessárias como também deslocadas. Se por um lado demonstra um certo destempero prejudicial à análise, por outro aponta o grau de sensibilidade do assunto, pois mesmo um crítico experiente não consegue se desvencilhar de um forte comprometimento emocional ao tratar do assunto.

Sobre a delicada questão das apropriações, Bharucha escreve que *O Mahabharata* de Brook "exemplifica uma das mais rumorosas (e bem acabadas) apropriações da cultura da Índia dos últimos anos", e que o diretor tomou "um de nossos mais significantes textos e o descontextualizou de sua história com o objetivo claro de vendê-lo ao público ocidental"[36]. Creio que, no fundo, o propósito estético se sobrepõe aqui a todos os outros, seja em Mnouchkine ou em Brook. "Quero enfatizar que não sou um crítico da produção de Brook porque ela é 'ocidental'. O que perturba é que ele exemplifica um particular tipo de representação ocidental que nega o contexto não ocidental de onde se apropria."[37]

É impossível negar a centralidade de Brook no teatro mundial das últimas décadas. Inclusive por propiciar o tipo de reflexão ao qual me dedico aqui, agora. O panorama de fundo, em minha visão, é que se mostra inegável que, após esse esforço hercúleo que representou a montagem do *Mahabharata*, Brook terminou por lograr criar uma linguagem estética muito específica para sua obra. E isso não é pouco, uma vez que todo o processo de criação e produção teve como ambiente o universo artístico e cultural indiano, uma fonte inesgotável de "encantos" visuais, sonoros, dinâmicos, em que cada cultura regional descortina uma miríade infinita de possibilidades exóticas. Brook, após todo esse turbilhão, criou várias montagens dentro de uma montagem, além de

---

35 R. Bharucha, *Theatre and the World*, p. 84.
36 Ibidem, p. 68.
37 Ibidem, p. 70.

um filme. Todas essas produções possuem uma linguagem muito bem construída e dialogante com sua própria carreira teatral e trajetória pessoal. Não apenas não cedeu às tentações de adicionar elementos indiscriminadamente, mas criou um espetáculo com uma assinatura muito legível. Uma obra que dialoga com o passado arcaico da Índia e do ser humano, com o passado do próprio Brook e seu amor pelo teatro, e com o que é contemporâneo no teatro, na Índia e no mundo.

Na cena que abre a versão cinematográfica, vemos um pequeno espaço de cenário vazio, uma abertura que serve de entrada, uma luz que vem dessa abertura. Um menino adentra a cena e começa a percorrer o estreito espaço. A invenção de Carrière da personagem do menino, a quem toda a história será contada, é uma bela metáfora da perpetuação das tradições. Nos primeiros segundos, o menino passa por um extintor de incêndio colocado no chão e por máquinas de palco de algum teatro. Estamos em uma coxia e o menino se dirige ao palco, para a cena onde toda a longa história se desenrolará. O menino parece desconhecer o local, assim como a longa história, à qual, fica claro, iremos juntos conhecer.

Peter Brook há muitos anos é adepto de práticas meditativas, principalmente as desenvolvidas por Gurdieff, de quem transformou em filme o livro *Encontro Com Homens Notáveis*. A relação que Brook parece ter desenvolvido com todos que participaram do projeto é de enorme reverência. Os elogios à sua atitude durante as filmagens, ou diante das inúmeras dificuldades que uma produção dessa dimensão naturalmente acarretam, constroem uma imagem de Brook onde a criatividade e a paixão são ladeadas por sabedoria e serenidade.

A aventura do teatro é sempre coberta de procedimentos e achados misteriosos. Brook e Carrière decidiram realizar um projeto extremamente vulnerável a críticas. Principalmente vindas da Índia, obviamente. Tanto como é vulnerável fazer uma releitura da vida de Cristo, por exemplo. E do meio desse improvável, contrário a todas as indicações, em meio ao turbilhão de uma montagem com tantos fatores técnicos e artísticos, com o envolvimento de grande número de agentes e artistas trabalhando simultaneamente dentro de um universo que há séculos magnetiza o imaginário do Ocidente, a imagem final de Brook e de seu

Mahabharata é de integridade. Apesar de todas as críticas – com ou sem razão –, esse trabalho se impõe como uma obra simbólica do período fértil de interculturalismo. Por outro lado, também se tornou exemplo de que os percursos interculturais são encruzilhadas escuras, fronteiras sensíveis que merecem receber mais luz. Brook ajudou a iluminar esses caminhos e a criar um resultado artístico digno do desafio. Esses caminhos esperam novos peregrinos e novas luzes.

6. A Terceira Margem:
Diálogos Com o Que É Outro

> *Precisamos reconstituir, reconfigurar novas narrativas que abracem as diferenças da cultura secular e plural de nosso tempo. Isso soa um pouco utópico, devo dizer que não há como realizar essa tarefa sem reconhecer e registrar nossas dificuldades, nossas vulnerabilidades e nossa distância daquilo que podemos começar a vislumbrar como a construção de um Outro imposta por outros e ratificado por nós mesmos.*
>
> RUSTOM BHARUCHA, Somebody's Other: Disorientations in the Cultural Politics of Our Times, em Patrice Pavis (ed.), *The Intercultural Performance Reader*, p. 211.

RAVI

Tenho um filho chamado Ravi. Ele sempre gostou de desenhar e pintar. Quando tinha aproximadamente cinco anos fez uma linda aquarela, muito colorida e abstrata. Ao final, me descreveu como uma representação do mundo, com o mar, o sol, as montanhas, a lua. Eu a emoldurei e pendurei em minha sala. Alguns meses mais tarde, estávamos em casa e lhe apontei o quadro: "Filho, você se lembra dessa pintura que você fez para o papai?" Ele respondeu: "Lembro. É São Cristóvão." E se afastou distraído. Ravi, como todas as crianças, possui essa maravilhosa habilidade de desprendimento de seus antigos trabalhos criativos. Tal qualidade lhe permite observar sua própria pintura como se fosse nova toda vez que olha para ela. Assim reinterpreta seu trabalho com novos significados a cada novo encontro com ele. Nessas condições, mostra-se aberto a entender, a escutar o antigo como novo, a dialogar com esse outro, despido de qualquer conceito prévio, verdadeiramente receptivo para "lê-lo", para acolhê-lo como algo novo.

Ao longo dos últimos dez anos me dediquei quase que exclusivamente à pesquisa sobre o Über-marionette de Edward Gordon Craig e sua relação com o teatro clássico da Índia. Acredito que o Über-marionette, na verdade, é a chave para todos os aspectos do trabalho e do pensamento de Gordon Craig. Obviamente, no início essa crença era apenas uma intuição. Eu tinha o pressentimento de que a criação fantasmagórica do Über-marionette possuía um potencial alegórico e inspirador ainda pouco explorado. Sentia que havia ali um importante, mas velado, viés pedagógico. O Über-marionette, em sua essência, pode ser definido como um sistema desenvolvido para meditar a respeito da difícil relação entre o ator e o "outro". O "outro" não apenas como parceiro de cena, mas como símbolo de tudo com o que o ator deve se defrontar em seu caminho para seu crescimento como artista. Logo, pode se dizer que a relação do ator com o "outro" é a base da pedagogia de Craig, e essa pedagogia, entendida como processo institucional, é preconizada de maneira inédita em um padrão institucional. Mas também carrega consigo a potência que permitirá a construção de um processo de autonomia do aprendizado do ator, processo esse que ultrapassaria o período formativo. O "outro" definido pelo Über-marionette é qualquer outro elemento teatral (figurino, objetos cênicos, cenários, iluminação, textos, atores etc.), mas poderia ainda ser entendido como qualquer diferença entre o que eu entendo que sou e o que não reconheço como meu. Por isso, inclui um respeito inédito a todos os tipos de diversidades. Trata-se de um terreno de extrema e eterna dificuldade para Gordon Craig: lidar com o que é "outro".

A PEDAGOGIA DO ÜBER-MARIONETTE

Renzo Vescovi, diretor do Teatro Tascabile di Bergamo, na coletânea *Renzo Vescovi: Scritti dal Teatro Tascabile* (Renzo Vescovi: Escritos do Teatro de Bolso), organizada por Mirella Schino, afirmou que, diferentemente do ator de teatro tradicional, cujas raízes estéticas remontam ao século XVIII, no século XX surge um tipo de ator preocupado com a pesquisa e com o refinamento de sua técnica. Uma das características desse "ator novo" seria a busca pelo que ele definia como "anonimato". Enquanto o trabalho do ator tradicional cria espaços para a mitificação pessoal do ator, o espectador, diante do "ator novo", não está diante da pessoa do ator, mas sim de sua obra. Esse ator escultor, que entalha em si mesmo a condição de disponibilidade, é um ator que é autor, em cena, de sua presença.

Richard Schechner, no vídeo *Performance Studies: An Introduction – Globalisation and Interculturalism* (Estudos Performáticos: Uma Introdução – Globalização e Interculturalismo), define o termo interculturalismo em duas possibilidades: a primeira, horizontal, em que diferentes culturas se confrontam e buscam suas possíveis interfaces (entre culturas, entre pessoas etc.); a segunda, vertical, em que as diferentes camadas culturais que se acumulam em cada indivíduo são colocadas em confronto durante um processo criativo, assumindo um caráter autobiográfico e até existencial. Para as duas possibilidades, Schechner cita como exemplo a pesquisa desenvolvida por Jerzy Grotowski nas diferentes etapas de sua investigação, que praticamente dividiram sua linha biográfica em duas: a primeira na Polônia, quando surgiram espetáculos antológicos como *O Príncipe Constante* e *Apocalypsis Cum Figuris*; e a segunda com suas pesquisas na Itália sobre o que se denominou de Parateatro. Temos em Schechner, portanto, duas possibilidades de como se pode refletir acerca das possíveis interfaces com o que é "Outro": um "Outro" externo, que pode assumir inúmeras faces; e um "Outro" interno, mais ardiloso, também ele com inúmeras camadas.

Para interagir com essa complexidade de parceiros, vivos e não vivos, propostos pelo Über-marionette de Gordon Craig, o primeiro passo para o ator seria desenvolver uma qualidade bastante simples: ouvir. Em sua Escola para a Arte do Teatro, Gordon Craig afirmou que os professores seriam as marionetes. Como só poderia estar falando de maneira figurativa, coisa bem característica de sua verve, essa afirmação só fará sentido se imaginarmos que ele esperava de seus alunos uma renovada capacidade de "ouvir" o que o "mestre" marionete teria a "dizer", uma forma de definir um inédito aprendizado completamente ativo, a partir do redimensionamento do processo de aprender e, em consequência, também o de ensinar. Trata-se de uma pedagogia absolutamente inovadora cujo símbolo é seu Über-marionette. Por isso chamei minha publicação anterior de *Gordon Craig: A Pedagogia do Über-marionette*.

Jean Paul Sartre, em seu *Entre Quatro Paredes*, diz que "o inferno são os outros"[1]. Aprender a lidar com o que é "outro",

---

1   J.P. Sarte, *Entre Quatro Paredes*, p. 75.

com o que se apresenta novo, deveria ser uma qualidade básica da função do ator, uma vez que tem como ambiente de trabalho tudo o que é humano – e, portanto, diverso e intrinsecamente dinâmico – e suas interações com o mundo, também em constante cambiamento. Esse "outro" ainda pode ser compreendido como uma interação com outra cultura, outro país, outro time de futebol, outra religião, outro colega pesquisador do mesmo tema, ou ainda o "outro" com o qual dialogamos constantemente dentro de nós.

Com esse "outro", o ator não apenas deve interagir, mas compor um Todo. Esse Todo não necessariamente precisa ser um Todo "harmônico" como previa Craig, mas implica em inevitáveis fricções. Em última instância, toda obra é sempre um Todo. O acento nessa qualidade "total" da obra é representado na alegoria do Über-marionette como um Todo, e não como uma máscara, por exemplo. O corpo do Über-marionette é o estatuto desse princípio de totalidade orgânica.

Esse sentimento de Todo inclui, como consequência natural, uma reflexão sobre a participação do ator no Todo ainda maior, social e global, do contexto em que vive. O Über-marionette inclui, assim, um desdobramento simbólico sobre o papel do ator em seu contexto social e sobre seu papel político na construção de um mundo melhor. A consciência dessa função mais do que óbvia – de deixar um mundo melhor do que o que encontramos –, que esperamos dos profissionais de todas as outras áreas do conhecimento humano, por vezes parece não fazer parte dos questionamentos do meio teatral.

O Über-marionette se encontra no cruzamento entre os questionamentos sobre ética e interculturalismo.

UM "OUTRO" GORDON CRAIG

Gordon Craig, que não era um exemplo de humildade, após dialogar com Ananda Coomaraswamy e perceber que não havia analisado com a devida atenção a arte teatral clássica da Índia, teve a nobreza de dar um passo atrás. Ele pareceu admitir, ainda que de maneira tímida, que havia adentrado um território cultural que ignorava. Em 1918, admite, em uma carta a Coomaraswamy, que, apesar de reverenciar as artes teatrais da Índia, acreditava que o renascimento do teatro europeu deveria surgir de dentro dele mesmo, pois "o esclarecimento virá das pedras que nós mesmos quebramos, sentados martelando em nosso caminho alegre ou empoeirado"[2].

Gordon Craig deixou Florença após o encerramento das atividades da Escola para a Arte do Teatro. Mudou-se, em 1916, para Roma, e depois para Rapallo e Genova. Após uma guerra terrível, sem a menor perspectiva de retomar sua escola, sem planos para outros trabalhos cênicos, Gordon Craig decide, a partir de 1932, ficar recluso no sul da França, onde passaria seus últimos trinta anos de vida, dedicando-se quase que exclusivamente à pesquisa teórica. O Über-marionette, que nasceu como eixo de reflexão sobre a linguagem teatral e a questão da técnica do ator, se desenvolve ao mesmo tempo em símbolo universal e atemporal das dificuldades, das complexidades e das perplexidades extremas embutidas no diálogo intercultural. Portanto, a proposta de substituir os atores por marionetes, antes por um Über-marionette, teve como alicerce a análise da prática do ator e se formalizou como uma proposição pedagógica e ética para esse ator.

Acreditando habitar o coração da cultura mundial, Gordon Craig sempre lidou com o Oriente como periférico geograficamente e estranho culturalmente. Por isso, via nele um "objeto de estudo" legítimo, curioso e exótico, bastante adequado para fermentar seu pensamento de renovação na arte teatral, em simultâneo a seu projeto de projeção pessoal. Como inglês, Craig avaliava ocupar lugar ainda mais especial nesse coração cultural europeu. Trazia em si a falha, não tão anacrônica ainda hoje, de não ter se perguntado "como definir o que é periférico? Essa periferia se define como periférico a quem?". Também não se perguntou o que significa, em essência, ser "estranho", ser "exótico", independentemente de estar no interior da Mongólia, em uma tribo perdida na Amazônia ou na periferia de São Paulo. Essas questões remetem à história do encontro entre a lagarta que fuma sobre um cogumelo e Alice que caminha pelo país das maravilhas. A lagarta indica a Alice que coma um pedaço do outro lado do cogumelo para que ela volte a crescer: "'Um lado de quê?

2   E.G. Craig, Asia Europe America, *The Mask*, v. VIII, n. 8, p. 32.

O outro lado de quê?', pensou Alice". E ela se embaraça, pois, sendo o cogumelo redondo, estará sempre "deste lado" e nunca "do outro lado"[3]. Alice, assim como todos nós, não entende como poderia saber como "estar do outro lado", que é a base de qualidades importantes como a solidariedade e a ética. Somente aprendemos a estar do nosso lado, que é a base de qualidades como a competitividade e o individualismo.

O desafio do Über-marionette parece espelhar com perfeição a grande dificuldade com a qual Gordon Craig batalhou durante toda a sua vida: a dificuldade de interagir com aquilo que é "Outro". O Über-marionette, um ser inanimado, mas com "vida", se torna, em uma perspectiva ampla, símbolo de uma ética, em que o ator deve dialogar com seu ambiente, tendo a consciência de que seu papel dentro da "cena total" é de equanimidade com todos os outros agentes, vivos e não vivos. Um teatro cuja ética de procedimentos inclua o exercício sistemático do diálogo, da interação solidária e compassiva.

Portanto, essa nova predisposição para a interação seria a base de seu novo teatro, de sua nova escola. Fica claro que esse seria um processo técnico, mas, acima de tudo, ético. Portanto estamos falando de uma formação atoral com dimensão profundamente humana. Causa assombro que estejamos tratando da primeira iniciativa pedagógica teatral formal da história. O projeto pedagógico do Über-marionette de Gordon Craig demonstra perturbadora contemporaneidade.

EFÊMERAS MATERIALIDADES HUMANAS

Uma vez igualados os agentes da cena em sua materialidade, o ator é impelido a repensar sua técnica baseado não mais em aspectos emotivos ou subjetivos, mas sim em sua materialidade, plasticidade, qualidades que o reúne e irmana aos outros agentes inertes (iluminação, figurinos, objetos etc.) com os quais deve dialogar e na consequente preparação necessária a essas novas qualidades interativas. O fato de que agora esse diálogo será necessariamente equânime, faz da "voz" do objeto, da iluminação, do

---

[3] L. Carrol, *Alice no País das Maravilhas*, p. 72.

figurino uma "voz" tão importante quanto a do ator, despojado assim de sua tradicional centralidade. Mesmo o texto deveria ser considerado em sua materialidade sonora e física. Portanto, eis um apelo renovado à plasticidade e uma recusa ao teatro centrado no drama apenas falado.

Ao contrário do que afirmava Platão, com Gordon Craig o que é material se define como agente mais adequado para a percepção da natureza e expressão de suas realidades. Se pensamos em interações com vivos e não vivos, o corpo parece assumir inesperada primazia, pois o que era para Platão uma fragilidade do ser humano, no Über-marionette se mostra sua maior potência. É justamente a propriedade sensorial do corpo que o disponibiliza para a relação com o mundo. Somente o corpo físico do ator pode estabelecer relação equânime com os outros elementos, pois essa relação estará sempre baseada, como afirma Hans-Thies Lehmann, em *Teatro Pós-Dramático*, no comovente "sentimento da materialidade".

A interação entre ideias teatrais e vida cotidiana é um traço importante das ideias de Gordon Craig. Suas raízes intelectuais adubadas no Simbolismo, mas regadas com o poético misticismo de Walt Whitman e William Blake, faziam-no entender a vida como um transbordamento de sua atividade no teatro. Seu Über--marionette possui um parentesco imediato com o Übermensch de Nietzsche, por possuir esse aspecto de busca existencial inerente a todo ser humano: "O homem é uma corda, atada entre o animal e o Übermensch – uma corda sobre um abismo, uma perigosa travessia [...] O que é de grande valor no homem é o fato de ser uma ponte e não um fim; o que se pode amar no homem é ele ser uma passagem e um acabamento"[4]. O Über-marionette se mostra, assim, mais que um projeto técnico para o ator; afirma-se, na verdade, como proposta de vida.

A trajetória lúcida de Friedrich Nietzsche se encerra em Turim quando desmaia após se abraçar a um cavalo que sofria maus tratos. Seu último gesto consciente foi o de abraçar-se a um cavalo. Tal imagem remete à célebre e comovente imagem de Antonin Artaud encontrado morto abraçado a um de seus sapatos, ou a de Fernando Pessoa que, prestes a morrer, pede

[4] F. Nietzsche, *Assim Falou Zaratustra*, p. 16.

por seus óculos. O último abraço de Nietzsche foi a um cavalo, não a um ser humano. Como se ele desejasse afirmar que poderia abraçar, comovido assim, a todo o mundo, a todas as coisas. Craig sempre se sentiu irmanado a Nietzsche. Mas também se reúne a Artaud e Pessoa em seus pungentes gestos derradeiros, quando fazem uma declaração de amor ao mundo material, no momento exato em que se desprendiam dele. Todo o percurso de Craig com suas reflexões e dificuldades extremas em interagir refletem a consciência em sua própria vida da corda do Übermensch de Nietzsche, e da árdua tarefa de atravessá-la.

A IDEOLOGIA DA APROPRIAÇÃO

Patrice Pavis alerta que "Intercultural não significa simplesmente a reunião de artistas de diferentes nacionalidades ou práticas nacionais"[5]. Ele afirma que esse seria um sentido banal dessa expressão. O interculturalismo ainda é um território de difícil emolduramento, com muita confusão e pouca ética, alguns pensadores e muitos oportunistas. A questão se faz profunda por não possuir unicamente um fundo estético e comprometer equilíbrios culturais e sociais por vezes bastante delicados.

As reações em torno dos empréstimos culturais se classificam em eixos distintos. Alguns investigadores, essencialmente acadêmicos, que evitam um certo "colonialismo cultural", reivindicam a necessidade de familiarizar-se profundamente com uma cultura estrangeira antes de utilizá-la para fins próprios. Fazem parte dessa categoria alguns investigadores como Rustom Bharucha, Bonnie Marranca, Gautam Dasgupta, Una Chauduri, Daryl Chin, Richard Schechner. De outro lado estão aqueles que se preocupam em preservar, antes de tudo, a liberdade do artista, e que entendem que a arte sempre teve o privilégio de utilizar esses empréstimos sem nenhum tipo de restrição, tomando elementos de outras culturas, segundo os modelos pretendidos por cada artista. Dessa categoria fazem parte Ariane Mnouchkine, Peter Brook, Robert Wilson, Peter Sellars, Eugenio Barba etc.[6]

Apesar de Josette Féral afirmar que a relação entre culturas teatrais ao redor do mundo seja uma tradição já estabelecida, esse é

---

5   P. Pavis (ed.), *The intercultural Performance Reader*, p. 5.
6   J. Féral, *Encuentros com el Teatro Del Sol y Ariane Mnouchkine*, p. 104.

um processo bastante recente se levarmos em conta seu caráter investigativo. Obviamente trocas entre culturas acontecem desde sempre. Mas a pesquisa acerca do aspecto interativo entre tradições teatrais é relativamente recente. Féral parte de uma premissa correta ao observar que hoje nos encontramos, principalmente na Europa e nos Estados Unidos, em uma encruzilhada multicultural. E que essas trocas, portanto, se tornaram um padrão, "não apenas como prática recorrente, mas também como uma prática necessária que não é mais do que um reflexo da prática artística"[7].

Féral, que imaginamos conhecer a fundo as práticas dentro do trabalho do Theatre de Soleil, afirma que Mnouchkine "não copia as práticas orientais, nem busca reproduzi-las em seus espetáculos. Constituem, sim, [...] uma ferramenta de trabalho, não uma finalidade em si mesmas"[8]. É verdade que, ao contrário de Brook, nas montagens de Mnouchkine não se encontra a busca pela instauração de um "sabor cultural" indiano, mas sim uma visualidade impregnada de uma miscelânea de elementos cênicos dos teatros da Índia ou do Japão superpostos aparentemente de maneira indiscriminada. Mnouchkine concentra seu interesse cênico na visualidade oriental, mas sua base dramatúrgica é basicamente ocidental. Os textos trágicos e shakespearianos são suas fontes dramatúrgicas de preferência. Essa interface entre alguns princípios orientais e a dramaturgia ocidental causa uma fricção cênica que ajudou a definir o caráter de se trabalho e a construir sua fama mundial.

Mnouchkine se debruçou sobre as tradições teatrais japonesas em duas montagens, *Ricardo II* e *Henrique IV*, e sobre as tradições indianas em *A Noite dos Reis*. Féral conclui que na operação de aproximação feita por Mnouchkine a essas tradições orientais não se trata de "empréstimos", mas sim de "inspirações, de recriações, com o propósito de forçar-nos, a nós, público, a que entremos de maneira diferente em relação com as obras"[9]. A mescla indiscriminada de elementos de figurinos, por exemplo, em várias cenas de uma de suas montagens "indianas" não corrobora esse ponto de vista. O interculturalismo é recheado de fragilidades como essas: um pensamento estruturado a partir

---

7 Ibidem, p. 93.
8 Ibidem, p. 94.
9 Ibidem, p. 102.

de uma verdade monocrática, mas elaborado de maneira intelectualmente elegante.

Parece bastante temerário dizer que operações do tipo de Mnouchkine, por exemplo, são apenas inspirações, ou recriações, uma vez que as formas dos elementos originais se encontram por inteiro na cena: uma coroa de kuttiyattam, a maquilagem dos olhos do kathakali (ou krishnattam), um adereço da saia do ottamthullal etc., todos compondo um único figurino. Mas não apenas os figurinos, também elementos de cena: maneiras de caminhar, de gesticular, de se sentar etc. O argumento de que essa alquimia serviria para que o público encontrasse uma maneira distinta de interagir com a obra se mostra bastante frágil. Inúmeros outros artistas em inúmeras partes do mundo, em muitos momentos da história milenar do teatro, conseguiram, com grande êxito, propor a mesma diversidade de interação entre cena e público sem ter que lançar mão da apropriação de elementos de outras culturas.

As dificuldades no campo intercultural se apresentam em seus níveis mais básicos. Por exemplo, a simples definição do que seja "cultura" já oferece um terreno reflexivo extenso, bem como o que distingue essencialmente uma cultura da outra. A questão reclama muitas interdisciplinaridades. Patrice Pavis, partindo de um ponto de vista essencialmente teatral, define que "a Cultura se opõe ao que é natural, o adquirido se opõe ao inato, assim como a criação artística se opõe à expressividade natural. O corpo do ator e sua organicidade refletem a cultura em que foi desenvolvido e é marcado pela tradição cênica sob a qual foi formado"[10]. Alguns defensores do teatro intercultural argumentam que trocas desse tipo sempre ocasionaram evoluções culturais importantes, levando a cabo desenvolvimentos na arte teatral. Mas o passado nos conta que as circunstâncias históricas definem as características dessas trocas. Rustom Bharucha aponta como sendo uma distorção do teatro intercultural que o que deveria ser, por definição, um processo de troca, de intercâmbio, se transforme em subproduto da globalização, servindo apenas como aval – uma "carta branca moral" – para o avanço desinibido da economia mais rica sobre a economia mais pobre.

---

10   P. Pavis (ed.), op. cit., p. 3.

Eu acho que deveria ser reconhecido que as implicações do interculturalismo são muito diferentes para as pessoas em países empobrecidos, "em desenvolvimento", como a Índia, e para seus compartes de tecnologia avançada, sociedades capitalistas como os Estados Unidos, onde o interculturalismo tem sido fortemente estimulado tanto enquanto filosofia quanto forma de negócio.[11]

Temo que esse avanço sobre outras estéticas não leve em consideração as diferentes éticas – por vezes sutis – por detrás dessas estéticas. E que tenha como base ideológica, no fundo, o mesmo princípio que levou a religião cristã para o resto do mundo: a certeza de possuir alguma verdade absoluta e imperiosa que outorgaria, de forma natural, o direito de apropriar e colonizar.

NOVAS ENCRUZILHADAS

A Europa sempre foi o local para onde todos os olhares artísticos se voltaram. Em vários centros urbanos, desenvolveu núcleos de produção artística das mais excelentes da história humana. Mas essa polarização foi consequência de uma prática colonizadora de modelo opressor e predatório em quase todas as partes do globo, criando um conceito de civilização monolítico e perverso. A Europa sempre foi a grande "Meca artística", e sempre se orgulhou de concretizar o cruzamento de todas as culturas. Agora, a Europa de Gordon Craig, Peter Brook e Ariane Mnouchkine se encontra novamente como uma encruzilhada para o mundo, mas de forma indesejada e "incômoda". Milhares de seres humanos se lançam ao mar – em uma triste paródia do que faziam os antigos conquistadores portugueses, espanhóis, ingleses, holandeses – para atingir a costa da Europa. E chegam com o objetivo bem mais singelo e digno de sobreviver. Independentemente de qual parte do globo provenham, ao aportarem – ou serem resgatados –, trazem, em sua bagagem, um tesouro imaterial, cultural, resultado de uma triste herança de escassez e sofrimento intenso. No fundo, são também descendentes daquele antigo modelo perverso predatório civilizatório europeu. Nesses últimos tempos, temos testemunhado, por meio de todas as mídias, a patente

---

11 R. Bharucha, *Theatre and the World*, p. 1

dificuldade europeia atual em lidar com o que é "outro", agora em seu próprio território.

Em um recente encontro sobre teatro na Espanha, presenciei uma atriz local, muito famosa por seu trabalho na TV, se dirigir a artistas de todas as partes do mundo falantes de espanhol e português. Ela afirmou que os países da América Latina deveriam agradecer ao povo da Espanha pelo idioma espanhol. A desconcertante sugestão ofendeu e fez algumas pessoas da audiência se retirarem. Vamos esperar e torcer para que essa senhora tenha mais sucesso ao agradecer, a partir de agora, a possibilidade de incorporar algumas palavras em curdo, em urdu, em dari ao espanhol, e para que ela compreenda que isso pode ser positivo quando a incorporação não é feita a preço de assassinatos ou escravização de seres humanos.

A TERCEIRA MARGEM

"O fato de que o homem é capaz de agir significa que se pode esperar dele o inesperado, que ele é capaz de realizar o infinitamente improvável."[12] Sem que nos sintamos plenamente livres para mudar, segundo Hannah Arendt, não podemos agir com ética. Portanto, buscar essa ética que nos faz equânimes a todos os outros elementos se inicia com uma mudança do olhar subjetivo de cada um sobre todos os outros elementos conviventes, sobre todos os outros agentes, todas as outras vozes, todos os outros seres vivos e não vivos. Seria como encontrar uma terceira margem dentro do fazer teatral, que nos permitisse ir "rio abaixo, rio a fora, rio a dentro – o rio"[13].

Poucos autores no teatro conseguiram ladear seu trabalho artístico com uma reflexão sobre sua necessidade de se manter sempre em constante aprendizado, em constante adaptação e, portanto, em constante atitude ética. Temos essa sensação quando lemos os escritos de Yoshi Oida ou Phillip Zarrilli. Zarrilli, no final da década de 1970, passou por um período inicial de intenso treinamento na tradicional arte marcial kalarippayattu, em Querala,

---

12 H. Arendt, *A Condição Humana*, p. 191.
13 G. Rosa, *Primeiras Estórias*, p. 32.

sul da Índia. Ao longo dos anos, criou um treinamento para seu grupo de trabalho associando essa técnica ancestral budista com a prática do tai-chi-chuan e do ioga. Nos últimos anos, Zarrilli retomou, com intensidade renovada, a prática da dura técnica do kalarippayattu, cada vez mais interessado em especificar a energia especial, essa qualidade psicofísica, que consegue reunir mente e corpo em um estado de completa atenção e disponibilidade para o presente. Podemos estar falando do momento presente dentro do teatro ou não. Ao se aproximar do trabalho de Zarrilli, é notória a qualidade especial com que ele encara seu trabalho. O que faz dele, assim como de Oida, exemplos raros de viajantes de si mesmos, em uma canoa que só a eles serve, que só eles poderiam construir: "Mas se deu que, certo dia, nosso pai mandou fazer para si uma canoa. Encomendou uma canoa especial [...] como para caber justo o remador."[14]

As premissas fundamentais da alegoria universal do Über-marionette de Gordon Craig foram retiradas justamente da prática de um ator que Craig, em realidade, nunca deixou de ser. A ideia de desierarquização dos elementos e de consciência da "Totalidade" de Gordon Craig possui muitas ramificações. Uma delas é a de inaugurar uma dramaturgia da visualidade. Livre do protagonismo do texto escrito, a releitura cênica e visual de uma obra passa a ser mais importante que a obra dramática.

Ainda que nunca tenha recebido uma sistematização prática, a proposta do Über-marionette de Gordon Craig se define ao longo do caminho dele como uma proposta essencialmente prática, pensada por um ator e para um ator. Craig definiu, com seu Über-marionette, um projeto e um desafio para si mesmo, a partir de suas próprias dificuldades, com as quais lutou por toda a vida. Criou um projeto de uma escola onde ele mesmo gostaria de ter aprendido. Uma utopia que gostaria que tivesse sido oferecida a ele. O desafio de lidar com os objetos, de lidar com o "outro", de harmonizar com o Todo em que está inserido, foram desafios centrais na vida de Craig que ele tatuou na pele de seu Über-marionette.

Mas, para além disso tudo, gostaria de trazer nossa atenção para uma semente implícita no Über-marionette de Gordon

---

14 Ibidem.

Craig reveladora de uma nova ética oferecida à convivência e à dialética criativa do fazer teatral. O ator ético se torna aquele que, antes de tudo, precisa aprender a ouvir, observar e dialogar com diferentes timbres de "vozes". O teatro oferece assim um rico laboratório para construir alternativas que não sejam a de colocar muros, fechar fronteiras, criar guetos acadêmicos, discriminar o que é novo ou o que é velho. Na função artística que se impõe a nós, aprender a harmonizar de maneira ética com outros agentes – vivos e não vivos – de nosso meio produtivo significa interagir de maneira amorosa com o "outro". Portanto, o Über-marionette poderia ser o mentor simbólico de todo processo intercultural, especialmente dentro do âmbito teatral. Mas também se mostra como uma alegoria da utopia de uma ética da interação, em que o "outro" é algo a ser redescoberto constantemente. Essas transformações perenes, nas pequenas coisas da rotina, nos menores gestos em cena, seguramente também recebem os auspícios de Shiva e Dioniso, que regem as mágicas dinâmicas. Construir uma nova ética, portanto, constitui o mais radical de todos os ativismos. Aquele que, de fato, pode mudar o mundo. Simplesmente porque pode mudar a cada um de nós. Simples assim. Utópico assim.

O teatro será sempre o país da interação, portanto, o território utópico do acolhimento, da solidariedade, da compaixão e do amor.

Referências

Índia, Arte, Cultura e História

BANERJI, Projesh. *Nataraja, the Dancing God*. New Delhi: Cosmo, 1985.
BHAVNANI, Enakshi. *The Dance in India*. Bombay: Taraporevala's Sons & Co, 1979.
BRUNTON, Paul. *A Índia Secreta*. São Paulo: Pensamento, 1998.
CAMPBELL, Joseph. *As Máscaras de Deus*. São Paulo: Palas Athena, 1995.
CAPRA, Fritjof. *O Tao da Física*. São Paulo: Cultrix, 1983.
CARRIÈRE, Jean-Claude. *Índia, um Olhar Amoroso*. Rio de Janeiro: Ediouro, 2002.
_____. *O Mahabharata*. São Paulo: Brasiliense,1991.
CHOUDHRY, Chetna. Rich couples flying abroad for gender test & abortion, fear health officials, maio 2017. *The Times of India*. Disponível em: <timesofindia.indiatimes.com>. Acesso em: 1º ago. 2020.
COOMARASWAMY, Ananda. *The Wisdom of Ananda Coomaraswamy*. Bloomington: World Wisdom, 2011.
_____. *The Essential Ananda K. Coomaraswamy*. Bloomington: World Wisdom, 2004.
_____. *The Dance of Shiva*. New Delhi: Sagar, 1991.
_____. *The Mirror of Gesture*. New Delhi: Munshiram Manoharlal, 1987.
_____. The Arts and Crafts of India and Ceylon. *The Mask*, v. VI, n. 3, jan. 1914.
_____. Notes on Indian Dramatic Technique. *The Mask*, v. VI, n. 2, oct. 1913.
DANIÈLOU, Alain. *Shiva e Dioniso: A Religião da Natureza e do Eros*. São Paulo: Martins Fontes, 1989.
FEUERSTEIN, Georg. *Tantra, Sexualidade e Espiritualidade*. Rio de Janeiro: Nova Era, 2006.
GUPTA, Rudrani. 20 Women Die A Day: Dowry Deaths Still A Threatening Reality In India?, abr. 2020. *She The People*. Disponível em: <www.shethepeople.tv>. Acesso em: 1º ago. 2020.

IDOETA, Paula Adamo. Atlas da Violência: Brasil tem 13 homicídios de mulheres por dia, e maioria das vítimas é negra, jun. 2019. *BBC Brasil*. Disponível em: <www.bbc.com/portuguese>. Acesso em: 1 ago. 2020.
JANSEN, Eva Rudy. *O Livro das Imagens Hinduístas*. Diever: Binkey Kok, 1995.
JUNG, Carl Gustav. *O Homem e Seus Símbolos*. Rio de Janeiro: Nova Fronteira, 2002.
LEMAITRE, Solange. *Hinduísmo ou Sanátana Dharma*. São Paulo: Flamboyant, 1958.
MAPA da Violência de Gênero. Disponível em: <mapadaviolenciadegenero.com.br>. Acesso em: 1 ago. 2020.
MEHTA, Gita. *Escadas e Serpentes*. São Paulo: Companhia das Letras, 1998.
NATYA Shastra. Trad. por equipe de pesquisadores. New Delhi: Sri Satguru, 1989.
_____. Trad. Moanomohan Ghosh. Kolkata: The Royal Asiatic Society of Bengal, 1951.
PAZ, Octavio. *Vislumbres da Índia*. 3. ed. São Paulo: Mandarim, 1997.
ROOD, Arnold. *Gordon Craig on Movement and Dance*. New York: Dance Horizons, 1977.
ROY, Arundhati. *O Deus das Pequenas Coisas*. São Paulo: Schwarcz, 1998.
SINGH, Anita; MUKHERJEE, Tarun Tapas. *Gender, Space and Resistence*. New Delhi: D.K. Printworld, 2013.
STUTLEY, Margaret; STUTLEY, James. *Dizionario dell'Induismo*. Roma: Ubaldini, 1980.
TARLEKAR, G.H. *Studies in the Natyasastra*. New Delhi: Motilal Banarsidass, 1997.
VAGHELA, Joyce. Status of Women in India. *Tearfund Learn*. Disponível em: <learn.tearfund.org>. Acesso em: 1 ago. 2020.
VARADPANDE, Manohar Laxman. *Religion and Theatre*. New Delhi: Abhinav, 1983.
VELASCO, Clara; CAESAR, Gabriela; REIS, Thiago. Mesmo com queda recorde de mortes de mulheres, Brasil tem alta no número de feminicídios em 2019, mar. 2020. *G1*. Disponível em: <g1.globo.com>. Acesso em: 1 ago. 2020.
VIVEKANANDA, Swamy. *The Teachings of Swamy Vivekananda*. Calcutta: Advaita Ahrama publishers, 1981.
PRABHUPADA, Swami A.C. Bhaktivedanta. *O Bhagavad Gita Como Ele É*. São Paulo: Bhaktivedanta Book Trust, 1976.

Kathakali e Mohiniyattam

BARBA, Eugenio. Le Théâtre Kathakali. *Theatres d'Orient: Le Kathakali, L'Odissi, Buffoneries*, n. 9, 1983.
BOLLAND, David. *A Guide to Kathakali*. Cochi: Paico, 1988.
MAROTTI, Ferruccio. *Il volto dell'invisibile*. Roma: Bulzoni, 1984.
MENON, Kumar Padma Sivasankar. *A Dictionary of Kathakali*. Hyderabad: Orient Longman, 1991.
MOHINI ATTAM special. *Indian and World Arts & Crafts*, v. V, n. 1-2, jan-feb. 1986.
PANDEYA, Avinash C. *The Art of Kathakali*. Allahabad: Kitabistan, 1961.
RAJA, A.C.G. *Krishnanattom*. Thrissur: Sree Vidya, 1988.
RIBEIRO, Almir. Deuses e Marionetes: Kathakali, Teatro Dança Clássico da Índia e Seus Delicados Diálogos. *Revista Sala Preta*, v. 13, n. 1, jun. 2013.
_____. *Kathakali: Uma Introdução ao Teatro e ao Sagrado da Índia*. Rio de Janeiro: MarkPrint, 1999.
SALVINI, Milena. *L'Historie fabuleuse du théâtre Kathakali à travers Le Ramayana*. Paris: Jacqueline Renard, 1990.
SHIVAJI, Bharati. *The Art of Mohiniyattam*. New Delhi: Lancer International, 1986.
UNNIKRISHNAN, C.P. *A Window to Kathakali*. Chennai: Bharata Kalanjali, 1994.

VENU, Gopal. *Into the World of Kutiyattam with the Legendary Ammannur Madhava Chakyar*. Thrissur: Natana Kairali, 2002.
____. *Mohiniyattam*. Trichur: Ed. do Autor, 1983.
ZARRILLI, Phillip. *When the Body Becomes All Eyes*. New Delhi: Oxford University Press, 2001.
____. *Kathakali Dance-Drama*. London: Routdlege, 2000.
____. *The Kathakali Complex*. New Delhi: Abhinav, 1984.

Odissi e Bharata Natya

BARBA, Eugenio; SAVARESE, Nicola. *L'Énergie qui Danse*. Montpellier: L'Entretemps, 2008.
BHAVNANI, Enakshi. *The Dance in India*. Mumbai: D.B. Taraporevala Sons & Co., 1979.
CITARISTI, Ileana. *The Making of a Guru: Kelucharan Mohapatra, His Life and Times*. New Delhi: Manohar, 2001.
GUHAN, S. *Bala on Bharatanatyam*. Chennai: The Sruti Foundation, 1991.
IYER, K. Bharatha. *Kathakali: The Sacred Dance-Drama of Malabar*. New Delhi: Oriental Books, 1983.
KHOKAR, Mohan. *The Splendorous of Indian Dance*. New Delhi: Himalayan Books, 1998.
____. *Traditions of Indian Classical Dances*. New Delhi: Clarion Books, 1984.
KOTHARI, Sunil; PASRICHA, Avinash. *Odissi, Indian Classical Dance Art*. Mumbai: Marg, 1990.
MOHANTY, Kumkum. *The Odissi Dance Path Finder*. Bhubaneshwar: Odissi Research Centre, 1988.
PAL, Pratapaditya (ed.). *Orissa Revisited*. Mumbai: Marg, 2001.
PANIGRAHI, Sanjukta. La Danse Odissi. *Theatres d'Orient: Le Kathakali, L'Odissi, Buffoneries*, n. 9, 1983.
RAMAN, Pattabhi. What Is BharataNayam? *Sruti*, n. 203, aug. 2001.
RAO, K. Uma Rama. *Kuchipudi Bharatam or Kuchipudi dance*. New Delhi: Sri Satguru, 1992.
RUFFINI, Franco. *Le Théâtre qui danse*. Holstrelbro: Les Buffoneries, 4. 22/23, Ista, 1989.
SAMSON, Leela. *Rhythm in Joy, Classical Indian Dance Traditions*. New Delhi: Lustre, 1987.
SARABHAI, Mrinalini. *The Voice of the Heart, an Autobiography*. Ahmedabad: Darpana, 2009.
____. *The Sacred Dance of India*. Bombay: Bharatiya Vidya Bhavan, 1979.
VISWANATHAN, Lakshmi. *Bharatanatyam, the Tamil Heritage*. Madras: United Printer's Syndicate, 1991.

Interculturalismo

BHARUCHA, Rustom. *Theatre and the World: Performance and the Politics of Culture*. London: Routledge, 2005.
____. *The Politics of Cultural Practice: Thinking Through Theatre in an Age of Globalization*. London: Wesleyan University Press, 2000.
____. *Theatre and the World: Performance and the Politics of Culture*. London: Routledge, 1993.

_____. A Collision of Cultures: Some Western Interpretations of the Indian Theatre, *Asian Theatre Journal*, v. 1, n. 1, spring 1984.
_____. A Reply to Richard Schechner, *Asian Theatre Journal*, v. 1, n. 2, autumn 1984.
BROOK, Peter. *Ponto de Mudança*. Rio de Janeiro: Civilização Brasileira, 1994.
FÉRAL, Josette. *Encuentros con el Teatro Del Sol y Ariane Mnouchkine: Propuestas y Trayectoria*. Buenos Aires: Artes Del Sur, 2010.
O'CONNOR, Garry. *The Mahabharata: Peter Brook's Epic in the Making*. London: Mercury House, 1989.
PAVIS, Patrice (ed.). *The Intercultural Performance Reader*. London: Routledge, 1996.
_____. *O Teatro no Cruzamento de Culturas*. São Paulo: Perspectiva, 2008.
RIBEIRO, Almir. Um Diálogo às Margens do Ganges: Gordon Craig e Ananda Coomaraswamy. *Revista Brasileira de Estudos da Presença*, v. 4, n. 3, set.-dez. 2014.
SANTOS, Milton. *Por uma Outra Globalização*. Rio de Janeiro: Record, 2013.
SAVARESE, Nicola. *Teatro e Spettacolo fra Oriente e Occidente*. Roma: Laterza, 2009.
_____. *Il Teatro al di là del Mare*. Lodi: Studio Forma Editrice, 1980.
SCHECHNER, Richard. *Between Theatre and Anthropology*. Philadelphia: University of Pennsylvania Press, 1985.
_____. A Reply to Rustom Bharucha. *Asian Theatre Journal*, v. 1, n. 2, autumn 1984.
ZARRILLI, Phillip. *Psychophysical Acting: An Intercultural Approach After Stanislavski*. London: Routledge, 2009.

Teatro e Geral

ARENDT, Hannah. *A Condição Humana*. Rio de Janeiro: Forense Universitária, 2001.
CARROL, Lewis. *Alice no País das Maravilhas*. São Paulo: L&PM Pocket, 1998.
BALANCE, John [Edward Gordon Craig]. A Note on Masks. In: ROOD, Arnold (ed.). *Gordon Craig on Movement and Dance*. New York: Dance Horizons, 1977.
BARBA, Eugenio. *A Canoa de Papel*. Brasília: Dulcina, 2009.
_____. *A Terra de Cinzas e Diamantes*. São Paulo: Perspectiva, 2006.
BARBA, Eugenio; SAVARESE, Nicola (orgs.). *A Arte Secreta do Ator*. São Paulo: É Realizações, 2012.
BERTHOLTD, Margot. *História Mundial do Teatro*. São Paulo: Perspectiva, 2001.
BRECHT, Bertolt. *Teatro Dialético*. Rio de Janeiro: Civilização Brasileira, 1967.
BROCKETT, Oscar G. *History of the Theatre*. Boston: Allyn and Bacon, 1977.
CARLSON, Marvin. *Teorias do Teatro*. São Paulo: Unesp, 1995.
CRAIG, Edward Gordon. *On the Art of the Theatre*. London: Routledge, 2009.
_____. Scene. In: HERRERA, Aurora (ed.). *Edward Gordon Craig: El Espacio Como Espectáculo*. Madrid: La casa encendida, 2009.
_____. *Gordon Craig, the Story of His Life*. New York: Limelight, 1985.
_____. *Henry Irving*. New York: Longmans, Green and Co, 1930.
_____. Asia Europe America. *The Mask*, v. VIII, n. 8, oct. 1918.
_____. A Living Theatre. The Gordon Craig School. The Arena Goldoni. *The Mask*, 1913.
_____. Gentleman, The Marionette! *The Mask*, v. 5, n. 2, oct. 1912.
_____. The History of Japanese Colour Prints. *The Mask*, v. 4, 1911.
_____. The Actor and the Über-marionette. *The Mask*, v. 1, n. 2, apr. 1908.
DECROUX, Étienne. *Parole sul Mimo*. Roma: Dino audino editore, 2003.
FURST, John [Edward Gordon Craig]. A Note on Marionettes. In: ROOD, Arnold (ed.). *Gordon Craig on Movement and Dance*. New York: Dance Horizons, 1977.

GROTOWSKI, Jerzy. *Para um Teatro Pobre*. Brasília: Dulcina, 2011.
_____. Around Theatre: The Orient – The Occident. *Asian Theatre Journal*, v. 6, n. 1, spring 1989.
GUINSBURG, J. *Da Cena em Cena*. São Paulo: Perspectiva, 2001.
HERRERA, Aurora (ed.). *Edward Gordon Craig: El Espacio Como Espectáculo*. Madrid: La casa encendida, 2009.
ISOLLA, Gianni; PEDULLÀ, Gianfranco. *Gordon Craig in Italia*. Rome: Bulzoni, 1993.
LEHMANN, Hans-Thies. *Teatro Pós-Dramático*. São Paulo: Cosac Naify, 2007.
LOPES, Angela Leite. O Ator e a Interpretação. *Folhetim Teatro do Pequeno Gesto*, n. 6, jan.-abr. 2000.
NIETZSCHE, Friedrich. *Assim Falou Zaratustra*. São Paulo: Companhia das Letras, 2011.
RIBEIRO, Almir. *Gordon Craig: A Pedagogia do Über-marionette*. São Paulo: Giostri, 2016.
_____. *Depois de Isadora Duncan Nunca Houve Tanto Mar*. São Paulo: Giostri, 2019.
ROSA, Guimarães. *Primeiras Estórias*. Rio de Janeiro: Nova Fronteira, 1988.
RUFFINI, Franco. Never Show Tiredness. In: VVAA. *Masters and Performing Traditions at ISTA*. Londrina: Ista, 1984.
SARTRE, Jean-Paul. *Entre Quatro Paredes*. Rio de Janeiro: Civilização Brasileira, 2005.
SCHECHNER, Richard. From Ritual to Theatre. In: BHARUCHA, Rustom. A Reply to Richard Schechner. *Asian Theatre Journal*, v. 1, n. 2, Honolulu: University of Hawaii, 1984.
SCHINO, Mirella. *La Nascita della regia teatrale*. Roma: Laterza, 2003.
SCHINO, Mirella (org.). *Renzo Vescovi: Scritti dal Teatro Tascabile*. Roma: Bulzoni, 2007.
STANISLÁVSKI, Constantin. *A Preparação do Ator*. Rio de Janeiro: Civilização Brasileira, 2009.
SZONDI, Peter. *Teoria do Drama Moderno*. São Paulo: Cosac Naify, 2003.
TAVARES, Gonçalo M. *Uma Viagem à Índia*. São Paulo: Leya, 2010.
TAXIDOU, Olga. *The Mask*. Amsterdam: Har Wood Academic Publishers, 1998.
WATSON, Ian. *Hacia Un Tercer Teatro: Eugenio Barba y El Odin Teatret*. Ciudad Real: Ñaque, 2000.
ZARRILLI, Phillip. *Acting (Re)Considered*. London: Routledge, 2011.
ZARRILLI, Phillip; DABOO, Jerri; LOUKES, Rebecca. *Acting: Psychophysical Phenomenon and Process*. London: Palgrave Macmillan, 2013.

Referências em Vídeos

SARABHAI, Mallika. *Dance to Change the World: Lecture at Boston University College of Fine Arts*. October 18, 2010. Boston, USA. Disponível em: <https://www.youtube.com/watch?v=0-BcogD-8cA>.
SCHECHNER, Richard. *Performance Studies: An Introduction – Globalisation and Interculturalism*. 17.12.2012. Disponível em: <https://www.youtube.com/watch?v=J1_0iIDdwvA>.

Créditos das Imagens

[ABERTURA] Aglaia Azevedo, no espetáculo *A Dança da Mohini*, direção de Almir Ribeiro. Foto de Almir Ribeiro.
[PÁGINA VIII] Mrinalini Sarabhai, por volta de 1955, autor desconhecido.
[PÁGINA X] Mallika Sarabhai. Foto de Dev Raj.
[PÁGINA 28] Imagem retirada de um jornal malayali na década de 1990.
[PÁGINA 29] Interior do aeroporto de Nova Deli. Foto de Almir Ribeiro.
[PÁGINA 40] Mallika Sarabhai. Performance de *Bharatanatyam*. Foto de Yadavan Chandran.
[PÁGINA 64] Aglaia Azevedo, no espetáculo *A Dança da Mohini*, direção de Almir Ribeiro. Foto de Almir Ribeiro.
[PÁGINA 96] Kottakkal Nanda Kumaran, no espetáculo *O Teatro Sagrado do Malabar*, direção de Almir Ribeiro. Foto de Eugênio Pacelli.
[PÁGINA 113] Kottakkal Nanda Kumaran (mestre) e Unnikrishnan (aluno), aula na Natyasangam School, em Kottakkal, Índia. Foto de Elzbieta Koldrzak.
[PÁGINA 174] Kottakkal Nanda Kumaran, performance de kathakali. Foto de Aglaia Azevedo.
[PÁGINA 256] Mallika Sarabhai, performance de Bharatanatyam. Foto de Almir Ribeiro.

Índice de Nomes e Termos

abhinaya 49-51, 89, 90, 94, 95, 173
Abhinaya Darpana 50, 175, 177, 183
adavus 25, 58
Ádbhutan 136
Agatsya 11, 12
ahárya 50
ahimsa 85
Ahmedabad 34, 62
Alarippu 29, 31
Amma, Kalamandalam Kalyannakutty 57, 63
Amma, Madhavi 63
Andhra Pradesh, Estado de 14, 156
ândjali 58
ânguika 50
arala 58
ardhachandra 58
Arjuna 24, 240, 242-244, 246
Arrabal, Fernando 224
Artaud, Antonin 206, 263, 264
Arunachala, montanha de 157
áshan 119-120
AtharvaVeda 162
ayurveda 118
Azevedo, Aglaia 63, 157, 230

Balabadra (ou Balarama) 86
Balarama Bharatam 57
Balasaraswati 30, 31

Barba, Eugenio 9, 80, 82, 93, 99, 100, 123, 129, 137, 157, 206, 210, 215-222, 225, 226, 227, 228, 233, 252, 264
Barrault, Jean-Louis 99
Beckett, Samuel 224
Bertazzo, Ivaldo 39
bharata natya (ou bharatanatyam) 4, 6, 8, 10, 11, 12, 12-13, 13-14, 14, 17, 21, 22, 23, 24, 25, 26, 27, 28, 29, 30, 31, 32, 33, 34, 35, 39, 45, 46, 48, 49, 51, 56, 58, 59, 61, 65, 73, 74, 75, 89, 93, 94, 127, 143, 144, 156, 229
Bharucha, Rustom 205-208, 209-210, 210-213, 234, 240, 242, 252-253, 264, 266-267
Bhasmasura 53-54, 60
Bhavnani, Enakshi 9
bhayánakam 136
Bhima 98, 240
Bhishma 245
bhrâmara 58
Bhubaneshwar 68, 86, 92
bíbhetsan 136
Blake, William 263
Bolland, David 99
Brahma Jala Sutta 16
Brook, Peter 34, 206, 234, 235, 237, 238, 242, 244, 245, 246, 247, 248, 249, 250, 251, 252, 253, 254, 255, 264, 265, 267
The Mahabharata 34
Buchanan, Francis 18

Calicute (antiga Kozhikode) 62, 100, 102
carnatic, música 26, 59, 91, 92, 106, 107, 144
Carrière, Jean-Claude 245, 249, 254
Carrieri, Roberta 215
Chadagangadeva, rei 69
chakkiar kuttu 44, 145-147
Chauduri, Una 264
Chennai (antiga Madras) 13, 31, 62, 93, 175
Cheruthuruthy 68, 99, 102, 116, 142, 225
Chidambaram
 cidade de 13, 170
 templo de 12-13, 30, 32, 61
Chin, Daryl 264
Chinnayya 17
Chokkur, templo de 46
cholkettu 54, 55, 56
chollu (sílaba) 56
Citaristi, Ileana 9, 95
Clark, Lygia 248
Colker, Deborah 248

"Collision of Cultures, A" 205, 209, 210
comédien désincarné 140
Coomaraswamy, Ananda 9, 49, 68, 81, 165, 167, 169, 170, 172, 175-204, 176, 178, 179, 180-183, 205, 206, 211, 212, 213, 227, 231, 260, 261
The Mirror of Gesture (O Espelho da Gestualidade) 175
Craig, Gordon 131, 140, 168, 169, 170, 172, 175, 175-204, 205, 206, 207, 209, 211, 212, 213, 220, 227, 230, 231, 232, 257, 258, 259, 260, 261, 262, 263, 264, 267, 269, 270
Escola para a Arte do Teatro 259, 261
Über-marionette 131, 139, 140, 166, 169, 170, 172, 176, 177, 178, 179, 180, 182, 184, 185, 186, 189, 190, 191, 192, 193, 195, 196, 199, 200, 201, 202, 203, 204, 211, 212, 220, 257, 258, 259, 260, 261, 262, 263, 269, 270
curdo, língua 268
Cuttack, cidade de 86
CVN Kalari, academia 226

damaru (tambor) 26-27
dari, língua 268
Darpana, Academia de Artes Performáticas 34, 39, 51
Dasgupta, Gautam 264
dasiyattam 18-19
devadasi 16, 18, 19, 87
Devadasi Act 20
devadasis 16
Devi, Rukmini 18, 20, 22, 23, 30, 39, 89
dharma 15, 115, 129, 158, 161, 241, 241-244, 244-246
dharmi 93
Dhritharashtra 240
Dioniso 270
Draupadi 34, 98, 241, 245, 246
Dr. Balamuralikrishna 144
Drona 250
Drupad 246
Duarte, Silvana 39, 95
Duryodhana 129, 240
Dushássana 98, 129

edakka (instrumento musical) 59, 107
Ekalavya 250
Embrandiri, Shankara 107

Féral, Josette 252, 264, 265

Galvão, Sonia 39
Gandhari 240
Ganesha, deus 90, 165, 239
Gismonti, Egberto 248
gopis 56, 244
gotipuas 51, 88, 89, 95
Govindankutty Nair 226
Grotowski, Jerzy 9, 99, 123, 157, 205-213, 215, 220, 225, 226, 227, 259
Guhan, S. 9
Gurdieff 254
gurukulam 80, 82, 118, 119, 120, 121, 250
guru-shyshia parampára 21
Guruvayur 100, 102

hâmsapaksha 58
hamsásia 58
Hanako 178, 212
Haskell, Arnold 67
Hastalakshanadipika 58, 59
hindustani 91, 144

Indraprastha 240
interculturalismo 22, 177, 179, 181, 182, 190, 195, 204, 210, 213, 217, 221, 222, 227, 234, 235, 236, 247, 252, 255, 259, 260, 264, 265, 267
International School of Theatre Anthropology (Ista) 80, 215
ioga 82, 164, 166, 223, 269
Iyer, Bharatha 9, 49, 135

Jagannath 69, 84, 85, 86, 87
jainista, religião 85
Jarry, Alfred 224
Jatiswaran 29, 31, 56
Jayadeva
Gita Govinda 56, 89, 90, 100
Jayanta 11, 12

Kalakshetra International Arts Center 20, 21, 22, 89
Kalamandalam Balasubramanian 120
Kalamandalam Gopi 143
Kalamandalam John 228, 233
kalarippayattu 101, 113, 114, 119, 149, 166, 167, 221, 223, 225, 226, 250, 268, 269
kalaris 119, 143
Kama Sutra 16

Kandinski, Vassili 248
Kane, Sarah 224
kannada 14
Kantilya
Artha Shastra 16
Kanyakumari, cidade de 61
kápitakha 58
karana 24, 92
Karnataka, Estado de 14, 17
kartarimukha 58
Karúnan 135
Karúta Taddi 136
kátakha 58
kathak 8, 45, 127, 156, 229
kathakali 3, 4, 6, 7, 8, 9, 10, 28, 34, 42, 45, 48, 49, 51, 54, 55, 57, 58, 61, 63, 69, 70, 71, 74, 75, 81, 86, 92, 97, 99, 100, 101, 102, 103, 104, 106, 107, 108, 109, 110, 111, 112, 113, 114, 116, 117, 118, 119, 120, 121, 122, 123, 124, 125, 126, 127, 128, 129, 130, 131, 132, 133, 135, 136, 137, 138, 139, 140, 142, 143, 144, 148, 149, 150, 151, 152, 156, 166, 177, 192, 193, 194, 195, 196, 198, 199, 200, 201, 206, 207, 210, 211, 220, 221, 222, 223, 225, 226, 227, 228, 229, 230, 231, 232, 233, 239, 248, 249, 250, 266
Kathakali: Uma Introdução ao Teatro e ao Sagrado da Índia 10, 100
kattakámukha 58
kattí 117, 123
Kauravas, irmãos 129, 241, 245, 250
Kerala Kalamandalam 52, 57, 62, 63, 102, 113, 120, 142, 143, 144
Khokar, Mohan 9, 46
kirida 138
koan zen 192, 203
Kochi, cidade de (antiga Cochin) 43, 48, 62, 104, 150
Kolkata (antiga Calcutá) 52, 62, 184
Konarak, cidade de 69, 92
Kothari, Sunil 9, 66, 68, 94
Kottakkal, cidade de 109, 121
Krishna, deus 29, 56, 63, 66, 84, 86, 89, 90, 98, 100, 102, 106, 111, 136, 138, 139, 145, 150, 158, 160, 165, 175, 237, 243, 244, 245
Krishnamurti, Yasmini 21, 39
krishnattam 45, 61, 100, 101, 102, 131, 132, 148, 266
kshatriya 42, 146

ÍNDICE DE NOMES E TERMOS

kuchipudi 8, 31, 45, 58, 144, 156, 229
Kumaran, Kottakkal Nanda 109, 111, 112, 120, 230
Kumar, Kalamandalam Udaya 120
Kunti 240, 243, 246
Kurukshetra 241
kutiyattam 42, 45, 141, 142, 143, 144, 145, 148
kuttu 44, 50, 132, 142, 144, 145, 145-147, 147, 148. *Ver* chakkiar kuttu
Kutty, Appu 107

lasya 54-55, 59
Leabhart, Thomas 215
Leboyer, Frédérick 118
loka 93
lokadharmi 93-95

maddalam 104, 105, 107
Madri 240
Madurai 61
Mahabharata 24, 98, 109, 129, 136, 146, 234, 235, 237-256
Mahapatra, Maheshwara 89
maharaja 46
maharis 51, 87, 88, 89
Maharishi, Ramana 157
mahatma Gandhi 85
Mahavira 85
Malabar 48, 102-103, 104, 114
malayalam 28, 44, 58, 101, 105, 146, 147
malayali 133
Mammalapuram 61
Manadeva 100, 102
Krishna Gita 100
Mangala Charam 90
Manipur, Estado de 102, 156
manipuri 8, 102, 156
manjira 91
mardala 91
Marotti, Ferruccio 215
Il volto dell'invisible (O Rosto do Invisível) 129
Marranca, Bonnie 264
Meierhold, Vsevolod 176, 225, 226
Minúkku 137
mise-en-scène 245
Mnouchkine, Ariane 206, 234, 244, 250, 251, 252, 253, 264, 265, 266, 267
Mohanty, Kumkum 9, 92, 95
Mohapatra, Kelucharan 51, 88, 89, 95
mohini 41
mohiniyattam 8, 10, 18, 28, 31, 41, 42, 43, 44, 45, 46, 48, 49, 52, 54, 55, 56, 57, 58, 59, 60, 61, 62, 63, 65, 75, 107, 127, 142, 143, 144, 156, 229, 230
moksha 15, 90
"Monitor da Violência" 38
mrgashírsha 58
mridangam 26, 29, 59
mudiyettu 45, 148, 149
mudra 24, 28, 58, 82, 207
mudrákia 58
múkula 58
múkura 58
Müller, Heiner 224
Mumbai (antiga Bombaim) 62, 80
mushti 58
Mysuru (antiga Mysore) 62

Nair, Kalamandalam Krishnan 143
Nair, Kalamandalam Padmanabhan 63, 110, 117, 120, 121, 143
Nair, Kalamandalam Ramakutty 42, 63, 111, 112, 117, 120, 123, 143, 230, 233
Nair, Sunanda 63
Nakula 240
Nambiar, Kunjan 44, 48
Namboodri, Kalamandalam Keshava 120
Nambudiri, Kaplingat 138
Nambutiri, M. Narayanan 44
Vyavaharamala 44
Nandikesvara 183
nangyar kuttu 44, 45, 48, 57
nangyars 46, 48, 49
Narayanan, K.R. 115
nattuvanars 17-18
natyadharmi 93-95
Natya Shastra 8, 49, 50, 54, 58, 59, 68, 79, 83, 84, 89, 92, 93, 94, 132, 135, 136, 144, 156, 161, 162, 163, 164, 172, 198
Nehru, Jawarhalal 35, 38
Nietzsche, Friedrich 263, 264
Übermensch 263
nilavilakku 55, 250
"Notes on Indian Dramatic Techniques" 182, 183, 186, 188
Nova Deli, cidade de 199
nritta 30, 51, 124, 125
nrittya 125

Odisha, estado de 10, 51, 66, 68, 69, 76, 78, 84, 86, 87, 88, 89, 156
odissi 8, 10, 28, 45, 51, 58, 65-96, 127, 156, 227, 228, 229, 230
Odra-Magadha 68
Oida, Yoshi 268, 269
Othake, Tomie 248
ottamthullal 45, 48, 50, 107, 143, 266

padam 56, 57
Padmavati 90
pakkudi purappadu 125
Palghat, estação de 68
pállava 58
pallavi 90
Pandavas, irmãos 98, 129, 136, 240, 241, 245, 250
Pandeya, Avinash 9
Pandeya, Gayanacharya 102
Pandu 240
Panicker, Chinnammu Amma Krishna 63
Panigrahi, Sanjukta 65, 79, 80, 87, 89, 93, 95, 215
Panikar, Aloka 67, 95, 227, 228
Pankaj Charan Das 89, 95
parampára 21, 80, 84, 118
Parangipetta (antiga Porto Novo) 62
Parasurama 104
Párvati 54, 55
patháka 58
pavakuttu 45, 107, 108
Pavis, Patrice 227, 257, 264, 266
paxá 111
Pessoa, Fernando 263, 264
Poduval, Krishna Kutty 107
P.S.V. Natya Sangham 109, 121
Puniah 17
purappadu 106, 125
Puri, cidade de 69, 87, 88, 92

Quarteto de Thanjavur 17, 48, 54

Radha 56, 89, 90, 244
Raghurajpur, cidade de 87, 88
rajá de Kottarakkara 100
rajá de Manipur 102
ramanattam 101, 110, 144
Ramayana 109, 136, 146
Rambha 87
Rao 9
Rao, Uma Rama 9
rasikas 135
Rasmussen, Iben Nagel 215
rássiam 135
Rele, Kanak 63
RigVeda 159, 162

Romano, Patricia 39
Roúdra, deus 135, 160
Ruffini, Franco 80, 215

Sadir Nac (dança das devadasis) 22
Sahadeva 240
Salvini, Milena 9, 99, 146
SamaVeda 162
Samson, Leela 9, 21, 39, 51, 66, 93
  Rhythm in Joy, Classical Indian Dance Traditions 51
Santarcangelo, Festival de 80
santhana dharma 158
Sarabhai, Mallika 6, 33, 34, 39, 51, 155, 238, 245, 246
Sarabhai, Mrinalini 6, 9, 11, 21, 30, 31, 34-35, 39, 82
  Memory is a Ragged Fragment of Eternity (A Memória É um Fragmento "Bruto" da Eternidade) 35
Saraswat 19
sárpashiras 58
Sarswati, Bala 39
Sartre, Jean Paul 212, 259
sattriya 8
Savarese, Nicola 99, 177, 215, 231
Schechner, Richard 22, 23, 205-214, 259, 264
Schino, Mirella 176, 215, 258
Sellars, Peter 264
Shaándam 136
Shabdam 29, 31
shakti 106
shaktismo 86
Shakuntala 207, 210, 211
Shankar, Ravi 144
Shantala 118
shaptam 57
shíkara 58
shishya 80, 81, 84, 118, 120, 121, 250
Shiva, deus 13, 17, 24, 26, 32, 53, 54, 55, 56, 90, 105, 160, 161, 164, 165, 167, 168, 169, 170, 171, 191, 270
  Shiva Nataraja 72, 76, 164, 165, 166, 167, 168, 169, 170, 171, 172, 204

shivaísmo 15, 86, 160, 161
Shivaji 9, 18, 41, 61, 63
Shivaji, Bharati 9, 41, 61, 63
Shivanandam 17
shukatundha 58
Silappatikaram 12
sloka 56, 57
sringáran 135
Stanislávski, Constantin 176, 223, 224, 225, 226, 231
Subhadra 84, 86
Suchindram, cidade de 61
sudhas 115
sudjiámukha 58
Suzuki, Tadashi 72
Szondi, Peter 224

Tagore, Rabindranath 39, 52, 103, 184, 240
tai-chi-chuan 223, 269
tâmil 12, 14, 15, 22, 25, 28, 32, 33, 48
Tamil Nadu, estado de 10, 13, 14, 15, 17, 23, 30, 31, 32, 39, 46, 48, 61, 89, 156, 158, 170
tandava 54-55
Taviani, Ferdinando 67, 215, 227
Tchouvanna Taddi 136
tchundappú 134
tchútti 133, 134
telugu 14
tevadichis 45
teyyam 45, 132, 142, 148, 149
Thanjavur, cidade de 17, 46, 48, 54, 59, 61
Théâtre dês Nations 99
Theatre du Soleil 234, 244
Thiruvananthapuram 61, 62, 102, 150, 226
Thiruvilwamala 130
Thrissur 62, 145
tillana 31, 57
tiranokku 109
Tirunal, maharaja Swati 48, 52, 54
Tirunal, Uttiram 54
Tiruvikramangalam, templo de 61
todhayam 106, 125
Tolkappiyam 15

Tratado Sobre as Artes Dramáticas. *Ver* Natya Shastra
tribhangi 155
Trichur, cidade de 62
tripatáka 58

urdu 268
urnanábha 58
Urvashi 11, 12, 87
Uttar Pradesh, estado de 156

vaishyas 115
Validevu 46
Vallathol Narayana Menon 52, 54, 102, 142
Valli, Alarmel 39, 95
Varadpande, M.L. 19, 146
várdhamanaka 58
Varley, Julia 215
varnam 29, 31, 56
vátchika 50
Vatsyayana 16
Vatsyayan, Kapila 9
Vella Taddi 136
Venu, Gopal 9, 44
Vescovi, Renzo 67, 156, 217, 227, 228, 258
Vidura 240
Vidushaka 147
Víran 135
Vishnu, deus 43, 53, 63, 84, 85, 104, 160, 161
vishnuísmo 86, 161
Viswanathan, Lakshmi 9

wayang 194
Wethal, Torgeir 215
Whitman, Walt 263
Wilson, Robert 224, 264

Yaco, Sadda 178
Yagna Valkya Smriti 163
YajurVeda 162
yakshagana 55
Yudishtira 240, 241, 246

Zamorin 100, 138
Zarrilli, Peter 9, 99, 123, 149, 167, 221, 222-227, 268, 269

Este livro foi impresso na cidade de São Bernardo do Campo,
nas oficinas da Paym Gráfica e Editora,
para a Editora Perspectiva